Bindung und Schutz öffentlicher Unternehmen
durch die Grundfreiheiten
des Europäischen Gemeinschaftsrechts

Europäische Hochschulschriften
Publications Universitaires Européennes
European University Studies

Reihe II
Rechtswissenschaft

Série II Series II
Droit
Law

Bd./Vol. 3267

PETER LANG
Frankfurt am Main · Berlin · Bern · Bruxelles · New York · Oxford · Wien

Nikolaus Vincent Manthey

Bindung und Schutz öffentlicher Unternehmen durch die Grundfreiheiten des Europäischen Gemeinschaftsrechts

PETER LANG
Europäischer Verlag der Wissenschaften

Die Deutsche Bibliothek - CIP-Einheitsaufnahme

Manthey, Nikolaus Vincent:

Bindung und Schutz öffentlicher Unternehmen durch die Grundfreiheiten des europäischen Gemeinschaftsrechts / Nikolaus Vincent Manthey. - Frankfurt am Main ; Berlin ; Bern ; Bruxelles ; New York ; Oxford ; Wien : Lang, 2001
(Europäische Hochschulschriften : Reihe 2, Rechtswissenschaft ; Bd. 3267)
Zugl.: Münster (Westfalen), Univ., Diss., 2001
ISBN 3-631-38446-7

D 6
ISSN 0531-7312
ISBN 3-631-38446-7

www.peterlang.de

Meinen Eltern

Vorwort

Die vorliegende Arbeit wurde im Sommersemester 2001 von der Rechtswissenschaftlichen Fakultät der Westfälischen Wilhelms-Universität in Münster als Dissertation angenommen. Rechtsprechung und Literatur konnten im wesentlichen bis Juni 2001 berücksichtigt werden.

Bei meinem Doktorvater, Herrn Prof. Dr. Dirk Ehlers, möchte ich mich nicht nur für die Betreuung als Doktorand, sondern auch für die lehrreiche und schöne Zeit als Mitarbeiter am von ihm geleiteten Institut für Öffentliches Wirtschaftsrecht bedanken. Danken möchte ich auch Herrn Prof. Dr. Janbernd Oebbecke für die zügige Erstellung des Zweitgutachtens. Zu danken habe ich außerdem der Vergabekommission für die Graduiertenförderung des Landes Nordrhein-Westfalen für die Gewährung eines Promotionsstipendiums.

Dank gebührt ferner meinen Kollegen und Freunden, die auf ganz unterschiedliche Art und Weise zum Gelingen dieser Arbeit beigetragen haben. Besonders erwähnen möchte ich insofern Frau Agnes Niehues-Pröbsting sowie Herrn Heiko Gemmel und Herrn Anno Oexle, die mir nicht nur als ständige Diskussionspartner zur Verfügung standen, sondern auch die Last des Korrekturlesens auf sich genommen haben.

Besonderen Dank schulde ich schließlich meinen Eltern, die mich während meiner gesamten Ausbildung umfassend unterstützt haben. Ihnen widme ich diese Arbeit.

Hamburg, im Juli 2001

Nikolaus Vincent Manthey

Inhalt

Abkürzungen

a. A.	anderer Ansicht
a. a. O.	am angebenen Ort
AblEG	Amtsblatt der Europäischen Gemeinschaften
AG	Aktiengesellschaft
AktG	Aktiengesetz
Anm.	Anmerkung
AöR	Archiv des öffentlichen Rechts (Zeitschrift)
Archiv PF	Archiv für das Post- und Fernmeldewesen (Zeitschrift)
Archiv PT	Archiv für Post und Telekommunikation (Zeitschrift)
Art. (Artt.)	Artikel
BayVBl.	Bayerische Verwaltungsblätter (Zeitschrift)
BB	Betriebsberater (Zeitschrift)
BDGVR	Berichte der Deutschen Gesellschaft für Völkerrecht
Beil.	Beilage
BG	Die BG, Fachzeitschrift für Arbeitssicherheit und Unfallversicherung
BGBl.	Bundesgesetzblatt
BGH	Bundesgerichtshof
BGHZ	Entscheidungen des Bundesgerichtshofs in Zivilsachen
BHO	Bundeshaushaltsordnung
BVerfG	Bundesverfassungsgericht
BverfGE	Entscheidungssammlung des Bundesverfassungsgerichts
CDE	Cahiers de droit européen (Zeitschrift)
CMLR	Common Market Law Review
DB	Der Betrieb (Zeitschrift)
dens.	denselben
DM	Deutsche Mark
DÖV	Die öffentliche Verwaltung (Zeitschrift)
DVBl.	Deutsches Verwaltungsblatt (Zeitschrift)
EDF	Electricité de France
EG	Europäische Gemeinschaft
EGKS	Europäische Gemeinschaft für Kohle und Stahl
ELR	European Law Review (Zeitschrift)
EnWG	Energiewirtschaftsgesetz
ET	Energiewirtschaftliche Tagesfragen (Zeitschrift)
EuG	Europäisches Gericht 1. Instanz
EuGH	Gerichtshof der Europäischen Gemeinschaften
EuGRZ	Europäische Grundrechtszeitschrift
EuR	Europarecht (Zeitschrift)
EURATOM	Europäische Atomgemeinschaft

EuZW	Europäische Zeitschrift für Wirtschaftsrecht
EWG	Europäische Wirtschaftsgemeinschaft
EWGV	Vertrag zur Gründung der Europäischen Wirtschaftsgemeinschaft
EWS	Europäisches Wirtschafts- und Steuerrecht (Zeitschrift)
FAZ	Frankfurter Allgemeine Zeitung
FIDE	Fédération internationale pour le droit européen
Fn.	Fußnote(n)
Frhr.	Freiherr
GA	Generalanwalt
GbR	Gesellschaft bürgerlichen Rechts
GewArch	Gewerbearchiv (Zeitschrift)
GG	Grundgesetz
GO	Gemeindeordnung
GV	Gesetzes- und Verordnungsblatt
HGB	Handelsgesetzbuch
Hrsg.	Herausgeber
i. V. m.	in Verbindung mit
i. w. S.	im weiteren Sinne
JA	Juristische Arbeitsblätter (Zeitschrift)
JuS	Juristische Schulung (Zeitschrift)
JZ	Juristenzeitung
K	Kammer
KG	Kommanditgesellschaft
krit.	kritisch
lit.	litera
NJ	Neue Justiz (Zeitschrift)
NJW	Neue Juristische Wochenschrift
NLT	Niedersächsischer Landkreistag (Zeitschrift)
NVwZ	Neue Zeitschrift für Verwaltungsrecht
NW	Nordrhein-Westfalen
NWVBl.	Nordrhein-Westfälische Verwaltungsblätter (Zeitschrift)
NZG	Neue Zeitschrift für Gesellschaftsrecht
OVG	Oberverwaltungsgericht
RabelsZ	Rabels Zeitung für ausländisches und internationales Privatrecht
RdE	Recht der Energiewirtschaft (Zeitschrift)
RIW	Recht der internationalen Wirtschaft (Zeitschrift)
RMC	Revue du Marché Commung (Zeitschrift)
Rn.	Randnummer(n)
RP	Rheinland-Pfalz
Rs.	Rechtssache

RTDE	Revue trimestrielle de droit européen (Zeitschrift)
Slg.	Amtliche Sammlung der Entscheidungen des EuGH
SpkG	Sparkassengesetz
st. Rspr.	ständige Rechtsprechung
UPR	Umwelt- und Planungsrecht
Verb. Rs.	Verbundene Rechtssachen
VerwArch	Verwaltungsarchiv (Zeitschrift)
Vorb	Vorbemerkung(en)
VSSR	Vierteljahresschrift für Sozialrecht
VW	Versicherungswirtschaft (Zeitschrift)
VwGO	Verwaltungsgerichtsordnung
VwVfG	Verwaltungsverfahrensgesetz
WiVerw	Wirtschaft und Verwaltung (Zeitschrift)
WM	Zeitschrift für Wirtschafts- und Bankrecht (Wertpapiermitteilungen)
WuW	Wirtschaft und Wettbewerb (Zeitschrift)
ZaöRV	Zeitschrift für ausländisches öffentliches Recht und Völkerrecht
ZeuP	Zeitschrift für Europäisches Privatrecht
ZG	Zeitschrift für Gesetzgebung
ZGR	Zeitschrift für Unternehmens- und Gesellschaftsrecht
ZHR	Zeitschrift für das gesamte Handels- und Wirtschaftsrecht
Ziff.	Ziffer(n)
ZögU	Zeitschrift für öffentliche und gemeinwirtschaftliche Unternehmen

1. Teil: Öffentliche Wirtschaft in Deutschland und gemeinschaftsrechtliche Problemstellung

Öffentliche Unternehmen sind ein weltweit bekanntes Phänomen.[1] Obwohl der EG-Vertrag sich in seinen Artt. 4 und 98 anders als das Grundgesetz ausdrücklich zum Grundsatz einer offenen Marktwirtschaft bekennt, sind auch die Volkswirtschaften der Europäischen Gemeinschaft durch ein Nebeneinander privater und staatlicher Wirtschaftsteilnahme gekennzeichnet. Die Bedeutung der öffentlichen Unternehmen für die Gesamtwirtschaft der einzelnen Mitgliedstaaten divergiert allerdings erheblich.[2] Insgesamt lag der Anteil des öffentlichen Sektors am innergemeinschaftlichen Handel 1999 bei 9%. Die öffentlichen Unternehmen in der Europäischen Gemeinschaft beschäftigten fast sechs Millionen Menschen.[3]
Beeinflußt und geprägt wird die Tätigkeit der öffentlichen Unternehmen sowohl durch das jeweilige nationale Recht als auch in zunehmendem Maße durch das Europäische Gemeinschaftsrecht. Zunächst soll daher ein Überblick über den Umfang, die Tätigkeitsfelder, die Organisationsformen sowie die verfassungsrechtlichen und einfachgesetztlichen Grenzen der öffentlichen Wirtschaft in Deutschland gegeben werden (1. Abschnitt), bevor im Anschluß daran der Gegenstand der vorliegenden Arbeit – nämlich die gemeinschaftsrechtliche Frage nach Bindung und Schutz öffentlicher Unternehmen durch die Grundfreiheiten des Europäischen Gemeinschaftsrechts – näher erläutert wird (2. Abschnitt).

1. Abschnitt: Die wirtschaftliche Betätigung der öffentlichen Hand in Deutschland

A. Umfang und Tätigkeitsfelder

Die öffentliche Hand in der Bundesrepublik Deutschland erzielte 1998 durch ihre eigenwirtschaftliche Betätigung Einnahmen in Höhe von 51 Mrd. DM. Davon

---

1 *Müller-Graff/Zehetner*, Öffentliche und privilegierte Unternehmen im Recht der Europäischen Gemeinschaften, 1991, S. 17.

2 Vgl. *Schmidthuber/Hitzler*, ZögU 13 (1990), 397 (397 f.); *Mestmäcker*, RabelsZ 52 (1988), 526 (530).

3 Vgl. die Zahlenangaben des Europäischen Verbandes der öffentlichen und gemeinwirtschaftlichen Unternehmen (Centre Européen des Entreprises à Participation Publique et des Entreprises d'intérêt Economique Général - CEEP) unter http://www.ceep.org/fr/impact.htm.

entfielen 26,8 Mrd. DM auf den Bund, 8,6 Mrd. DM auf die Länder und 14,9 Mrd. DM auf die Gemeinden.[4]
Aufgrund der Privatisierungspolitik von Bund[5] und Ländern wird deren unternehmerische Betätigung in Zukunft jedoch an Bedeutung verlieren.[6] Die Zahl der unmittelbaren und mittelbaren Beteiligungen des Bundes und seiner Sondervermögen ist zwischen 1997 und 1999 von 446 auf 361 zurückgegangen.[7] Am buchmäßigen Eigenkapital dieser Unternehmen hatten der Bund und die Sondervermögen einen Anteil von ca. 62 Mrd. DM. Insgesamt waren 1998 in den Unternehmen, an denen der Bund oder die Sondervermögen mehrheitlich beteiligt sind, noch 680 140 Mitarbeiter beschäftigt.[8] Die wichtigste Rolle spielen derzeit noch die Nachfolgeunternehmen der Deutschen Bundespost, die jedoch zumindest teilweise privatisiert werden sollen. Bis Juni 1999 hatte der Bund bereits 56,4% seiner Anteile an der Deutschen Telekom AG veräußert,[9] der erste Börsengang der Deutschen Post AG ist für November 2000 vorgesehen.
Die Länder sind weniger an großen Industrieunternehmen, als vielmehr an Banken, Versicherungen und Energieversorgungsunternehmen beteiligt.[10]
Besonders bedeutsam ist nach wie vor die Kommunalwirtschaft. Kommunale Unternehmen beschränken ihre Tätigkeiten heute nicht mehr auf die „klassischen" Bereiche der Versorgungs- und Entsorgungswirtschaft (d.h. die Versorgung der Bevölkerung mit Strom, Gas, Wasser und Fernwärme bzw. die Entsorgung von Abfällen) oder des öffentlichen Personennahverkehrs. Angesichts der angespannten Haushaltslage und begünstigt durch die in vielen Kommunen erprobte Zusammenführung von Fach- und Ressourcenverwaltung nach Maßgabe des neuen Steuerungsmodells erschließt die Kommunalwirtschaft zahlreiche neue Geschäftsfelder.[11] In den vergangenen Jahren erhofften sich die Gemeinden beispielsweise von einem wirtschaftlichen Engagement im Bereich der Telekommunikation be-

---

4 *Statistisches Bundesamt*, Statistisches Jahrbuch für die Bundesrepublik Deutschland, 1999, S. 486 f.

5 Vgl. dazu den Bericht der Bundesregierung zur Verringerung von Beteiligungen und Liegenschaften des Bundes, BT-Drucks. 12/6889, sowie das 9. Hauptgutachten der Monopolkommission 1990/91, BT-Drucks. 12/3031, inbes. S. 23 ff.

6 Vgl. *Ehlers*, Jura 1999, 212.

7 *Bundesministerium der Finanzen (Hrsg.)*, Beteiligungsbericht, 1999, S. 1.

8 *Bundesministerium der Finanzen (Hrsg.)* (Fn. 7), S. 3.

9 Vgl. *Bundesministerium der Finanzen (Hrsg.)* (Fn. 7), S. 5 ff.

10 *Reidt*, in: *Jarass (Hrsg.)*, Wirtschaftsverwaltungsrecht, 3. Aufl. 1997, § 12 Rn. 5.

11 Umfangreiche Beispiele bei *Otting*, Neues Steuerungsmodell und rechtliche Betätigungsspielräume der Kommunen, 1997, S. 44 ff.

sondere Chancen.[12] Ob diese Hoffnungen sich erfüllen werden, ist angesichts der in diesem Bereich in letzter Zeit deutlich gedämpften Erwartungen allerdings fraglich.

B. Organisation

I. Öffentliche und gemischtwirtschaftliche Unternehmen

Die öffentliche Hand bedient sich zum Zwecke der Wirtschaftstätigkeit regelmäßig besonderer Einrichtungen oder Unternehmen, die als *öffentliche Unternehmen* bezeichnet werden. Eine genaue Begriffsbestimmung bereitet allerdings Schwierigkeiten, da es an einer für alle Rechtsgebiete einheitlichen Definition fehlt.[13] Entscheidend sind aber drei Kriterien: Ein öffentliches Unternehmen ist eine rechtlich oder faktisch verselbständigte Organisationseinheit, die eine wirtschaftliche Tätigkeit ausübt und an der die öffentliche Hand unmittelbar oder mittelbar beteiligt ist.[14]

In Deutschland wird weiter zwischen den sog. Eigengesellschaften, die von einem Verwaltungsträger allein getragen werden, und den sog. Beteiligungsgesellschaften unterschieden, in denen entweder mehrere Verwaltungsträger (gemischt-öffentliche Unternehmen) oder aber ein Verwaltungsträger und private Gesellschafter (gemischt-wirtschaftliche Unternehmen) zusammenarbeiten.[15] Nicht einheitlich beurteilt wird dabei, ob die gemischt-wirtschaftlichen Unternehmen dem nationalen Begriff des öffentlichen Unternehmens unterfallen.[16] In die nachfolgende Darstellung der nationalen Rechtslage sollen die gemischt-wirtschaftlichen Unternehmen aber einbezogen werden.

---

12 Ausführlich dazu *Müller-Terpitz*, NWVBl. 1999, 292 ff., der sich insbesondere mit den in diesem Bereich bestehenden verfassungs- und gemeinderechtlichen Problemen auseinandersetzt; *te Reh*, Betätigung kommunaler Unternehmen im Telekommunikationsbereich, ZögU 1996, 399 ff.; *Gröner/Knorr*, Stromversorger als Anbieter von Telekommunikationsdienstleistungen, WuW 1995, 785 ff.

13 *Ehlers*, JZ 1990, 1089 (1092).

14 *R. Schmidt*, Öffentliches Wirtschaftsrecht - Allgemeiner Teil, 1990, S. 504; *Vollmöller*, in: *R. Schmidt (Hrsg.)*, Kompendium öffentliches Wirtschaftsrecht, 1998, § 5 Rn. 3.

15 Vgl. *Schmidt-Aßmann*, in: *ders. (Hrsg.)*, Besonderes Verwaltungsrecht, 11. Aufl. 1999, 1. Abschn. Rn. 125.

16 Vgl. *Spannowsky*, ZGR 160 (1996), 560 (563). Ablehnend z.B. *Schmidt-Aßmann*, BB 1990, Beilage 34 zu Heft 27, 1 (2).

II. Die Organisationsformen

Die öffentliche Hand hat grundsätzlich ein Wahlrecht, ob sie ihre Unternehmen öffentlich-rechtlich oder privatrechtlich organisieren will.[17]

1. Organisationsformen des öffentlichen Rechts

Öffentlich-rechtlich organisierte Eigengesellschaften finden sich vor allem auf kommunaler Ebene. Als rechtlich unselbständige Organisationsformen stehen der Regiebetrieb und der Eigenbetrieb zur Verfügung. Während der Regiebetrieb voll in die Kommunalverwaltung eingegliedert ist, verfügen die Eigenbetriebe über eine eigene Betriebsleitung und stellen einen eigenen Wirtschaftsplan auf, wodurch sie organisatorisch und finanzwirtschaftlich verselbständigt sind.
Rechtlich selbständig sind die Anstalten des öffentlichen Rechts. Diese Organisationsform, die in der Vergangenheit vor allem den kommunalen Sparkassen vorbehalten war,[18] ist nunmehr in verschiedenen Gemeindeordnungen als generell mögliche Organisationsform kommunaler Unternehmen vorgesehen.[19]

2. Organisationsformen des Privatrechts

Neben öffentlich-rechtlichen kommen auch privatrechtliche Organisationsformen in Betracht, die sich in der Praxis besonderer Beliebtheit erfreuen. Ihre Vorteile werden in den besseren Möglichkeiten der Haftungsbeschränkung, geringeren Bindungen an das öffentliche Haushalts- und Dienstrecht, einer zumindest partiellen Begrenzung der Staatsaufsicht über das Unternehmen sowie in den Möglichkeiten einer Zusammenarbeit mit Privaten gesehen.[20]
Bei der Wahl privater Rechtsformen darf die öffentliche Hand sich allerdings nicht ihren rechtlichen Bindungen in bezug auf den Unternehmensgegenstand

---

17 BVerfGE 27, 364 (374); BGHZ 35, 111 (112 f.); *Cronauge*, Kommunale Unternehmen, 3. Aufl. 1997, Rn. 137; krit. *Ehlers*, DVBl. 1998, 497 (505); *ders.*, DVBl. 1997, 141 m. Nachw. zum Streitstand; a. A. *Pestalozza*, Formenmißbrauch des Staates, 1973, S. 166 ff. (Vorrang des öffentlichen Rechts).

18 Vgl. z.B. § 2 SpkG NW.

19 Vgl. Art. 89 BayGO; § 114 a GO NW; §§ 86 a, 86 b GO RP. Entsprechende Vorschläge zur Errichtung eines „Kommunalunternehmens" gab es seit langem, vgl. dazu *Büchner*, Die rechtliche Gestaltung kommunaler öffentlicher Unternehmen, 1982, S. 254 ff. und *Janson*, Rechtsformen öffentlicher Unternehmen in der Europäischen Gemeinschaft, 1980, S. 325 ff.

20 *Gusy*, JA 1995, 166 (170). Vgl. auch *Kummer/Giesberts*, NVwZ 1996, 1166.

entziehen.[21] Vielmehr gebieten es das Demokratieprinzip sowie das Rechtsstaats- und das Sozialstaatsprinzip, daß die öffentliche Hand sich effektive Steuer- und Kontrollmöglichkeiten vorbehält.[22] Begrenzt das Gesellschaftsrecht bei bestimmten Gesellschaftsformen die Einflußnahmemöglichkeiten der Gesellschafter auf die Unternehmensführung, ist die Rechtsformenwahl der öffentlichen Hand insoweit beschränkt.[23] Auch ihr Recht, im Rahmen gemischtwirtschaftlicher Unternehmen mit Privaten zu kooperieren, steht unter dem Vorbehalt, daß die öffentliche Hand die Beachtung ihrer öffentlich-rechtlichen Bindungen sicherstellt.[24] Öffentliche Unternehmen dürfen außerdem nur dann in privater Rechtsform betrieben werden, wenn die von der öffentlichen Hand übernommene Haftung beschränkt ist.[25] Da das Recht der Personengesellschaften – von der Ausnahme der Kommanditgesellschaft abgesehen, in der die Kommanditisten gem. § 171 Abs. 1 HGB auf ihre Einlage beschränkt haften - aber eine unbeschränkte Haftung der Gesellschafter vorsieht,[26] können öffentliche Unternehmen regelmäßig nur als Kapitalgesellschaften organisiert sein. Besonders geeignet erscheint die Rechtsform der Gesellschaft mit beschränkter Haftung (GmbH), da hier die Einflußmöglichkeiten der öffentlichen Hand aufgrund der den Gesellschaftern zustehenden Weisungsbefugnisse[27] am größten sind. Wesentlich geringer ist der Einfluß bei einer Aktiengesellschaft, die von ihrem Vorstand eigenverantwortlich geleitet wird.[28] Relativiert werden kann dieses Einflußdefizit allerdings durch eine präzise Festschreibung des Unternehmenszwecks.[29] Außerdem bestehen konzernrechtliche Steuerungsmöglichkeiten, wenn die öffentliche Hand sich über eine als

---

21 Deutlich insofern bspw. § 108 Abs. 1 S. 1 Nr. 7 GO NW.

22 *Ehlers*, DVBl. 1997, 137 (139 f.); *ders.*, JZ 1990, 1089 (1093).

23 *Spannowsky*, ZHR 160 (1996), 560 (588).

24 Vgl. *Schmidt-Aßmann*, BB 1990, Beilage 34 zu Heft 27, 1 (11). Allgemein zum Problem der Zusammenarbeit zwischen Staat und Privaten *Britz*, VerwArch 2000, 418 ff.

25 Vgl. z.B. § 65 Abs. 1 Nr. 2 BHO oder § 108 Abs. 1 S. 1 Nr. 3 GO NW.

26 Vgl. §§ 714, 718, 722 Abs. 1 BGB für die GbR, § 128 HGB für die OHG sowie §§ 161 Abs. 2, 128 HGB für die Komplementäre einer KG.

27 Vgl. §§ 37, 45 und 46 GmbHG.

28 Vgl. § 76 Abs. 1 AktG.

29 *Schulz*, BayVBl. 1996, 97 (99 f.); *Püttner*, Die öffentlichen Unternehmen, 2. Aufl. 1985, 236.

GmbH geführte Holdinggesellschaft durch den Abschluß eines Beherrschungsvertrages gem. § 291 AktG umfassende Einwirkungsrechte sichert.[30]

C. Zulässigkeit und Grenzen eigenwirtschaftlicher Betätigung nach deutschem Recht

I. Verfassungsrechtliche Grenzen

1. Keine allgemeine Subsidiarität staatlicher Wirtschaftstätigkeit

Das Grundgesetz ist wirtschaftspolitisch neutral und enthält kein Bekenntnis zu einem bestimmten Wirtschaftssystem.[31] Daher gilt nach ganz herrschender Ansicht kein generelles Subsidiaritätsprinzip für die wirtschaftliche Eigenbetätigung des Staates.[32] Hiergegen spricht auch die Erwähnung von Unternehmen und Betrieben u.a. in den Artt. 110 Abs. 1 und 135 Abs. 6 GG.[33] Das Grundgesetz ermöglicht damit grundsätzlich eine wirtschaftliche Tätigkeit der öffentlichen Hand. Eine Grenze ergibt sich allerdings aus der objektivrechtlichen Funktion der Grundrechte und dem Rechtsstaatsprinzip, wonach jegliches Handeln des Staates der Rechtfertigung durch einen öffentlichen Zweck - d.h. durch einen Gemeinwohlbelang - bedarf.[34] Eine rein erwerbswirtschaftliche Tätigkeit, die den öffentlichen Zweck durch die Erzielung von Gewinnen lediglich mittelbar fördert, ist nicht zulässig.[35] Die Finanzierung von Staatsausgaben muß in erster Linie der Steuer vorbehalten bleiben.[36]

---

30 *Cronauge* (Fn. 17), Rn. 367; *Schulz*, BayVBl. 1996, 97 (101); *Püttner* (Fn. 29), a. a. O.

31 BVerfGE 4, 7 (17 f.); 50, 290 (336 ff.); BVerwGE 17, 306 (308); 39, 329 (336).

32 Vgl. *Badura*, in: *Schmidt-Aßmann (Hrsg.)*, Besonderes Verwaltungsrecht, 11. Aufl. 1999, Rn. 120; *Moraing*, WiVerw 1998, 233 (243); *Klein*, Die Teilnahme des Staates am wirtschaftlichen Wettbewerb, 1968, S. 180. Zu den Versuchen, einem solchen Subsidiaritätsprinzip Verfassungsrang zu geben vgl. die Nachweise bei *Schmidt-Jortzig*, in: *ders./ Schink*, Subsidiaritätsprinzip und Kommunalordnung, 1982, S. 7 mit Fn. 10.

33 *Berg*, GewArch 1990, 225 (227).

34 *Ehlers*, Jura 1999, 212 (214).

35 BVerfGE 61, 82 (107); *Stober*, Allgemeines Wirtschaftsverwaltungsrecht, 11. Aufl. 1998, § 24 III. (S. 262 f.); *Hösch*, DÖV 2000, 393 (401 f.); *Ehlers*, JZ 1990, 1089 (1091). A. A. insbesondere *Otting* (Fn. 11), S. 198, 218, der für den Bereich der Kommunalwirtschaft davon ausgeht, daß auch eine mittelbare Förderung des öf-

2. Grundrechtliche Grenzen

Da der Staat die Grundrechte bei jeder wirtschaftlichen Betätigung und in jeder Organisationsform beachten muß, sind auch die öffentlichen Unternehmen an die Grundrechte gebunden.[37] Eigene Rechte können sie aus den Grundrechten dagegen nicht ableiten.[38] Dies gilt nach der Rechtsprechung auch für gemischtwirtschaftliche Unternehmen mit staatlicher Mehrheitsbeteiligung.[39]
Verfassungsrechtliche Grenzen setzen der wirtschaftlichen Betätigung des Staates daher vor allem die Grundrechte der Kunden und der privaten Konkurrenten. Letztere können die Wirtschaftsteilnahme des Staates unter Berufung auf ihre Grundrechte allerdings nur dann verhindern, wenn die staatliche Wirtschaftstätigkeit eine monopolistische Tendenz aufweist oder die privatwirtschaftliche Betätigung in unerträglicher Weise einschränkt oder gar unmöglich macht, da der darin liegende Eingriff in die Berufs- und Eigetumsfreiheit dann nicht mehr durch Gemeinwohlbelange gerechtfertigt werden kann.[40] Solange diese Schwelle nicht überschritten ist, darf der Staat sich eigenwirtschaftlich betätigen. Die öffentlichen

---

fentlichen Zwecks durch Erzielung von Einnahmen für den Gemeindehaushalt zulässig sei, da die Garantie der kommunalen Selbstverwaltung das Recht umfasse, durch reine Erwerbswirtschaft Gewinne zu machen, sofern dies zur Finanzierung öffentlicher Aufgaben erforderlich sei.

36 BVerfGE 93, 319 (342).

37 *Reidt* (Fn. 10), § 12 Rn. 26; *Ehlers*, Verwaltung in Privatrechtsform, 1984, S. 247; *Spannowsky*, ZGR 25 (1996), 400 (408 ff.). A. A. *Püttner* (Fn. 29), S. 119 f., der die Bindung öffentlicher Unternehmen an die Grundrechte allein über die Mutterkörperschaft realisieren will.

38 BVerfGE 68, 196 (206); *Jarass/Pieroth*, GG, 5. Aufl. 2000, Art. 19 Rn. 15, 18 ff.; *Emmerich*, Die kommunalen Versorgungsunternehmen zwischen Wirtschaft und Verwaltung, 1970, S. 27 f.
Eine Ausnahme bilden die Justizgrundrechte, auf die sich auch jurisitsche Personen des öffentlichen Rechts berufen können, vgl. BVerfGE 18, 441 (447); 61, 82 (104 f.).

39 BVerfG-K NJW 1990, 1783. Krit. *Ehlers*, in: *Erichsen (Hrsg.)*, Allgemeines Verwaltungsrecht, 11. Aufl. 1998, § 2 Rn. 84; *ders.*, JZ 1990, 1089 (1096); *Pieroth*, NWVBl. 1992, 85 (86 f.); *Schmidt-Aßmann*, Zur Bedeutung der Privatrechtsform für den Grundrechtsstatus gemischt-wirtschaftlicher Unternehmen, in: *Jayme/Laufs/Misera/Reinhart/Serick (Hrsg.)*, Festschrift für Hubert Niederländer, 1991, S. 383 (393 ff.); *ders.*, BB 1990, Beilage 34 zu Heft 27, 1 (10 ff.); *Kühne*, JZ 1990, 335 f.

40 Z. B. BVerwGE 39, 329 (336 ff.); BVerwG, NJW 1978, 1539 f.; BVerwG, DVBl. 1996, 152 (153). Krit. *Ehlers*, DVBl. 1998, 497 (502); *ders.*, JZ 1990, 1089 (1096).

Unternehmen sind jedoch beispielsweise an den Gleichheitssatz gebunden, so daß sie die Annahme neuer Kunden anders als private Unternehmen nicht ohne sachlichen Grund ablehnen dürfen. Da sie außerdem das aus Art. 2 Abs. 1 GG i.V.m. Art 1 Abs. 1 GG abgeleitete Grundrecht ihrer Kunden auf informationelle Selbstbestimmung zu beachten haben, unterliegen die öffentlichen Unternehmen u.U. strengeren Datenschutzanforderungen als ihre privaten Konkurrenten.[41]

II. Einfachgesetzliche Grenzen

Da das Verfassungsrecht die Teilnahme des Staates am Wirtschaftsleben insgesamt aber nicht wesentlich begrenzt, kommt den einfachgesetzlichen Schranken staatlicher Wirtschaftstätigkeit besondere Bedeutung zu.
Öffentlich-rechtliche Grenzen staatlicher Wirtschaftsteilnahme ergeben sich für den Bund und die Länder aus § 65 der Haushaltsordnungen, für die Kommunen aus den Gemeindeordnungen. Der Bund bzw. die Länder dürfen sich nur dann wirtschaftlich betätigen, wenn ein wichtiges Interesse vorliegt und sich der angestrebte Zweck nicht besser und wirtschaftlicher auf andere Weise erreichen läßt. Ähnliche Voraussetzungen enthalten die einschlägigen Vorschriften der Gemeindeordnungen, die im wesentlichen auf § 67 Abs. 1 der Deutschen Gemeindeordnung von 1935 zurückgehen. Die Kommunen dürfen sich nur dann wirtschaftlich betätigen, wenn ein öffentlicher Zweck die Betätigung erfordert, die Betätigung in einem angemessenen Verhältnis zur Leistungsfähigkeit der Gemeinde steht, und Private die Aufgabe nicht besser oder wirtschaftlicher erfüllen können.
Neben den öffentlich-rechtlichen Vorschriften des Haushalts- bzw. Gemeinderechts sind die öffentlichen Unternehmen wie jedes andere Unternehmen an privatrechtliche Vorschriften gebunden. Besondere Bedeutung hat innerhalb dieser Vorschriften das Wettbewerbsrecht erlangt. Während die Verwaltungsgerichte den Vorschriften des Haushalts- bzw. Gemeinderechts keine drittschützende Wirkung beilegen,[42] sehen die Zivilgerichte in der Mißachtung dieser Vorschriften einen Verstoß gegen die guten Sitten im Sinne des § 1 UWG[43] und geben den privaten Konkurrenten damit die Möglichkeit, auf dem Umweg über das Wettbe-

---

41 *Ehlers*, JZ 1990, 1089 (1096).

42 Vgl. z.B. BVerwGE 39, 329 (336). A. A. z. B. *Kluth*, Grenzen kommunaler Wettbewerbsteilnahme, 1988, S. 90 f.; *Erichsen*, Kommunalrecht NW, 2. Aufl. 1997, S. 291 f.

43 Grundlegend BGH, DVBl. 1965, 362 ff. (Blockeis II). Vgl. ferner z.B. BGHZ 110, 278 (291); BGH, WRP 1995, 475 (479); OLG Hamm, DVBl. 1998, 792 ff. Krit. *Ehlers*, NLT 1999, 17 (22); *ders.*, DVBl. 1998, 497 (503). Ausführlich zum Verhältnis von Gemeindewirtschaftsrecht und Wettbewerbsrecht *Otting*, DÖV 1999, 549 ff.

werbsrecht die Einhaltung der öffentlich-rechtlichen Grenzen staatlicher Wirtschaftstätigkeit zu erzwingen.

2. Abschnitt: Gemeinschaftsrechtliche Problemstellung

Die eigenwirtschaftliche Betätigung der Mitgliedstaaten ist aus gemeinschaftsrechtlicher Perspektive bisher vor allem unter wettbewerbsrechtlichen Gesichtspunkten untersucht worden.[44] Jüngstes Beispiel ist die Diskussion über die beihilferechtliche Zulässigkeit von Anstaltslast und Gewährträgerhaftung in Deutschland.[45]

Die vorliegende Arbeit widmet sich jedoch einem anderen Thema. Untersucht werden sollen Bindung und Schutz öffentlicher Unternehmen durch die Grundfreiheiten des Europäischen Gemeinschaftsrechts. Dieser Frage ist bisher kaum Beachtung geschenkt worden,[46] obwohl die sechs Grundfreiheiten[47], d.h. die Frei-

---

44 Vgl. dazu zuletzt *Schwarze*, EuZW 2000, 613 ff.

45 Vgl. dazu zuletzt *Kruse*, NVwZ 2000, 721 ff.; *Niemeyer/Hirsbrunner*, EuZW 2000, 364 ff.

46 Dies konstatieren auch *Burgi*, EuR 1997, 261 (273), und *Emmerich*, Die deutsche Versorgungswirtschaft in der Wettbewerbsordnung der Europä-ischen Gemeinschaft, in: *Erdmann/Mees/Piper/Teplitzky/Hefermehl/Ul-mer (Hrsg.)*, Festschrift für Otto-Friedrich Frhr. v. Gamm, 1990, S. 581 (594 f.).

47 In der Literatur wird teilweise – der Aufzählung in Artt. 3 Abs. 1 lit. c), 14 Abs. 2 EG entsprechend - von nur vier Grundfreiheiten gesprochen, da Arbeitnehmerfreizügigkeit und Niederlassungsfreiheit unter den Oberbegriff „Freier Personenverkehr“ subsumiert werden und die Freiheit des Zahlungsverkehrs nicht mitgezählt wird; vgl. etwa *Becker*, JA 1997, 65; *Ahlt*, Europarecht, 2. Aufl. 1996; S. 82; *Schneider*, NJ 1996, 512. Die Zusammenfassung von Arbeitnehmerfreizügigkeit und Niederlassungsfreiheit verdeckt aber, daß Art. 39 EG und Art. 43 EG selbständige subjektive Rechte sind. Genau genommen handelt es sich dabei bereits um eine Einteilung, wie man sie etwa zwischen Produkt- (Art. 28, 49 EG) und Personenverkehrsfreiheiten (Art. 39, 43 EG) treffen kann (vgl. *Jarass*, EuR 1995, 202, 204 ff.). Die Freiheit des Zahlungverkehrs verliert nicht allein deshalb ihren Charakter als selbständige Grundfreiheit, weil sie der Verwirklichung der anderen Grundfreiheiten dient (*Herdegen*, Europarecht, 2. Aufl. 1999, Rn. 331; *Kingreen*, Die Struktur der Grundfreiheiten des Europäischen Gemeinschaftsrechts, 1999, S. 20, Fn. 1. Vgl. auch schon *Börner*, Die fünfte Freiheit des Gemeinsamen Marktes: Der freie Zahlungsverkehr, in: *Hallstein/Schlochauer (Hrsg.)*, Zur Integration Europas, Festschrift für Carl Friedrich Ophüls, 1965, S. 19 ff.). Wie hier auch *Stadler*, Die Berufsfreiheit in der Europäischen Gemeinschaft, 1980, S. 43; *Weber/Bohr*, in: *Röttinger/Weyringer (Hrsg.)*, Handbuch der Europäischen Integration, 2. Aufl. 1996, S. 320 ff.

heit des Warenverkehrs (Art. 28 EG[48]), die Arbeitnehmerfreizügigkeit (Art. 39 EG), die Niederlassungsfreiheit (Art. 43 EG), die Dienstleistungsfreiheit (Art. 49 EG) sowie die Freiheit des Kapitalverkehrs (Art. 56 Abs. 1 EG) und die Freiheit des Zahlungsverkehrs (Art. 56 Abs. 2 EG) zu den elementaren Vorschriften des Gemeinschaftsrechts gehören.

Eine Bindung an die Grundfreiheiten hätte für die öffentlichen Unternehmen weitreichende Konsequenzen. Bevorzugten sie bei der Einstellung von Arbeitskräften die Staatsangehörigen ihres eigenen Mitgliedstaates, würden sie die Arbeitnehmerfreizügigkeit verletzen.[49] Eine Weigerung der öffentlichen Energieversorger, ihre Leitungsnetze Mitbewerbern zur Durchleitung zur Verfügung zu stellen, würde gegen die Warenverkehrsfreiheit verstoßen.[50] Diese Grundfreiheit wäre außerdem betroffen, wenn die öffentlichen Unternehmen im Rahmen ihrer Bedarfsdeckung Unternehmen und Erzeugnissen aus ihrem eigenen Mitgliedstaat den Vorzug gäben.[51] Auch wenn in vielen Bereichen, insbesondere im Energierecht[52] oder im Vergaberecht[53], inzwischen sekundärrechtliche Regelungen beste-

---

48 Nach Art. 12 des Vertrags von Amsterdam zur Änderung des Vertrags über die Europäische Union, der Verträge zur Gründung der Europäischen Gemeinschaften sowie einiger damit zusammenhängender Rechtsakte werden (u. a.) die Artikel des Vertrags zur Gründung der Europäischen Gemeinschaft umnumeriert. Nach Ratifikation durch die Mitgliedstaaten (vgl. für die Bundesrepublik Deutschland BGBl. 1998 II, S. 386) der Europäischen Union ist der Vertrag zum 1. Mai 1999 in Kraft getreten. Hier werden daher nur noch die neuen Numerierungen zugrunde gelegt. Außerdem werden die Vertragsbestimmungen entsprechend der neuen einheitlichen Zitierweise (vgl. Pressemitteilung des Gerichtshofs Nr. 74/98 sowie EuZW 2000, 14 f.) zitiert, die der Europäische Gerichtshof ab Inkrafttreten des Vertrages von Amsterdam eingeführt hat Danach werden ab Inkrafttreten des Vertrags von Amsterdam die Bestimmungen der Verträge so angeführt, daß jeder Artikel mit einer aus arabischen Ziffern bestehenden Zahl und zwei Buchstaben für den Vertrag bezeichnet wird. In deutscher Sprache werden die Verträge wie folgt bezeichnet: EGKS-Vertrag: KS; EAG-Vertrag: EA; EG-Vertrag: EG; EU-Vertrag: EU.

49 Vgl. *Kandler*, ZögU 12 (1989), 18 (19 f.); *Marenco*, CMLR 1983, 495 (510).

50 Vgl. *Burgi*, EuR 1997, 261 (282). Siehe zu diesem Problem auch *Britz*, Örtliche Energieversorgung nach nationalem und europäischem Recht, 1994, S. 233 f.; *Steinberg/Britz*, DÖV 1993, 313 (317).

51 *Matthies*, Die Verantwortung der Mitgliedstaaten für den freien Warenverkehr im Gemeinsamen Markt, in: *Stödter/Thieme (Hrsg.)*, Hamburg - Deutschland - Europa, Festschrift für Hans Peter Ipsen, 1977, S. 669 (679).

52 Vgl. die Richtlinie 96/92/EG des Europäischen Parlaments und des Rates vom 19.12.1996 betreffend gemeinsame Vorschriften für den Elektrizitätsbinnenmarkt, ABlEG 1997 Nr. L 20/20, sowie die Richtlinie 98/30/EG des Europäischen Parla-

hen, verlieren die Grundfreiheiten nicht ihre Bedeutung. Als höherrangiges Recht bleiben sie auch in den Bereichen, die eine sekundärrechtliche Regelung erfahren haben, ergänzend anwendbar. Vor allem aber gelangen sie in all den Bereichen zur Anwendung, die sekundärrechtlich bisher nicht geregelt sind.

Vor dem Hintergrund der derzeit zu beobachtenden grenzüberschreitenden Expansion des Tätigkeitsbereichs öffentlicher Unternehmen ist außerdem der Schutz öffentlicher Unternehmen durch die Grundfreiheiten zu untersuchen. Nicht nur große Staatskonzerne wie die Electricité de France (EDF)[54], sondern auch kleinere kommunale Unternehmen wollen die Chancen nutzen, die sich ihnen nach der Liberalisierung des Energiemarktes[55] sowie des Telekommunikationssektors[56] in anderen Mitgliedstaaten der Europäischen Gemeinschaft bieten.[57] Verbietet jedoch der Herkunftsstaat seinen öffentlichen Unternehmen eine Auslandstätigkeit oder behindert der Aufnahmestaat den Marktzugang ausländischer öffentlicher Unternehmen, stellt sich die Frage, inwieweit die öffentlichen Unternehmen diesen Hindernissen unter Berufung auf die Grundfreiheiten entgegentreten können.

3. Abschnitt: Gang der Untersuchung

Grundlegend ist zunächst ist zu klären, ob - und wenn ja - innerhalb welcher Grenzen das Europäische Gemeinschaftsrecht eine eigenwirtschaftliche Betätigung der Mitgliedstaaten erlaubt (2. Teil). Im Anschluß daran ist der Begriff des öffentlichen Unternehmens gemeinschaftsrechtlich zu definieren (3. Teil). Das Kernstück der Arbeit bilden der vierte und fünfte Teil, in denen Bindung (4. Teil) und Schutz (5. Teil) der öffentlichen Unternehmen durch die Grundfreiheiten des Europäischen Gemeinschaftsrechts untersucht werden.
Die Arbeit schließt mit einer Zusammenfassung ihrer Ergebnisse (6. Teil).

---

ments und des Rates vom 22.6.1998 betreffend gemeinsame Vorschriften für den Erdgasbinnenmarkt, ABlEG 1998 Nr. L 204/1.

53 Ausführlich dazu *Schwarze*, EuZW 2000, 133 ff.

54 Zur internationalen Tätigkeit der EDF vgl. FAZ vom 31.3.2000, S. 18.

55 Vgl. die Nachweise in Fn. 52.

56 Vgl. die Richtlinie 90/388/EWG der Kommission vom 28.6.1990 über den Wettbewerb auf dem Markt für Telekommunikationsdienstleistungen (ABlEG 1990 Nr. L 192/10), geändert durch die Richtlinien 95/51/EG vom 18.10.1995 (ABlEG 1995 Nr. L 256/49), 96/2/EG vom 16.1.1996 (ABlEG 1996 Nr. L 20/59) und 96/19/EG vom 13.3.1996 (ABlEG 1996 Nr. L 74/13).

57 Vgl. *Brohmer*, in: *Calliess/Ruffert (Hrsg.)*, EUV/EGV, Art. 48 Rn. 3.

2. Teil: Zulässigkeit und Grenzen eigenwirtschaftlicher Betätigung nach Europäischem Gemeinschaftsrecht

Bindung und Schutz öffentlicher Unternehmen durch die Grundfreiheiten des Europäischen Gemeinschaftsrechts müssen nur dann untersucht werden, wenn das Gemeinschaftsrecht es den Mitgliedstaaten überhaupt erlaubt, selbst am Wirtschaftsleben teilzunehmen. Zunächst müssen daher Zulässigkeit und Grenzen eigenwirtschaftlicher Betätigung nach Europäischem Gemeinschaftsrecht untersucht werden.

Prinzipiell steht der EG-Vertrag einer eigenwirtschaftlichen Betätigung der Mitgliedstaaten nicht entgegen (1. Abschnitt). Er zieht insofern jedoch gewisse Grenzen (2. Abschnitt).

1. Abschnitt: Die Anerkennung öffentlicher Unternehmen im EG-Vertrag

A. Die Anerkennung öffentlichen Eigentums in Art. 295 EG

Art. 295 EG bestimmt, daß der Vertrag die Eigentumsordnung in den Mitgliedstaaten unberührt läßt. Diese Vorschrift, deren systematische Stellung innerhalb der Schlußbestimmungen des Vertrages ihre allgemeine Bedeutung für alle Bereiche des Gemeinschaftsrechts unterstreicht, bringt die eigentumspolitische Neutralität des EG-Vertrags zum Ausdruck.[58] Eine Schlüsselrolle kommt Art. 295 EG insbesondere im Hinblick auf die gemeinschaftsrechtliche Zulässigkeit eigenwirtschaftlicher Betätigung der Mitgliedstaaten zu,[59] da diese von der Anerkennung öffentlichen Eigentums an Produktionsmitteln abhängt.[60]
Art. 295 EG ist zwar so allgemein formuliert, daß er das gesamte verfassungsmäßige Gefüge der Eigentumsrechte erfaßt,[61] wozu neben dem Sacheigentum auch das „geistige Eigentum“ beispielsweise in Form von Patent- und Urheberrechten

---

58 *Hochbaum*, in: *von der Groeben/Thiesing/Ehlerman (Hrsg.)*, EUV/EGV, Bd. 5, 5. Aufl. 1997, Art. 222 Rn. 5; *Everling*, Eigentumsordnung und Wirtschaftsordnung in der Europäischen Gemeinschaft, in: *Baur/Esser/Kübler/Steindorff (Hrsg.)*, Funktionswandel der Privatrechtsinstitutionen, Festschrift für Ludwig Raiser, 1974, S. 379 (382).

59 Vgl. *Dibout*, in: *Constantinesco/Jacqué/Kovar/Simon (Hrsg.)*, CEE, 1992, Art. 222 Rn. 5.

60 Vgl. *Mestmäcker*, RabelsZ 52 (1988), 526 (529).

61 *Röttinger*, in: *Lenz (Hrsg.)*, EGV, 2. Aufl. 1999, Art. 295 Rn. 2; *Basedow*, Von der deutschen zur europäischen Wirtschaftsverfassung, 1992, S. 34.

gehört.[62] Bei der Entstehung des Art. 295 EG richtete sich das Hauptaugenmerk gleichwohl auf die unternehmerische Betätigung des Staates. In älteren, an Art. 83 KS[63] angelehnten Entwürfen der Vorschrift war noch von der „Eigentumsordnung an den Produktionsmitteln“, bzw. der „Eigentumsordnung an den Unternehmen“ die Rede, die durch den Vertrag unberührt gelassen werden.[64]
Diese Konzentration auf die Frage des Eigentums an den Produktionsmitteln erklärt sich historisch aus der Tatsache, daß der Grad der Verstaatlichung nach dem zweiten Weltkrieg wegen der unterschiedlichen Konzeptionen über Art und Umfang der Einwirkung des Staates auf den Wirtschaftsablauf und das Konzept eines gemeinsamen Marktes[65] in den einzelnen europäischen Staaten erheblich divergierte. Einem geringen Verstaatlichungsgrad in Deutschland und den Benelux-Staaten stand ein hoher Anteil an Staatsunternehmen in Frankreich und Italien gegenüber, wo die Sozialisierung wichtiger Industriebereiche einen zentralen Bestandteil der Sanierungsmaßnahmen nach dem zweiten Weltkrieg bildete.[66] Um die Sorgen der Gründungsmitglieder zu zerstreuen, der Zusammenschluß zur Wirtschaftsgemeinschaft könnte zu einer Änderung der Eigentumsordnungen führen, wurde Art. 295 in den EG-Vertrag aufgenommen,[67] der die bei Gründung der Europäischen Wirtschaftsgemeinschaft in den Mitgliedstaaten bestehenden Eigentumsordnungen für mit dem Vertrag vereinbar erklärte.[68]

---

62 Vgl. EuGH, Verb. Rs. 56 und 58/64, Slg. 1966, 321 (394) - Consten und Grundig/Kommission. Deutlich die Schlußanträge des Generalanwalts *Roemer* in der Rs. 24/67, Slg. 1968, 85 (120) - Parke, Davis und Co./Probel, Reese, Beintema-Inter-Pharm und Centrafarm.

63 Art. 83 KS bestimmt: „Die Einrichtung der Gemeinschaft berührt in keinster Weise die Ordnung des Eigentums an den Unternehmen, für welche die Vorschriften des Vertrages gelten.“

64 Zur Entstehungsgeschichte des Art. 295 EG vgl. *Burghardt*, Die Eigentumsordnung in den Mitgliedstaaten und der EWG-Vertrag - Zur Auslegung von Art. 222 EWGV, 1969, S. 26 ff.

65 Vgl. zu den unterschiedlichen Konzepten *Müller-Armack*, Auf dem Weg nach Europa, 1971, S. 72 ff., 108.

66 Näher dazu *Everling* (Fn. 58) S. 379 (384 ff.); *Huth*, Die Sonderstellung der öffentlichen Hand in den Europäischen Gemeinschaften, 1965, S. 35 ff.

67 Aus diesem Grund meint *Burghardt* (Fn. 64), S. 29, daß „das Interesse an der Eigentumsordnung in den Mitgliedstaaten sich aus Sicht der Vertragsverhandlungen auf die Eigentumsordnung an den Unternehmen in den Mitgliedstaaten beschränkt.“

68 *Hochbaum* (Fn. 58) Art. 222 Rn. 5; *Thiel*, JuS 1991, 274 (276).

Der Regelungsgehalt der Vorschrift geht jedoch darüber hinaus.[69] Aus Art. 295 EG folgt, daß die Mitgliedstaaten weiterhin frei über den Umfang, die Tätigkeitsfelder und die Organisation des öffentlichen Sektors entscheiden können.[70] Ihre Regelungskompetenz auf diesem Gebiet sollte nicht angetastet werden.[71] Die Gemeinschaft hat sich jeder Einflußnahme auf den Eigentumsbestand der öffentlichen Hand zu enthalten.[72]

Der Europäische Gerichtshof ging daher bereits in seiner „Costa/ENEL"-Entscheidung[73] davon aus, daß der EG-Vertrag der Überführung der italienischen Stromversorgung in staatliche Regie nicht entgegenstehe.[74] Auch die Privatisierungen in Großbritannien sowie die Verstaatlichungen, zu denen es in den achtziger Jahren nach dem Wechsel der politischen Verhältnisse in Frankreich gekom-

---

69 A.A. *Riegel*, Die Einwirkung des europäischen Gemeinschaftsrechts auf die Eigentumsordnung der Mitgliedstaaten, RIW 1979, 744 (746 f.). Vgl. ferner *Pernice*, Grundrechtsgehalte im Europäischen Gemeinschaftsrecht, 1979, S. 181 f., der von einem rein deklaratorischen Charakter der Norm ausgeht.

70 Vgl. *Brinker*, in: *Schwarze (Hrsg.)*, EU-Kommentar, 2000, Art. 295 EGV Rn. 3; *Kingreen*, in: *Calliess/Ruffert (Hrsg.)*, EUV/EGV, 1999, Art. 295 Rn. 11; *Nicolaysen*, Europarecht 2, 1996, S. 270; *dens.*, Plan-Einsatz öffentlicher Unternehmen und EWG-Vertrag (Art. 90 EWGV), in: *Kaiser (Hrsg.)*, Planung III - Mittel und Methoden planender Verwaltung, 1968, S. 311 (340 f.); *Nagel*, Gemeindeordnung als Hürde?, 1999, S. 37, 39; *Badura*, ZGR 1997, 291 (295); *Hellermann*, Der Staat als Akteur auf ausländischen Märkten, in: *Grawert/Schlink/Wahl/Wieland (Hrsg.)*, Offene Staatlichkeit, Festschrift für Ernst-Wolfgang Böckenförde, 1995, S. 277 (281); *Ehlermann*, ZögU 15 (1992), 377 (378); *Wieland*, Besonderheiten öffentlicher Unternehmen in Deutschland, in: *Blaurock (Hrsg.)*, Recht der Unternehmen in Europa, 1993, S. 9 (24); *Schmidhuber/Hitzler*, ZögÜ 13 (1990), 397 (399); *Mestmäcker*, RabelsZ 52 (1988), 526 (529); *Deringer*, Rapport général, in: *FIDE (Hrsg.)*, L'égalité de traitement des entreprises publiques et privées, 1978, S. 1.1 (1.2); *Zuleeg*, Die Wirtschaftsverfassung der Europäischen Gemeinschaften, in: *Dürr (Hrsg.)*, Wirtschafts- und gesellschaftspolitische Ordnungsprobleme der Europäischen Gemeinschaften, 1978, S. 73 (90); *Everling* (Fn. 58), S. 379 (382). Vgl. auch *Stern*, Sparkasse 1997, 397 (398); *Hailbronner*, NJW 1991, 593. Krit. *Herdegen*, WM 1997, 1130 (1132).

71 *Röttinger* (Fn. 61), Art. 295 Rn. 3; *Hochbaum* (Fn. 58), Art. 222 Rn. 5.

72 *Deckert/Schroeder*, EuR 1998, 291 (295); *Schroeder*, ZHR 161 (1997), 805 (815). Vgl. auch schon *von der Groeben*, Die Entwicklung der EWG und ihre Auswirkungen auf die Wirtschaftsverfassung in den Mitgliedstaaten, in: Die öffentlichen Unternehmen in der zweiten Stufe des Gemeinsamen Marktes, Schriftenreihe der Gesellschaft für öffentliche Wirtschaft, Band 11, 1965, S. 19 (24).

73 Rs. 6/64, Slg. 1964, 1251 ff.

74 EuGH, Rs. 6/64, Slg. 1964, 1251 (1273 ff.) - Costa/ENEL.

men ist, sind rechtlich nicht zu beanstanden und liefern somit weitere eindrucksvolle empirische Belege für das hier gefundene juristische Ergebnis.[75] Seit Anfang der neunziger Jahre läßt sich zwar eine generelle Tendenz zur Privatisierung öffentlicher Unternehmen beobachten,[76] der sich auch Frankreich und Italien als Länder mit einem traditionell starken öffentlichen Sektor nicht widersetzen konnten.[77] An der Tatsache, daß die Existenz öffentlicher Unternehmen durch Art. 295 EG gemeinschaftsrechtlich anerkannt wird, ändert diese Entwicklung jedoch nichts.

B. Die Anerkennung öffentlicher Unternehmen in den Artt. 31, 48 Abs. 2 und 86 Abs. 1 EG

Neben Art. 295 EG belegen auch die Artt. 31 und 86 Abs. 1 EG einerseits sowie der Art. 48 Abs. 2 EG andererseits, daß das Gemeinschaftsrecht einer eigenwirtschaftlichen Betätigung der Mitgliedstaaten grundsätzlich nicht entgegensteht.[78] Auch wenn Art. 31 Abs. 1 EG den Mitgliedstaaten eine Umformung der staatlichen Handelsmonopole vorschreibt, und Art. 86 Abs. 1 EG der Einflußnahme der Mitgliedstaaten auf ihre öffentlichen Unternehmen gemeinschaftsrechtliche Grenzen setzt, anerkennt der EG-Vertrag in beiden Vorschriften gleichzeitig die Existenz öffentlicher Unternehmen.[79] Durch Art. 48 Abs. 2 EG wird der Anwendungsbereich der Niederlassungsfreiheit sogar ausdrücklich auf juristische Personen des öffentlichen Rechts erstreckt, sofern diese einen Erwerbszweck verfolgen. Das gleiche gilt über Art. 55 EG für die Dienstleistungsfreiheit.[80]

---

75 Vgl. *Müller-Graff/Zehetner* (Fn. 1), S. 33.

76 Vgl. dazu *Cutts*, Sparkasse 1996, 17 ff.; *R. Schmidt*, Die Verwaltung 28 (1995), 281 (282).

77 Vgl. zur Privatisierungsdiskussion in Frankreich *Celestine/Felsner*, RIW 1997, S. 105 ff. sowie *Kovar*, RTDE 1996, 215 ff., 493 ff. Zur Privatisierungsdiskussion in Italien vgl. *Stecher/Boeckmann*, RIW 1994, S. 198 ff.

78 Vgl. *Hailbronner*, Rechtsstellung und Tätigkeitsbereich der öffentlich-rechtlichen Pflicht- und Monopolversicherungsanstalten in der Europäischen Gemeinschaft, 1991, S. 61.

79 Vgl. auch *Burgi*, EuR 1997, 261 (274).

80 Näher dazu unten 5. Teil, 1. Abschnitt, C. und D. (S. 110 ff.).

2. Abschnitt: Gemeinschaftsrechtliche Grenzen eigenwirtschaftlicher Betätigung

Das Gemeinschaftsrecht setzt der grundsätzlich zulässigen Teilnahme der Mitgliedstaaten am Wirtschaftsleben aber auch Grenzen. Art. 295 EGV stellt keinen Freibrief aus, der die Mitgliedstaaten im Bereich ihrer eigenwirtschaftlichen Betätigung von der Beachtung des Gemeinschaftsrechts gänzlich freistellt. Die Vorschrift darf nicht isoliert von den übrigen Bestimmungen des Vertrags gesehen werden.[81] Ihre Reichweite ergibt sich erst aus dem Zusammenhang mit den übrigen Vertragsvorschriften.[82] Die Bestimmung kann nicht dahingehend ausgelegt werden, daß sie jede eigentumsrechtlich relevante Maßnahme der Gemeinschaft und Auslegung der Normen des EG-Vertrags verbietet.[83] Anderenfalls liefe der Vertrag wegen der Vielzahl möglicher Berührungspunkte praktisch leer.[84]

A. Gemeinschaftsrechtliche Grenzen von Verstaatlichungen

Grenzen setzt der EG-Vertrag den Mitgliedstaaten zunächst, wenn sie den Umfang ihrer Teilnahme am Wirtschaftsleben durch Verstaatlichungen erweitern wollen. Art. 295 EG reicht nicht so weit, daß er es den Mitgliedstaaten erlaubt, durch Verstaatlichungen die gesamte Wirtschaft in eine Planwirtschaft zu überführen.[85] Die Einführung einer Planwirtschaft widerspräche zum einen den Artt. 4 Abs. 1 und 98 EG, da die Handelsströme dann nicht mehr durch den Markt sondern den Plan bestimmt würden.[86] Zum anderen stünde ein solches Vorgehen mit

---

81 *Mathijsen*, Rapport communautaire, in: *FIDE (Hrsg.)*, L'égalité de traitement des entreprises publiques et privées, 1978, S. 11-1; *Zuleeg* (Fn. 70), S. 73 (90). Vgl. auch *R. Schmidt*, Die Verwaltung 28 (1990), 281 (290).

82 *Heinemann*, Grenzen staatlicher Monopole im EG-Vertrag, 1996, S. 193; *Basedow* (Fn. 61), S. 35.

83 *Lackhoff*, Die Niederlassungsfreiheit des EGV, 2000, S. 479. Vgl. auch EuGH, Rs. C-350/92, Slg. 1995, I-1985 (1986, 2011) - Spanien/Rat.

84 Vgl. *Basedow* (Fn. 61), S. 35.

85 *Bleckmann*, Europarecht, 6. Aufl. 1997, Rn. 753; *Troberg*, in: *von der Groeben/Thiesing/Ehlermann (Hrsg.)*, EUV/EGV, Bd. 1, 5. Aufl. 1997, Vorb Art. 52 bis 58, Rn. 8; *Riegel*, Das Eigentum im europäischen Recht, 1975, S. 114; *R. Schmidt*, Die Verwaltung 28 (1995), 281 (290).

86 *Bleckmann* (Fn. 85), Rn. 751; *Klein*, in: *Hailbronner/Klein/Magiera/Müller-Graff*, EUV/EGV, Art. 222 Rn. 10 (1994).

der Konzeption der Verträge im Widerspruch, das Ziel einer politischen Integration gerade durch eine dezentralisierte wirtschaftliche Integration herbeizuführen.[87]
Soweit es hingegen um die grundsätzlich zulässige Verstaatlichung einzelner Unternehmen oder Wirtschaftszweige[88] geht, müssen die Mitgliedstaaten die in den Grundfreiheiten zum Ausdruck kommenden Diskriminierungsverbote beachten.[89]
In der Literatur wird allerdings vereinzelt vertreten, Art. 295 EG erlaube es den Mitgliedstaaten, durch Verstaatlichungen ein Monopol zu errichten, ohne daß die Rechtmäßigkeit dieser Maßnahme am Maßstab der Niederlassungsfreiheit überprüft werden könne. Wegen des Ausschlusses der Niederlassung von Unternehmen aus anderen Mitgliedstaaten im Bereich der vom Monopol erfaßten Tätigkeiten liege zwar an sich ein schwerer Eingriff in Art. 43 EG vor, der aber durch Art. 295 EG gedeckt sei. Eine „Zerstörung des Gemeinsamen Marktes" könne hierin nicht gesehen werden, da die Geltung der übrigen Grundfreiheiten nicht angetastet werde und auch die Wettbewerbsregeln über Art. 86 Abs. 1 EG auf die verstaatlichten Betriebe anwendbar seien.[90]
Diese Auffassung ist jedoch zu kurz gegriffen. Ein Eingriff in die Niederlassungsfreiheit kann nicht dadurch gerechtfertigt werden, daß die anderen Grundfreiheiten anwendbar bleiben. Die Niederlassungsfreiheit hat einen eigenen Schutzbereich, der unabhängig von den übrigen Grundfreiheiten zu bestimmen ist und alle von ihm erfaßten Maßnahmen dem Erfordernis einer gemeinschaftsrechtlichen Rechtfertigung unterwirft.[91] Vor allem aber führt diese Auffassung zu einer Überbewertung des Art. 295 EG, dessen Bedeutung über die der übrigen Vertragsvorschriften hinausgehoben würde. Daß aber Art. 295 EG nicht losgelöst von den übrigen Bestimmungen des EG-Vertrags gesehen werden darf, hat auch der Europäische Gerichtshof entschieden, der sich in der Rechtssache „Fearon/Irish Land

87 *Beutler/Bieber/Pipkorn/Streil*, Die Europäische Union, 4. Aufl. 1993, S. 67.

88 Wegen möglicher Gefahren für die marktwirtschaftliche Gesamtordnung kritisch im Hinblick auf die Verstaatlichung ganzer Wirtschaftszweige: *Klein* (Fn. 86), Art. 222 Rn. 10; *Oppermann*, Europäische Wirtschaftsverfassung nach der Einheitlichen Europäischen Akte, in: *Müller-Graff/Zuleeg*, Staat und Wirtschaft in der EG, 1987, S. 53 (56); *Capelli*, RIW 1983, 313 (321 f.); *Weis*, NJW 1982, 1910 (1913 f.); *Riegel*, RIW 1979, 744 (748 f.); *ders.* (Fn. 85), S. 115; *Zuleeg* (Fn. 70), S. 73 (93). Wie hier *Lackhoff* (Fn. 83), S. 481; *Everling* (Fn. 58), S. 379 (383).

89 Vgl. auch *Lackhoff* (Fn. 83), S. 481.

90 *Troberg* (Fn. 85) Vorb Art. 52 bis 58 Rn. 9; a.A. im selben Werk *Hochbaum*, Bd. 2/II, 5. Aufl. 1999, Art. 90 Rn. 27, der zumindest für die in der Errichtung von Produktionsmonopolen liegende Beschränkung der Niederlassungsfreiheit eine Rechtfertigung durch „zwingende Erfordernisse des Allgemeininteresses aus nichtwirtschaftlichen Gründen" fordert.

91 *Heinemann*, Grenzen staatlicher Monopole im EG-Vertrag, 1996, S. 192 f.

Commission“[92] mit einem System staatlicher Enteignung in Irland auseinanderzusetzen hatte. Er führte aus, daß ein solches System zwar durch Art. 295 EG gedeckt sei, gleichzeitig aber die Regeln über die Niederlassungsfreiheit Anwendung fänden.[93]

B. Gemeinschaftsrechtliche Grenzen des laufenden Geschäftsbetriebs

Daneben beeinflußt das Gemeinschaftsrecht den laufenden Geschäftsbetrieb der öffentlichen Unternehmen. Da Art. 295 EG nur die zuordnungsrechtliche Seite des Eigentums betrifft,[94] bleiben die Mitgliedstaaten bei der Ausübung ihrer Eigentumsrechte an öffentlichen Unternehmen an das Gemeinschaftsrecht gebunden.[95] Die Selbstbindung, der sie sich durch die Gründung der Europäischen Wirtschaftsgemeinschaft unterworfen haben,[96] zwingt sie, die elementaren Grundsätze des EG-Vertrags, zu denen insbesondere die Grundfreiheiten zählen, auch im Rahmen ihrer eigenwirtschaftlichen Betätigung zu beachten.
Besteht hierüber im Ergebnis Einigkeit,[97] sind im einzelnen noch viele Fragen offen. Ungeklärt ist insbesondere, ob allein die Mitgliedstaaten oder auch ihre öffentlichen Unternehmen selbst an die Grundfreiheiten gebunden sind. Bevor diese Frage näher untersucht werden kann, ist im folgenden Abschnitt aber zu-

---

92 Rs. 182/83, Slg. 1984, 3677 ff.

93 EuGH, Rs. 182/83, Slg. 1984, 3677 (3685) - Fearon/Irish Land Commission. Ähnlich äußerte sich 1993 auch der damalige Wettbewerbskommissar *Karel van Miert* auf eine schriftliche Anfrage aus dem Europäischen Parlament zur Privatisierung der italienischen Salzindustrie: „Art. 222 EWG-Vertrag [295 n. F.] läßt die Eigentumsordnung in den verschiedenen Mitgliedstaaten unberührt. Für die Kommission ist es deshalb nicht relevant, wenn ein Mitgliedstaat Vermögen privatisiert oder verstaatlicht, es sei denn, durch die Privatisierung oder Verstaatlichung wird ein anderer Artikel des EWG-Vertrags verletzt.“ (Antwort vom 27.5.1993, ABlEG 1993 Nr. C 288/7).

94 *Hochbaum* (Fn. 58), Art. 222 Rn. 6; *Burgi*, EuR 1997, 261 (273 f.).

95 *Hochbaum* (Fn. 58), Art. 222 Rn. 6; *Geiger*, EUV/EGV, 3. Aufl. 2000, Art. 295 Rn. 2; *Mestmäcker*, in: *Immenga/Mestmäcker (Hrsg.)*, EG-Wettbewerbsrecht, Bd. II, 1997, Art. 37, 90, B. Rn. 24; *ders.*, RabelsZ 52 (1988), 526 (535); *Bellamy/Child*, Common Market Law of Competition, 4. Aufl. 1993, 13-019, S. 814. Vgl. auch die Gemeinsame Antwort der Europäischen Kommission vom 10. Mai 1982 auf die Anfragen Nr. 1229/81 und 1233/81, ABlEG 1982 Nr. C 150/2.

96 Vgl. *Hochbaum* (Fn. 58), Art. 222 Rn. 7.

97 Vgl. die Nachweise in Fn. 95.

nächst der Begriff des „öffentlichen Unternehmens“ gemeinschaftsrechtlich zu definieren.

3. Teil: Der gemeinschaftsrechtliche Begriff des öffentlichen Unternehmens

Der Begriff des „öffentlichen Unternehmens" muß für die vorliegende Untersuchung gemeinschaftsrechtlich definiert werden. Ein Rückgriff auf die jeweiligen mitgliedstaatlichen Definitionen würde zu einem uneinheitlichen Begriffsverständnis führen,[98] weil es in den mitgliedstaatlichen Rechtsordnungen an einer ergiebigen, geschweige denn einheitlichen Definition fehlt.[99]

Der EG-Vertrag verwendet den Terminus „öffentliches Unternehmen" nur in Art. 86 Abs. 1. Bedenken, den in dieser Vorschrift verwandten Begriff des „öffentlichen Unternehmens" der vorliegenden Untersuchung zugrundezulegen, könnten insofern bestehen, als diese Vorschrift systematisch in die Wettbewerbsregeln des Vertrags eingeordnet ist. Diese Einordnung ist aber schon deshalb unpräzise, weil Adressaten des Art. 86 Abs. 1 EG allein die Mitgliedstaaten und nicht die Unternehmen sind,[100] obwohl die Vorschrift im unternehmensbezogenen ersten Abschnitt der Wettbewerbsregeln steht. Aus dem Wortlaut des Art. 86 Abs. 1 EG („insbesondere") ergibt sich außerdem, daß dem Verweis auf die Wettbewerbsregeln lediglich exemplarische Bedeutung zukommt. Die Grundsätze des Art. 86 Abs. 1 EG beziehen sich auf den gesamten Vertrag.[101] Daher bezieht sich auch der in Art. 86 Abs. 1 EG verwandte Begriff des „öffentlichen Unternehmens" nicht allein auf den Bereich des Wettbewerbsrechts, sondern kann dem gesamten EG-Vertrag zugrunde gelegt werden.
Zur näheren Definition des Begriffs erscheint es zweckmäßig, seine einzelnen Bestandteile „Unternehmen" (1. Abschnitt) und „öffentlich" (2. Abschnitt) getrennt zu untersuchen.

---

98 *Eichenhofer*, NJW 1991, 2857 (2859).

99 Vgl. *Hochbaum* (Fn. 90), Art. 90 Rn. 6; *Mestmäcker*, Europäisches Wettbewerbsrecht, 1974, S. 643 f.

100 „Art. 90 Abs. 1 [86 Abs. 1 n. F.] faßt den Herrn, nicht den Knecht." (*Ipsen/Nicolaysen*, NJW 1964, 2336, 2338); *Bellamy/Child* (Fn. 95), 4. Aufl. 1993, 13-012 (S. 809).

101 *Ipsen*, Europäisches Gemeinschaftsrecht, 1972, § 37 Rn. 14 (S. 662).

1. Abschnitt: Der Unternehmensbegriff des EG-Vertrags

A. Funktionaler Unternehmensbegriff

Im Gegensatz zum EGKS-Vertrag[102] und zum EURATOM-Vertrag[103] wird der Begriff des „Unternehmens" im EG-Vertrag nicht definiert. Es besteht jedoch Einigkeit, daß der Unternehmensbegriff des Art. 86 EG dem allgemeinen Unternehmensbegriff der Artt. 81 und 82 EG entspricht.[104]
Der Europäische Gerichtshof hat - anders als im Bereich des EGKS-Vertrags[105] - zunächst darauf verzichtet, den Unternehmensbegriff des EG-Vertrags abstrakt zu definieren und sich darauf beschränkt, ihn von Fall zu Fall zu konkretisieren.[106]
Einem formalen Unternehmensbegriff, wonach die unternehmerische Tätigkeit eine von der staatlichen Verwaltung getrennte Organisationseinheit voraussetzt,

---

102 Art. 80 KS legt den Kreis der Unternehmen fest, die dem Anwendungsbereich des EGKS-Vertrags unterfallen. Die Vorschrift trägt jedoch wenig zur Begriffsklärung bei, da sie den Begriff tautologisch definiert: „Unternehmen im Sinne dieses Vertrages sind diejenigen Unternehmen, die [...] eine Produktionstätigkeit auf dem Gebiet von Kohle und Stahl ausüben." Der zweite Halbsatz dehnt den Anwendungsbereich auf Vertriebstätigkeiten aus.

103 Art. 196 lit. b) EA lassen sich bereits konkretere Aussagen entnehmen. Die Vorschrift stellt klar, daß es für den Unternehmensbegriff nicht auf die privatrechtliche oder öffentlich-rechtliche Organisationsform ankommt, sondern allein darauf, daß eine der im EAG-Vertrag genannten Tätigkeiten im Gebiet eines Mitgliedstaats ausgeübt wird.

104 *von Burchard*, in: *Schwarze (Hrsg.)*, EU-Kommentar, Art. 86 EGV Rn. 13; *Jung*, in: *Calliess/Ruffert (Hrsg.)*, EUV/EGV, 1999, Art. 86 Rn. 11; *Pernice*, in: *Grabitz/Hilf (Hrsg.)*, EGV/EUV, Altbd. I, Art. 90 Rn. 14 (1994); *Mestmäcker*, in: *Immenga/Mestmäcker*, EG-Wettbewerbsrecht, Bd. II, 1997, Art. 37, 90 C Rn. 1; *Oppermann*, Europarecht, 2. Aufl. 1999 Rn. 1053; *Müller-Graff/Zehetner*, (Fn. 1) S. 35.

105 Vgl. z. B. EuGH, Verb. Rs. 17 und 20/61, Slg. 1962, 653 (687) - Klöckner-Werke AG, Hoesch AG/Hohe Behörde, im Hinblick auf den Unternehmensbegriff des Art. 80 KS: „Das Unternehmen stellt sich als eine einheitliche, einem selbständigen Rechtssubjekt zugeordnete Zusammenfassung personeller, materieller und immaterieller Faktoren dar, mit welcher auf Dauer ein bestimmter wirtschaftlicher Zweck verfolgt wird." Vgl. auch EuGH, Verb. Rs. 42 und 49/59, Slg. 1961, 107 (164) - SNUPAT/Hohe Behörde.

106 *Hochbaum*, (Fn. 90), Art. 90 Rn. 6.

die in den Formen des Privatrechts am Markt tätig ist,[107] hat der Gerichtshof eine Absage erteilt und ist einem funktionalen Unternehmensbegriff gefolgt.[108] Auf den Punkt gebracht hat der Gerichtshof seine Rechtssprechung dann in seiner Entscheidung zum deutschen Arbeitsvermittlungsmonopol:

> „Im Rahmen des Wettbewerbsrechts umfaßt der Begriff des Unternehmens jede eine wirtschaftliche Tätigkeit ausübende Einheit, unabhängig von ihrer Rechtsform und der Art ihrer Finanzierung.“[109]

Die unternehmerische Tätigkeit wird also unabhängig von einer bestimmten Organisationsform oder den Eigentumsverhältnissen definiert. Auch öffentlich-rechtliche Einheiten, die einen wirtschaftlichen Zweck verfolgen, unterfallen dem Unternehmensbegriff des EG-Vertrags.[110] Daß es auf eine private oder öffentlich-rechtliche Organisationsform nicht ankommen kann, erklärt sich nicht zuletzt aus der den Mitgliedstaaten gem. Art. 295 EG verbliebenen Autonomie, über die Zuordnung des Eigentums in private oder öffentliche Trägerschaft zu entscheiden. Beschränkte sich der Unternehmensbegriff auf privatrechtlich organisierte Einheiten, wäre es den Mitgliedstaaten ein leichtes, zumindest die unternehmensbezogenen Vorschriften des EG-Vertrages durch entsprechende Neuordnung der Eigentumsverhältnisse zu umgehen.[111]

Aus dem Hinweis des Gerichtshofs, daß die Art ihrer Finanzierung unerheblich ist, folgt ferner, daß die als Unternehmen zu qualifizierenden Einheiten nicht

---

107 Vgl. *Fesenmair*, Öffentliche Dienstleistungsmonopole im europäischen Recht, 1996, S. 31. Dem formalen Unternehmensbegriff folgt lediglich eine Mindermeinung in der Literatur, siehe etwa *Rottmann*, Archiv PF 1989, 1 (6).

108 Grundlegend EuGH, Rs. 170/83, Slg. 1984, 2999 (3016) - Hydrotherm/Compact: „Im Rahmen des Wettbewerbsrechts ist unter dem Begriff des Unternehmens eine im Hinblick auf den jeweiligen Vertragsgegenstand bestehende wirtschaftliche Einheit zu verstehen, selbst wenn diese wirtschaftliche Einheit rechtlich aus mehreren, natürlichen oder juristischen Personen, gebildet wird.“

109 EuGH, Rs. C-41/90, Slg. 1991, I-1979 (2016) - Höfner und Elser; seitdem st. Rspr., vgl. z.B. EuGH, Verb. Rs. C-159 und 160/90, Slg. 1993, I-637 (669) - Poucet und Pistre; Rs. C-346/92. Slg. 1994, I-43 (61) - SAT Fluggesellschaft; Rs. C-55/96, Slg. 1997, I-7119 (7147) - Job Centre; Verb. Rs. C-115 bis 117/97, EuZW 2000, 174 (178) – Brentjens.

110 Vgl. *Emmerich*, Kartellrecht, 8. Aufl. 1999, S. 410.

111 Vgl. auch *Vygen*, Öffentliche Unternehmen im Wettbewerbsrecht der EWG, 1967, S. 54.

zwingend kostendeckend, geschweige denn gewinnbringend arbeiten müssen.[112] Dadurch ist es möglich, Dienstleistungen, die für den Empfänger weitgehend kostenfrei sind und überwiegend aus Steuermitteln finanziert werden, in den Unternehmensbegriff mit einzubeziehen.[113] Zu denken ist etwa an die staatliche Arbeitsvermittlung.[114]

B. Erforderliche Selbständigkeit

Art. 86 Abs. 1 EG spricht jedoch von Maßnahmen der Mitgliedstaaten „in bezug auf öffentliche Unternehmen". Die Vorschrift setzt damit eine von den Mitgliedstaaten trennbare Zurechnungseinheit „Unternehmen" voraus, die einen gewissen Grad an Selbständigkeit aufweist. Eine eigene Rechtspersönlichkeit wird jedoch nicht verlangt, das Unternehmen muß nicht einmal die Fähigkeit haben, vor Gericht zu klagen oder verklagt zu werden.[115] Der Europäische Gerichtshof hat insofern klargestellt:

> „In die öffentliche Verwaltung eingegliederte Stellen, denen wie im Ausgangsverfahren der Betrieb des öffentlichen Netzes und der Vertrieb von Endgeräten übertragen worden ist, verlieren aufgrund dieses Umstands nicht die Qualifikation als öffentliche Unternehmen. Denn eine Stelle, die wirtschaftliche Tätigkeiten industrieller oder kommerzieller Art ausübt, muß nicht notwendig eine vom Staat getrennte Rechtspersönlichkeit besitzen, um als öffentliches Unternehmen angesehen zu werden."[116]

---

112 Vgl. auch EuGH, Rs. C-244/94, Slg. 1995, I-4013 (4030) - Fédération française des sociétés d'assurance u.a.

113 *v. Wilmowsky*, ZHR 155 (1991), 545 (548). Vgl. auch *Deringer* (Fn. 70), S. 1.1 (1.4).

114 EuGH, Rs. C-41/90, Slg. 1991, I-1979 (2017) - Höfner und Elser.

115 *Hochbaum* (Fn. 90), Art. 90 Rn. 6; *R. Schmidt*, Die Verwaltung 28 (1995), 281 (298 f.).

116 EuGH, Rs. C-69/91, Slg. 1993, I-5335 (5379) - Decoster; Rs. C-92/91, Slg. 1993, I-5383 (5403) - Taillandier. Vgl. auch schon EuGH, Rs. 118/85, Slg. 1987, 2599 (2623) - Kommission/Italien. Juristische Selbständigkeit eines Unternehmens hat der Gerichtshof nur in einer Entscheidung aus den Anfangsjahren der Gemeinschaft gefordert, vgl. EuGH, Rs. 19/61, Slg. 1962, 717 (750) - Mannesmann/Hohe Behörde.

Unter den gemeinschaftsrechtlichen Unternehmensbegriff können damit auch die in Deutschland auf kommunaler Ebene nach wie vor häufig anzutreffenden, rechtlich unselbständigen Regie- und Eigenbetriebe subsumiert werden.[117]

C. Abgrenzung zu nichtwirtschaftlichen Tätigkeiten

Der funktionale Unternehmensbegriff setzt eine wirtschaftliche Tätigkeit voraus. Die Abgrenzung zwischen wirtschaftlichen und nichtwirtschaftlichen Tätigkeiten ist jedoch schwierig, da die vom Europäischen Gerichtshof herausgearbeiteten Unterscheidungskriterien noch nicht sehr trennscharf sind.[118]

I. Abgrenzung zu hoheitlichen Tätigkeiten

Der Europäische Gerichtshof unterscheidet zunächst zwischen wirtschaftlichen und hoheitlichen Tätigkeiten. In seiner „Eurocontrol"-Entscheidung[119] hat er es abgelehnt, die Europäische Organisation für Flugsicherung als Unternehmen zu qualifizieren, da ihre Tätigkeit mit der Ausübung von Vorrechten bei der Kontrolle und Überwachung des Luftraums zusammenhänge, die üblicherweise als hoheitlich einzustufen seien.[120]
In der Literatur wird daher vorgeschlagen, bei der Bestimmung, ob eine wirtschaftliche Tätigkeit vorliege, auf die Bereichsausnahmen zu den Personenverkehrsfreiheiten zurückzugreifen.[121] Tätigkeiten, die in den Bereich der öffentlichen Verwaltung im Sinne des Art. 39 Abs. 4 EG fielen[122] bzw. mit der Ausübung öffentlicher Gewalt im Sinne des Art. 45 EG verbunden seien,[123] könnten nicht als wirtschaftliche Tätigkeit angesehen werden.

---

117 *Emmerich*, in: *Dauses (Hrsg.)*, Handbuch des EU-Wirtschaftsrechts, Bd. II, H II. Rn. 97 (1996); *Nicolaysen* (Fn. 70), S. 269; *Müller-Graff/Zehetner* (Fn. 1), S. 44; *Seidel*, EG-Binnenmarkt und öffentliche Unternehmen, in: *Gröner/Schüller (Hrsg.)*, Die europäische Integration als ordnungspolitische Aufgabe, 1993, S. 343 (347).

118 *Schwintowski*, ZEuP 1994, 294 (300); zustimmend *Fesenmair* (Fn. 107), S. 40.

119 Rs. C-364/92, Slg. 1994, I-43 ff. - SAT-Fluggesellschaft.

120 EuGH, Rs. C-364/92, Slg. 1994, I- 43 (63 f.) - SAT Fluggesellschaft.

121 Vgl. Burgi, EuR 1997, 261 (266).

122 Vgl. *Heinemann* (Fn. 91), S. 76 f.

123 Vgl. *Fesenmair* (Fn. 107), S. 44; *Hailbronner*, Rechtsstellung und Tätigkeitsbereich der öffentlich-rechtlichen Pflicht- und Monopolversicherungsanstalten in der Europäischen Gemeinschaft, 1991, S. 47; *Heinze*, BG 1995, 89 (91); *v. Wilmowsky*, ZHR 155 (1991), 545 (548).

Dieser Auffassung ist zuzustimmen. Da der Gerichtshof auch die Bereichsausnahmen zu den Personenverkehrsfreiheiten auf spezifisch hoheitliche Tätigkeiten beschränkt,[124] ermöglicht diese Auffassung zum einen eine einheitliche Abgrenzung zwischen wirtschaftlichen und nichtwirtschaftlichen Tätigkeiten im Bereich der Grundfreiheiten und der unternehmensbezogenen Wettbewerbsregeln und zum anderen wird dem Gemeinschaftsrecht ein möglichst weitgehender Anwendungsbereich eröffnet. Wenn der Gerichtshof für den Bereich der öffentlichen Verwaltung im Sinne des Art. 39 Abs. 4 EG über das Merkmal der hoheitlichen Tätigkeit hinausgehend fordert, daß die betreffende Tätigkeit die Wahrnehmung solcher Aufgaben mit sich bringt, die auf die Wahrung der allgemeinen Belange des Staates und anderer öffentlicher Körperschaften gerichtet sind,[125] kommt dieser Voraussetzung für die hier vorzunehmende Abgrenzung nur untergeordnete Bedeutung zu, da auch wirtschaftliche Tätigkeiten der Wahrung allgemeiner Belange des Staates dienen können. Zu denken ist nur an Leistungen der Daseinsvorsorge, die der Gerichtshof ohne weiteres als wirtschaftliche Tätigkeiten ansieht.[126] Entscheidend ist allein der hoheitliche Charakter einer Tätigkeit.

Welche Tätigkeiten er als hoheitlich ansieht, hat der Europäische Gerichtshof bisher allerdings nicht abschließend ausgeführt. Seine Rechtsprechung läßt sich dahingehend zusammenfassen, daß vor allem Tätigkeiten auf dem Gebiet der Rechtspflege und der öffentlichen Sicherheit und Ordnung, in denen sich das staatliche Gewaltmonopol manifestiert, hoheitliche Tätigkeiten darstellen.[127] Eine nichtwirtschaftliche Tätigkeit üben in Deutschland beispielsweise die Notare oder die Gerichtsvollzieher aus. Das gleiche gilt für die officiers publics ou ministeriels und die pubblici mediatori, die in Frankreich bzw. Italien für Zwangsversteigerungen zuständig sind.[128] Hoheitlich handeln ferner Feldhüter, Forsthüter, Jagd-

---

124 Vgl. EuGH, Rs. 149/79, Slg. 1980, 3881 (3900) – Kommission/Belgien; Rs. 307/84, Slg. 1986, 1725 (1738) – Kommission/Frankreich; Rs. 66/85, Slg. 1986, 2121 (2147) – Lawrie-Blum/Land Baden-Württemberg; Rs. C-473/93, Slg. 1996, I-3207 (3250) – Kommission/Luxemburg; Rs. C.173/94, Slg. 1996, I-3265 (3278) – Kommission/Belgien; Rs. C-290/94, Slg. 1996, I-3285 (3319) – Kommission/Griechenland (für die Arbeitnehmerfreizügigkeit); Rs. 2/74, Slg. 1974, 631 (654) – Reyners/Belgien; Rs. C-42/92, Slg. 1993, I-4047 (4073) –Thijsen; Rs. C-355/97, EuZW 2000, 344 (345) – Kommission/Belgien (für die Niederlassungsfreiheit). Näher zu diesen Vorschriften *Burgi*, JuS 1996, 958 (960 f.).

125 Vgl. die Nachweise in der vorangehenden Fn.

126 Vgl. EuGH, Rs. C-393/92, Slg. 1994, I-1477 (1518 ff.) - Almelo. Vgl. auch Curtin, ELR 1990, 195 (219).

127 Vgl. *Fesenmair* (Fn. 107), S. 46.

128 Vgl. die Übersicht bei *Randelzhofer*, in: *Grabitz/Hilf (Hrsg.)*, EUV/EGV, Altbd. II, Art. 55 Rn. 10 (1992).

aufseher und Fischereiaufseher.[129] Mangels wirtschaftlicher Tätigkeiten sind schließlich die nationalen Polizeidienste und die Streitkräfte nicht als Unternehmen im gemeinschaftsrechtlichen Sinne anzusehen.

II. Abgrenzung zum Bereich bloßer Eigenbedarfsnachfrage

An einer unternehmerischen Tätigkeit fehlt es ferner, wenn die Mitgliedstaaten lediglich als Verbraucher am Wirtschaftsleben teilnehmen, um ihren eigenen Verwaltungsbedarf zu decken.[130] In diesem Bereich bietet vor allem das sekundärrechtliche Vergaberecht Schutz vor Beeinträchtigungen des Binnenmarktes.[131] Daneben ist an eine direkte Anwendung der Beihilfevorschriften des EG-Vertrages zu denken.[132]

III. Wirtschaftliche Tätigkeit der Sozialversicherungsträger

Diskutiert wird schließlich, ob die Träger der Systeme der sozialen Sicherheit in den einzelnen Mitgliedstaaten eine wirtschaftliche Tätigkeit ausüben und daher als Unternehmen im gemeinschaftsrechtlichen Sinne zu qualifizieren sind.[133] Augelöst wurde diese Diskussion durch das Urteil des Europäischen Gerichtshof in der Rechtssache „Poucet und Pistre"[134]. Dort hatte der Gerichtshof entschieden, daß die Sozialversicherungsträger eine Aufgabe mit ausschließlich sozialem Charakter erfüllten. Ihre Tätigkeit beruhe auf dem Grundsatz der nationalen Solidari-

---

129 Vgl. Art. 4 lit. a) der Richtlinie 67/43/EWG des Rates vom 19.1.1967 über die Verwirklichung der Niederlassungsfreiheit und des freien Dienstleistungsverkehrs für selbständig Tätige auf dem Gebiet der 1.) „Immobiliengeschäfte", 2.) einiger „sonstiger Dienste für das Geschäftsleben", ABlEG 1967, S. 140.

130 *Hochbaum* (Fn. 90), Art. 90 Rn. 13; *Pernice* (Fn. 104), Art. 90 Rn. 20 (1994); *Nicolaysen* (Fn. 70), S. 270; *v. Wilmowsky*, ZHR 155 (1991), 545 (548). Vgl. auch *Ulmer*, ZHR 146 (1982), 466 (475); *Deringer* (Fn. 70), S. 1.1 (1.9).

131 Ausführlich dazu *Schwarze*, EuZW 2000, 133 ff. mit Nachweisen zu den einschlägigen Richtlinien in den Fn. 32 bis 35.

132 Vgl. EuG, Rs. T-14/96, Slg. 1999, II-139 ff. - BAI/Kommission, mit Anm. *Lübbig*, EuZW 1999, 671 f.

133 Vgl. aus der Literatur zuletzt *Manthey/Hartwig*, VW 2001, 997 (998); *Berg*, EuZW 2000, 170 (171 f.) und *Bieback*, EWS 1999, 361 ff. jew. m. w. N.

134 Verb. Rs. C-159 und 160/91, Slg. 1993, I-637 ff.

tät und werde ohne Gewinnerzielungsabsicht ausgeübt. Sie sei folglich keine wirtschaftliche Tätigkeit.[135]

Dieses Urteil ist jedoch inkonsequent. Da der Europäische Gerichtshof die Unternehmensqualität einer Einrichtung unabhängig von der Art ihrer Finanzierung beurteilt,[136] darf der wirtschaftliche Charakter der Tätigkeit der Sozialversicherungsträger nicht aufgrund ihrer solidarischen Finanzierung verneint werden.[137] Die Berücksichtigung des Solidaritätselements in der Prüfung der Unternehmensqualität einer Einrichtung verhindert außerdem eine differenzierte Lösung, wenn die Sozialversicherungsträger neben ihrer Kerntätigkeit weitere Leistungen wie z. B. Lebensversicherungen anbieten.[138] Die Unternehmensqualität der Sozialversicherungsträger sollte daher nicht in Frage gestellt werden.

Gefährdet eine Anwendung des Gemeinschaftsrechts auf die Sozialversicherungsträger die Erfüllung ihrer sozialen Aufgabe, kann dem im Rahmen des Art. 86 Abs. 2 EG Rechnung getragen werden.[139] Dieser Auffassung scheint sich nunmehr auch der Europäische Gerichtshof anzuschließen, der in einem neueren Urteil die Frage, ob es gemeinschaftsrechtlich zulässig sei, einem Rentenfonds das ausschließliche Recht zur Verwaltung eines obligatorischen, grundsätzlich solidarisch ausgestalteten Zusatzrentensystems in einem bestimmten Wirtschaftszweig einzuräumen, allein am Maßstab des Art. 86 Abs. 2 EG beurteilt hat.[140]

---

135 EuGH, Verb. Rs. C-159 und 160/91, Slg. 1993, I-637 (670) - Poucet und Pistre.

136 Vgl. den Nachweis in Fn. 109.

137 Vgl. auch *Fesemair* (Fn. 107), S. 59; *Boutard-Labarde*, La Semaine Juridique 1993, I. Doctrine 3702, 373 (375); *Gyselen*, ELR 1993, Competion Law Checklist, CC 55 (CC 92 f.).

138 *Berg*, EuZW 2000, 170 (172 f.).

139 *Manthey/Hartwig*, VW 2001, 997 (999 f.); *Berg*, EuZW 2000, 170 (172); *Giesen*, Die Vorgaben des EG-Vertrages für das Internationale Sozialrecht, 1999, S. 131, 138; *Fesemair* (Fn. 107), S. 59; *Isensee*, VSSR 1996, 169 (174); *Boutard-Labarde*, La Semaine Juridique 1993, I. Doctrine 3702, 373 (375). Vgl. auch *Burgi*, EuR 1997, 261 (265 mit Fn. 24).

140 Vgl. EuGH, Verb. Rs. C-115/97 bis 117/97, EuZW 2000, 174 (179 ff.) - Brentjens' Handelsonderneming.
Bereits in seinem Urteil in der Rs. C-244/94 (Slg. 1995, I-4013, 4028 ff. - Fédération française des sociétés d'assurance) hatte der Europäische Gerichtshof eine Einrichtung ohne Gewinnerzielungsabsicht, die ein auf Freiwilligkeit beruhendes und nach dem Kapitalisierungsprinzip arbeitendes Zusatzrentensystem verwaltete, als Unternehmen im gemeinschaftsrechtlichen Sinne angesehen. Auf die weitergehende Frage, ob das dieser Einrichtung gewährte Monopol gem. Art. 86 Abs. 2 EG ausnahmsweise zulässig ist, konnte der Gerichtshof nicht eingehen, weil die ihm ge-

2. Abschnitt: Die Qualifikation eines Unternehmens als „öffentlich“

Die Frage, wann ein Unternehmen als „öffentliches“ zu qualifizieren ist, muß ebenfalls autonom gemeinschaftsrechtlich beurteilt werden.[141] Auf die Rechtsform oder die Einordnung nach nationalem Recht kommt es nicht an.[142] Eine Definition enthält Art. 2 der Transparenzrichtlinie[143]. Ein öffentliches Unternehmen ist danach

> „jedes Unternehmen, auf das die öffentliche Hand aufgrund Eigentums, finanzieller Beteiligung, Satzung oder sonstiger Bestimmungen, die die Tätigkeit des Unternehmens regeln, unmittelbar oder mittelbar einen beherrschenden Einfluß ausüben kann.
> Es wird vermutet, daß ein beherrschender Einfluß ausgeübt wird, wenn die öffentliche Hand unmittelbar oder mittelbar:
> a) die Mehrheit des gezeichneten Kapitals des Unternehmens besitzt oder
> b) über die Mehrheit der mit den Anteilen des Unternehmens verbundenen Stimmrechte verfügt oder
> c) mehr als die Hälfte der Mitglieder des Verwaltungs-, Leitungs- oder Aufsichtsorgans des Unternehmens bestellen kann.“

---

stellte Vorlagefrage allein die Unternehmensqualität der fraglichen Einrichtung betraf.

141 *Jung* (Fn. 104), Art. 86 Rn. 12.

142 *Jung* (Fn. 104), Art. 86 Rn. 12; *Jungbluth*, in: Langen/Bunte, Kommentar zum deutschen und europäischen Kartellrecht, 8. Aufl. 1998, Art. 90 Rn. 17; *Beutler/Bieber/Pipkorn/Streil* (Fn. 87), S. 363 f.; *Burgi*, EuR 1997, 261 (265, 267); *Mestmäcker*, Die Vermittlung von europäischem und nationalem Recht im System unverfälschten Wettbewerbs, 1969, S. 90.

143 Richtlinie 80/723/EWG der Kommission vom 25. Juni 1980 über die Transparenz der finanziellen Beziehungen zwischen den Mitgliedstaaten und den öffentlichen Unternehmen, ABlEG 1980 Nr. L 195/35, geändert durch die Richtlinie 85/413/EWG der Kommission vom 24. Juli 1985, ABlEG 1985 Nr. L 229/20, die Richtlinie 93/84/EG der Kommission vom 30. September 1993, ABlEG 1993 Nr. L 254/16, und die Richtlinie 2000/52/EG der Kommisssion vom 26. Juli 2000, ABlEG 2000 Nr. L 193/75. Durch die letzte Änderung sind insbesondere die Offenlegungspflichten der von Art. 86 EG erfaßten Unternehmen erheblich erweitert worden, vgl. dazu *Britz*, DVBl. 2000, 1641 ff.; *Bartosch*, EuZW 2000, 333 ff.
Eine identische Definition enthält Art. 1 Ziff. 2 der Richlinie 90/531/EWG vom 17.9.1990 betreffend die Auftragsvergabe durch Auftraggeber im Bereich der Wasser-, Energie- und Verkehrsversorgung sowie im Telekommunikationssektor, ABlEG 1990 Nr. L 297/1.

Der Europäische Gerichtshof hat die Gültigkeit dieser Richtlinie bestätigt, gleichzeitig aber die Geltung der Definition auf den Bereich der Richtlinie beschränkt.[144] Da durch das Sekundärrecht der Anwendungsbereich der primärrechtlichen Vorschrift des Art. 86 Abs. 1 EG aber nicht erweitert werden kann, stellen zumindest alle Unternehmen, die der Transparenzrichtlinie unterfallen, auch öffentliche Unternehmen im Sinne des Art. 86 Abs. 1 EG dar. Ältere Definitionsversuche, die den Kreis der öffentlichen Unternehmen enger ziehen wollten, sind damit obsolet geworden.[145]

Durch sein Urteil zur Transparenzrichtlinie[146] bleibt dem Europäischen Gerichtshof zwar die Möglichkeit, den Begriff des öffentlichen Unternehmens in anderen Bereichen weiter zu definieren. Wesentliche Unterschiede dürften sich jedoch nicht ergeben.[147] Öffentliche Unternehmen müssen im übrigen ausgehend vom Zweck des Art. 86 Abs. 1 EGV definiert werden.[148] Die Vorschrift soll zum einen mittelbare Vertragsverletzungen der Mitwirkung durch Einwirkung auf öffentliche Unternehmen verhindern.[149] Zum anderen dient sie der Bestimmung des Anwendungsbereichs von Art. 86 Abs. 3 EGV.[150] Öffentliche Unternehmen können dann aber nur solche sein, auf deren Entscheidungen die Mitgliedstaaten beherrschenden Einfluß ausüben können.[151] Fehlt den Mitgliedstaaten diese Möglich-

---

144 EuGH, Verb. Rs. 188 bis 190/80, Slg. 1982, 2545 (2578) - Frankreich, Italien und Vereinigtes Königreich/Kommission („Transparenzrichtlinie").

145 *Pernice* (Fn. 104), Art. 90 Rn. 17 f. (1994).

146 Vgl. den Nachweis in Fn. 144.

147 *Grill*, in: *Lenz (Hrsg.)*, EGV, 2. Aufl. 1999, Art. 86 Rn. 5; *Mestmäcker*, RabelsZ 52 (1988), 526 (556).

148 *Jung* (Fn. 104), Art. 86 Rn. 12.

149 Deutlich insofern die Schlußanträge des Generalanwalts *Da Cruz Vilaça* in der Rs-30/87, Slg. 1988, 2479 (2497) - Bodson/Pompes funèbres des régions libérées: „Die Vorschrift [Art. 86 Abs. 1 EGV] will verhindern, daß die öffentliche Hand die besondere hoheitliche Beziehung, die sie mit bestimmten Arten von Unternehmen verbindet, dazu benutzt, diese Unternehmen zu einem vom Vertrag verbotenen Verhalten zu nötigen oder ihnen Vorteile zu gewähren, die mit dem Gemeinsamen Markt unvereinbar sind." Siehe außerdem EuGH, Rs. C-157/94, Slg. 1997, I-5699 (5777) - Kommission/Niederlande; Rs. C-158/94, Slg. 1997, I-5789 (5806) - Kommission/Italien; Rs. C-159/94, Slg. 1997, I-5815 (5806) - Kommission/Frankreich; *Pernice* (Fn. 104), Art. 90 Rn. 6 (1994); *Bach*, Wettbewerbsrechtliche Schranken für staatliche Maßnahmen nach europäischem Gemeinschaftsrecht, 1992, S. 37 ff.; *Pais Antunes*, RTDE 1991, 186 (190).

150 *Hochbaum* (Fn. 90), Art. 90 Rn. 5; *Heinemann* (Fn. 91), S. 60.

151 Vgl. auch *Curtin*, ELR 1990, 195 (219).

keit, können sie die Unternehmen weder zu einer Vertragsverletzung nötigen, noch können sie Entscheidungen oder Richtlinien, welche die Kommission gestützt auf Art. 86 Abs. 3 EGV erlassen hat, den Unternehmen gegenüber umsetzen.[152] Um die öffentlichen Unternehmen von den privaten abzugrenzen, ist es außerdem erforderlich, daß die Mitgliedstaaten ihren Einfluß ausüben können, ohne auf die üblichen hoheitlichen Handlungsinstrumente (Gesetzgebung, Verwaltungsakte) zurückgreifen zu müssen.[153]

Diese beiden entscheidenden Kriterien für die Qualifikation als öffentliches Unternehmen - beherrschender Einfluß eines Mitgliedstaates ohne Rückgriff auf hoheitliche Maßnahmen - enthält jedoch bereits Art. 2 der Transparenzrichtlinie. Nicht erforderlich ist, daß die Mitgliedstaaten ihren beherrschenden Einfluß tatsächlich ausüben; die Möglichkeit der Einflußnahme genügt.[154] In einem föderalen Staat wie der Bundesrepublik Deutschland kommt es ferner nicht darauf an, ob die Unternehmen vom Bund, von den Ländern oder von den Gemeinden beherrscht werden.[155] Unerheblich ist es nach dem Zweck des Art. 86 Abs. 1 EGV schließlich, ob der beherrschende Einfluß von nur einem oder mehreren Trägern öffentlicher Gewalt ausgeübt wird.[156]

Dem gemeinschaftsrechtlichen Begriff des „öffentlichen Unternehmens" unterfallen damit nicht nur die sog. Eigengesellschaften. Auch gemischt-öffentliche und gemischt-wirtschaftliche Unternehmen unter beherrschendem staatlichen Einfluß werden gemeinschaftsrechtlich als öffentliche Unternehmen behandelt.

Als wichtigste Beispiele für öffentliche Unternehmen im gemeinschaftsrechtlichen Sinne sind die mitgliedstaatlichen Post- und Telekommunikationsunternehmen,[157] die Rundfunkanstalten,[158] die nationalen Luftverkehrsunternehmen und

---

152 Vgl. *Hochbaum* (Fn. 90), Art. 90 Rn. 1, 10.

153 *Jung* (Fn. 104), Art. 86 Rn. 13; *Hochbaum* (Fn. 90), Art. 90 Rn. 9. Vgl. auch *Mestmäcker* (Fn. 99), S. 650; *dens.* (Fn. 142), S. 90. Anders *Börner*, Rechtsfragen zu Art. 90 EWGV, in: *ders.*, Studien zum Deutschen und Europäischen Wirtschaftsrecht, 1973, S. 249 (283), der eine Beherrschung des Unternehmens mit besonderen, nur dem Staat zur Verfügung stehenden rechtlichen Mitteln fordert.

154 *Hochbaum* (Fn. 90), Art. 90 Rn. 8.

155 *Deringer* (Fn. 70), S. 1.1 (1.13).

156 *von Burchard* (Fn. 104), Art. 86 EGV Rn. 19; *Grill* (Fn. 147), Art. 86 Rn. 5; *Pernice* (Fn. 104), Art. 90 Rn. 21 (1994).

157 EuGH, Rs. 41/83, Slg. 1985, 873 (885) – Italien/Kommission; Europäische Kommission, Entscheidung 82/861/EWG vom 14. Dezember 1982, ABlEG 1982 Nr. L 360/36, Ziff. 25 (British Telecommunications); Entscheidung 90/456/EWG vom 1. August 1990, ABlEG 1990 Nr. L 233/19, Ziff. 6 (Internationale Eilkurierdienste in Spanien).

die Eisenbahnen[159] sowie die kommunalen Unternehmen der Daseinsvorsorge (Strom, Wasser, Elektrizität)[160] zu nennen.[161] Zu den öffentlichen Unternehmen zählen außerdem die öffentlichen Kreditinstitute wie die Sparkassen, sofern sie unternehmerisch und im Wettbewerb mit privaten Banken tätig werden.[162] Schließlich können auch kulturelle Einrichtungen wie Museen als öffentliche Unternehmen qualifiziert werden, sofern sie auf dem Erwerbsmarkt von Museumsexponaten mit anderen Marktteilnehmern konkurrieren.[163]

---

158 *Emmerich* (Fn. 110), S. 410.

159 *Hochbaum* (Fn. 90), Art. 90 Rn. 17.

160 EuGH, Rs. C-393/92, Slg. 1994, I-1508 (1518 ff.) – Almelo; *R. Schmidt*, Die Verwaltung 28 (1995), 281 (299). Vgl. auch *Curtin*, ELR 1990, 195 (219).

161 Weitere umfangreiche Beispiele bei *Hochbaum* (Fn. 90), Art. 90 Rn. 17; *Pernice* (Fn. 104), Art. 90 Rn. 22 (1994); *Müller-Graff/Zehetner* (Fn. 1), S. 53 ff.

162 *Frömke*, Die Stellung der Kreditinstitute im Wettbewerbsrecht der Europäischen Wirtschaftsgemeinschaft nach Art. 90 Abs. 2 EWGV, 1987, S. 124. Vgl. auch EuGH, Rs. 172/80, Slg. 1981, 2021 (2029 f.) – Züchner/Bayerische Vereinsbank.

163 *Koenig/Kühling*, EuZW 2000, 197 (200).

4. Teil: Die Bindung öffentlicher Unternehmen an die Grundfreiheiten des Europäischen Gemeinschaftsrechts

Eine Maßnahme gleicher Wirkung im Sinne des Art. 28 EG ist nach der Rechtsprechung des Europäischen Gerichtshofs

> „jede Handelsregelung der Mitgliedstaaten, die geeignet ist, den innergemeinschaftlichen Handel unmittelbar oder mittelbar, tatsächlich oder potentiell zu behindern."[164]

Diese als „Dassonville-Formel" berühmt gewordene Definition ist auch im Rahmen der vorliegenden Untersuchung zu beachten. Wenn der Europäische Gerichtshof nämlich nur Handelsregelungen der *Mitgliedstaaten*[165] als Maßnahmen gleicher Wirkung ansieht, trifft er unter anderem eine Aussage über den Kreis der Verpflichtungsadressaten der Warenverkehrsfreiheit, den er auf die Mitgliedstaaten beschränkt.

Über dieses Ergebnis, welches sich zwar nicht dem Wortlaut des Art. 28 EG, wohl aber dessen systematischem Zusammenhang entnehmen läßt,[166] herrscht heute Einigkeit.[167] Judikate des Gerichtshofs, die auf eine unmittelbare Drittwirkung der Warenverkehrsfreiheit hindeuteten,[168] sind Einzelfälle geblieben und können inzwischen als überholt angesehen werden.

Adressaten der übrigen Grundfreiheiten sind in erster Linie ebenfalls die Mitgliedstaaten.[169] Daß daneben die Gemeinschaftsorgane die Grundfreiheiten beachten müssen,[170] spielt an dieser Stelle keine Rolle.

---

164 EuGH, Rs. 8/74, Slg. 1974, 837 (852) - Dassonville.

165 Hervorhebung durch den Verfasser.

166 Vgl. *Müller-Graff*, in: *von der Groeben/Thiesing/Ehlermann (Hrsg.)*, EUV/EGV, Bd. 1, 5. Aufl. 1997, Art. 30 Rn. 288; *Roth*, Drittwirkung der Grundfreiheiten?, in: *Due/Lutter/Schwarze (Hrsg.)*, Festschrift für Ulrich Everling, Bd. II, 1995, S. 1231 (1241 f.).

167 Vgl. nur *Hailbronner*, in: *Hailbronner/Klein/Magiera/Müller-Graff*, EUV/EGV, Art. 30 Rn. 3 (1996); *Fischer*, Europarecht, 2. Aufl. 1997, § 13 Rn. 22; *Emmert*, Europarecht, 1996, § 29 Rn. 6; *Kilian*, Europäisches Wirtschaftsrecht, 1996, Rn. 233; *Weatherill/Beaumont*, EC Law, 2. Aufl. 1995, S. 450.

168 Z. B. EuGH, Rs. 58/80, Slg. 1981, 181 (195) – Dansk Supermarked/Imerco, wo der EuGH ausführte, daß Vereinbarungen zwischen Privaten in keinem Fall von den zwingenden Bestimmungen des Vertrages über den freien Warenverkehr abweichen dürften. Vgl. zu diesem Urteil *Roth* (Fn. 166), S. 1231 (1234 ff.).

169 *Jarass*, EuR 1995, 202 (209). Vgl. ferner *Jung* (Fn. 104), Art. 86 Rn. 23 f.; *Jungbluth* (Fn. 142) Art. 90 Rn. 28 f.

Eine Kontrolle des Verhaltens natürlicher Personen und privater Unternehmen am Maßstab der Grundfreiheiten hat der Gerichtshof dagegen bisher grundsätzlich abgelehnt.[171] Außer in den oben angeführten – inzwischen überholten – Urteilen hatte der Europäische Gerichtshof eine Drittwirkung nur anerkannt, wenn eine Partei durch Verbandsmacht oder Arbeitgebermacht ein faktisches Übergewicht besaß und daher Regeln erlassen konnte, die in ihrer Wirkung staatlichen Regelungen gleichkamen.[172] In einem neuen Urteil hat der Gerichtshof jetzt zwar auch Privatpersonen zu den Adressaten der Arbeitnehmerfreizügigkeit gezählt.[173] Ob diese Entscheidung allerdings das Tor zu einer generellen Drittwirkung der Grundfreiheiten öffnet, bleibt abzuwarten. Dagegen sprechen neben den dann auftretenden Problemen bei der Rechtfertigung von Beeinträchtigungen[174] vor allem Wertungswidersprüche mit den Wettbewerbsregeln, die speziell auf Handlungen Privater zugeschnitten sind und anders als die Grundfreiheiten nur spürbare Han-

---

170 EuGH, Rs. 37/83, Slg. 1984, 1229 (1248 f.) - REWE-Zentrale/Landwirtschaftskammer Rheinland; Rs. C- 114/96, Slg. 1997, I-3629 (3655) – Kieffer und Thill; *Streinz*, Europarecht, 4. Aufl. 1999, Rn. 706; *Kingreen/Störmer*, EuR 1998, 263 (277); *Schwemer*, Die Bindung des Gemeinschaftsgesetzgebers an die Grundfreiheiten, 1995, S. 45; *Jarass*, EuR 1995, 202 (211); *Mestmäcker*, Von der Wirtschaftsgemeinschaft zur Wirtschafts- und Währungsunion, in: *Hommelhoff/Kirchhoff (Hrsg.)*, Der Staatenverbund der Europäischen Union, 1994, S. 113 (118); *Roth*, EuR 1987, 7 (9 f.); *Matthies*, Die Verfassung des Gemeinsamen Marktes, in: *Bieber/Bleckmann/Capotorti (Hrsg.)*, Das Europa der zweiten Generation, Gedächtnisschrift für Christoph Sasse, 1981, Bd. I, S. 113 (127); einschränkend *Caspar*, EuZW 2000, 237 (240 f.); a. A. *Emmert* (Fn. 167), § 29 Rn. 8; *Bahlmann*, EuR 1982, 1 (3).

171 Deutlich im Hinblick auf die Warenverkehrsfreiheit EuGH, Rs. 311/85, Slg. 1987, 3801 (3830) – VVR/Sociale Dienst van de Plaatselijke en Gewestelijke Overheidsdiensten.

172 Vgl. EuGH, Rs. 36/74, Slg. 1974, 1405 (1419 f.) – Walrave/Union Cycliste Internationale; Rs. 13/76, Slg. 1976, 1333 (1341) – Donà/Mantero; Rs. C-415/93, Slg. 1995, I-4921 (5065 f.) - Bosman; Verb. Rs. C-51/96 und C-191/97, EuZW 2000, 371 (374) - Deliège; Rs. C-176/96, EuZW 2000, 375 (377) - Lehtonen, mit Anm. *Röthel*, EuZW 2000, 379 f.
Zum „Bosman"-Urteil des EuGH vgl. *Imping*, EWS 1996, 193 ff.; *Schröder*, JZ 1996, 254 ff.; *Palme*, JZ 1996, 238 ff.; *Gramlich*, DÖV 1996, 801 ff.; *Hobe/Tietje*, JuS 1996, 486 ff.; *Hilf/Pache*, NJW 1996, 1169 ff.

173 EuGH, Rs. C- 281/98, EuZW 2000, 468 (470) – Roman Angonese/Cassa di Risparmio di Bolzano SpA. Kritisch zu diesem Urteil *Streinz/Leible*, EuZW 2000, 459 (460 ff.).

174 Näher dazu *Streinz/Leible*, EuZW 2000, 459 (463 f.).

delsbeeinträchtigungen verbieten.[175] Im Regelfall sollte daher ein handelsbeschränkendes Verhalten privater Unternehmen allein nach den Wettbewerbsvorschriften der Artt. 81 ff. EG beurteilt werden.[176]
Eine Sonderstellung nehmen jedoch die öffentlichen Unternehmen ein, deren Tätigkeit im Grenzbereich zwischen staatlichem und unternehmerischem Handeln liegt.[177] Diese Unternehmen werden von den Mitgliedstaaten in erster Linie zur Verwirklichung bestimmter politischer Ziele eingesetzt.[178] Der wirtschaftliche Aspekt ihrer Tätigkeit tritt dahinter zurück. Ihre Nähe zu den Mitgliedstaaten verbietet es, die öffentlichen Unternehmen ohne weiteres wie private Unternehmen zu behandeln und eine Grundfreiheitsbindung aus diesem Grunde abzulehnen. Andererseits sind die öffentlichen Unternehmen gegenüber dem hinter ihnen stehenden Mitgliedstaat zumindest organisatorisch verselbständigt,[179] so daß ihr Handeln auch nicht ohne weiteres mit dem des mitgliedstaatlichen Trägers gleichgesetzt werden und allein aus diesem Grund als grundfreiheitsgebunden angesehen werden kann. Vielmehr muß zwischen den Handlungen der Mitgliedstaaten und denen der öffentlichen Unternehmen unterschieden werden. Von einer solchen Unterscheidung geht auch Art. 86 Abs. 1 EG aus, wenn er den Mitgliedstaaten bestimmte Maßnahmen „in bezug auf“ öffentliche Unternehmen verbietet.

Es ist daher die Frage zu klären, ob die öffentlichen Unternehmen trotz ihrer Verselbständigung gegenüber dem mitgliedstaatlichen Träger unmittelbar an die Grundfreiheiten gebunden sind (1. Abschnitt). Daneben muß untersucht werden,

---

175 *Streinz/Leible*, EuZW 2000, 459 (464). Vgl. auch *Müller-Graff* (Fn. 166), Art. 30 Rn. 303; *Roth*, in: *Dauses (Hrsg.)*, Handbuch des EU-Wirtschaftsrechts, Bd. I, E. I. Rn. 17 (1993); *dens.*, (Fn. 166), S. 1231 (1242); *Jaensch*, Die unmittelbare Drittwirkung der Grundfreiheiten, 1997, S. 152.

176 Vgl. auch EuGH, Rs. 65/86, Slg. 1988, 5249 (5285) – Bayer u.a./Süllhofer; *Dauses*, in: *ders. (Hrsg.)*, Handbuch des EU-Wirtschaftsrechts, Bd. I, C. I. Rn. 93 (1997); *Kilian* (Fn. 167), Rn. 233; *Weatherill/Beaumont* (Fn. 167), S. 450.

177 *Roth* (Fn. 166), S. 1231 (1244), spricht von einer „Zwitterstellung“ öffentlicher Unternehmen.

178 Vgl. *Ehlers*, Jura 1999, 212; *Burgi*, EuR 1997, 261 (267). Siehe dazu auch schon *Püttner*, DÖV 1983, 697 ff.; *Nicolaysen*, Plan-Einsatz öffentlicher Unternehmen und EWG-Vertrag, in: *Kaiser (Hrsg.)*, Planung III, 1968, S. 311 ff.; *Ritschl*, Die Funktionen der öffentlichen Unternehmen im Gemeinsamen Markt, in: Die Aufgaben der öffentlichen Unternehmen in der Wirtschaft des Gemeinsamen Marktes, Schriftenreihe der Gesellschaft für öffentliche Wirtschaft, Band 9, 1963, S. 33 (35); *Hirsch*, Die französischen Planungsmethoden und ihre Ausdehnung auf den gemeinsamen Markt, 1962, S. 13.

179 Vgl. oben 3. Teil, 1. Abschnitt, B. (S. 39 ff.)

welche Pflichten den Mitgliedstaaten im Zusammenhang mit den Grundfreiheiten in bezug auf ihre öffentlichen Unternehmen obliegen. (2. Abschnitt). Erörtert werden müssen ferner die Grenzen der Grundfreiheitsbindung öffentlicher Unternehmen (3. Abschnitt). Schließlich sind die Rechtsschutzmöglichkeiten darzustellen, die demjenigen offenstehen, der durch ein grundfreiheitswidriges Verhalten öffentlicher Unternehmen benachteiligt wird (4. Abschnitt).

1. Abschnitt: Unmittelbare Grundfreiheitsbindung öffentlicher Unternehmen

Eine unmittelbare Bindung öffentlicher Unternehmen an die Grundfreiheiten würde es dem Betroffenen im Unterschied zu einer nur mittelbaren Bindung ermöglichen, im Falle einer Beeinträchtigung unmittelbar gegen das handelnde Unternehmen vorzugehen. Er wäre nicht gezwungen, gegen den hinter dem Unternehmen stehenden Mitgliedstaat einzuschreiten.[180]

Ob die öffentlichen Unternehmen unmittelbare Adressaten der Grundfreiheiten sind, wird nicht einheitlich beurteilt (A.). Zählt man sie zu den Adressaten, stellen sich zwei weitere Fragen, die in Rechtsprechung und Literatur bislang nicht erörtert worden sind. Fraglich ist zum einen, ob diese Bindung auch gemischtwirtschaftliche Unternehmen erfaßt, sofern diese dem weiten gemeinschaftsrechtlichen Begriff des öffentlichen Unternehmens unterfallen (B.). Zum anderen ist fraglich, ob die öffentlichen Unternehmen auch im Falle einer Auslandstätigkeit an die Grundfreiheiten gebunden bleiben (C.).

A. Öffentliche Unternehmen als unmittelbare Adressaten der Grundfreiheiten

I. Die Auffassung der Rechtsprechung und die in der Literatur vertretenen Auffassungen

Wegen der überragenden Bedeutung der Rechtsprechung für die Auslegung der Grundfreiheiten[181] wird zunächst untersucht, ob der Europäische Gerichtshof die

---

180 Vgl. auch *Jaensch* (Fn. 175), S. 206, 212; *Bauer*, Wettbewerbsbeschränkungen durch Staaten, 1990, S. 186 f.

181 Erklären läßt sich diese Bedeutung insbesondere mit dem Selbstverständnis des Europäischen Gerichtshofs, der sich in den Anfangsjahren der Gemeinschaft als „Motor der Integration“ gesehen hat (vgl. *Schweitzer/Hummer*, Europarecht, 5. Aufl. 1996, Rn. 445; *Hirsch*, NJW 2000, 1817, 1820; *Streinz*, Der „effet utile“ in

öffentlichen Unternehmen zu den unmittelbaren Adressaten der Grundfreiheiten zählt und welche Gründe für ihn bei der Beantwortung dieser Frage maßgeblich sind (1.), bevor im Anschluß daran die in der Literatur vertretenen Auffassungen dargestellt werden (2.).

1. Die Rechtsprechung des Europäischen Gerichtshofs

a) Die Rechtsprechung zur Grundfreiheitsbindung öffentlicher Unternehmen

aa) Das Urteil „Sacchi“

Zur Grundfreiheitsbindung öffentlicher Unternehmen hat der Europäische Gerichtshof sich erstmals im Urteil „Sacchi“[182] aus dem Jahre 1974 geäußert.

(1) Sachverhalt[183]

Im Mittelpunkt dieses Vorabentscheidungsverfahrens stand das italienische Rundfunk- und Fernsehmonopol, das der Staat der Radio Audizione Italiana (RAI) übertragen hatte. Die RAI war als Aktiengesellschaft organisiert, die von der Staatsholding IRI beherrscht wurde. Dem Staat standen gegenüber der RAI Kontroll- und Weisungsbefugnisse zu. Die RAI war mithin als öffentliches Unternehmen im gemeinschaftsrechtlichen Sinne zu qualifizieren. Ihre Tätigkeiten wurden unter anderem durch Gebühren finanziert, die von den Haltern von Rundfunk- und Fernsehempfängern zu entrichten waren. Bei Nichtzahlung war eine Bestrafung vorgesehen.[184]

---

der Rechtsprechung des Gerichtshofs der Europäischen Gemeinschaften, in: *Due/Lutter/Schwarze (Hrsg.)*, Festschrift für Ulrich Everling, Bd. II, 1995, S. 1491, 1509). *Hallstein* (Die echten Probleme der europäischen Integration, 1965, S. 9) bezeichnete den Europäischen Gerichtshof als „Integrationsfaktor erster Ordnung“.

182 Rs. 155/73, Slg. 1974, 409 ff.

183 Sachverhalt und Entscheidungsgründe der Urteile des Europäischen Gerichtshofs sind im folgenden nur insoweit wiedergegeben, als sie für die hier behandelten Fragen von Bedeutung sind.
Die Sachverhalte werden dabei grundsätzlich so dargestellt, wie sie sich aus dem Urteil des Gerichtshofs ergeben. Wurde daneben ergänzend auf die Schlußanträge oder die Sitzungsberichte abgestellt, ist dies in einer Fußnote vermerkt.

184 Vgl. die Sachverhaltsdarstellung in den Schlußanträgen des Generalanwalts *Reischl*, Slg. 1974, 409 (433 f.).

Herr Sacchi, der wegen Nichtzahlung der Rundfunk- und Fernsehgebühr angeklagt worden war, bestritt die Vereinbarkeit des Monopols der RAI mit dem Gemeinschaftsrecht. Das nationale Gericht hat den Europä-ischen Gerichtshof um Vorabentscheidung darüber ersucht, ob die Gewährung eines Monopols zur Ausstrahlung von Rundfunk- und Fernsehsendungen mit dem Grundsatz des freien Warenverkehrs und dem Wettbewerbsrecht vereinbar sei.

(2) Entscheidung des Gerichtshofs

Der Gerichtshof stellte zunächst klar, daß die Grundsätze des freien Warenverkehrs im Hinblick auf die Tätigkeit einer Rundfunk- und Fernsehanstalt nur insoweit Anwendung fänden, als es um den Handel mit Tonträgern, Filmen und sonstigen Erzeugnissen, die für die Ausstrahlung von Fernsehsendungen benutzt werden, gehe. Die Ausstrahlung der Sendungen an sich unterfalle jedoch den Bestimmungen über den freien Dienstleistungsverkehr.[185] Im Hinblick auf den freien Warenverkehr führte der Gerichtshof dann weiter aus:

> „Mithin verletzt zwar ein Unternehmen, das ein Monopol für Fernsehsendungen besitzt, nicht schon durch seine Existenz den Grundsatz des freien Warenverkehrs, doch verstieße es gegen diesen Grundsatz, falls es zugunsten inländischer Materialien und Erzeugnisse diskriminierte."[186]

Ein mögliches grundfreiheitsbeeinträchtigendes Verhalten sieht der Gerichtshof an dieser Stelle also nicht in der Gewährung des Monopols durch einen Mitgliedstaat, sondern allein in der Ausübung dieses Monopols durch das begünstigte öffentliche Unternehmen. Der Gerichtshof betrachtet öffentliche Unternehmen, die eine Monopolstellung innehaben, mithin als unmittelbare Adressaten der Grundfreiheiten.
Dies belegen auch die weiteren Ausführungen des Gerichtshofs. Danach gestatte Art. 86 Abs. 1 EG den Mitgliedstaaten zwar, aus Gründen, die im öffentlichen Interesse liegen, Fernsehsendungen dem Wettbewerb zu entziehen, indem sie einer oder mehreren Anstalten das ausschließliche Recht zu deren Verbreitung verliehen.[187] Gleichzeitig betonte der Gerichtshof aber erneut:

> „Diese Anstalten haben jedoch bei der Erfüllung ihrer Aufgabe die Diskriminierungsverbote zu beachten und fallen, soweit die Erfüllung ihrer Aufgaben Tätigkeiten wirtschaftlicher Art mit sich bringt, unter die in Art. 90 [Art. 86 EG] genannten

---

185 EuGH, Rs. 155/73, Slg. 1974, 409 (428) - Sacchi.

186 EuGH, Rs. 155/73, Slg. 1974, 409 (428) - Sacchi.

187 EuGH, Rs. 155/73, Slg. 1974, 409 (430) - Sacchi.

Bestimmungen über öffentliche Unternehmen und solche Unternehmen, denen die Staaten besondere oder ausschließliche Rechte gewähren."[188]

Der Gerichtshof hebt damit ein zweites Mal in ein und demselben Urteil hervor, daß ein öffentliches Unternehmen zumindest dann, wenn es über eine Monopolstellung verfügt, unmittelbar an die Grundfreiheiten gebunden ist.[189]

bb) Das Urteil „ERT"

Einen vergleichbaren Sachverhalt wie im Fall „Sacchi" hatte der Europäische Gerichtshof 1991 in der Rechtssache „ERT"[190] zu entscheiden. Er hat dabei die Ergebnisse seines Urteils aus dem Jahre 1974 bestätigt.

(1) Sachverhalt

In Griechenland waren Rundfunk- und Fernsehen ebenso wie in Italien als Monopol ausgestaltet. Dieses Monopol hatte der Staat einem seiner Kontrolle und Aufsicht unterstehenden öffentlichen Unternehmen übertragen, nämlich der als Aktiengesellschaft organisierten Elliniki Radiofonia Tileorasi Anonymi Etairia (Griechische Rundfunk- und Fernsehanstalt; ERT). Ungeachtet der ausschließlichen Rechte der ERT gründeten die Dimotiki Etairia Pliroforisis (Städtische Informationsgesellschaft, DEP), Thessaloniki, und der Oberbürgermeister dieser Stadt 1989 eine Fernsehanstalt, die im gleichen Jahr mit der Ausstrahlung von Sendungen begann.[191] Die ERT war der Auffassung, daß die Tätigkeiten der DEP und des Oberbürgermeisters von Thessaloniki in den Bereich ihrer ausschließlichen Rechte fielen. Sie beantragte daher vorläufigen Rechtsschutz mit dem Ziel, die Ausstrahlung von Fernsehsendungen durch die Fernsehanstalt in Thessaloniki zu unterbinden. Die Beklagten beriefen sich zu ihrer Verteidigung auf das Europäische Gemeinschaftsrecht. Das nationale Gericht hat sein Verfahren ausgesetzt und dem Europäischen Gerichtshof mehrere Fragen zur Vereinbarkeit des griechischen Rundfunk- und Fernsehmonopols mit dem Gemeinschaftsrechts vorgelegt.

---

188 EuGH, Rs. 155/73, Slg. 1974, 409 (430) - Sacchi.

189 Auf die grundsätzliche Frage, ob und innerhalb welcher Grenzen das Gemeinschaftsrecht staatliche Monopole erlaubt, kann in dieser Arbeit nicht näher eingegangen werden, vgl. dazu die grundlegende Untersuchung von *Heinemann*, Grenzen staatlicher Monopole im EG-Vertrag, 1996.

190 Rs. C-260/89, Slg. 1991, I-2925 ff.

191 Vgl. die Sachverhaltsdarstellung im Sitzungsbericht, Slg. 1991, I-2927 (2927 ff.).

(2) Entscheidung des Gerichtshofs

Unter Hinweis auf seine Ausführungen im Fall „Sacchi“[192] stellte der Gerichtshof fest, daß das Gemeinschaftsrecht der Einräumung eines Fernsehmonopols grundsätzlich nicht entgegenstehe.[193] Ergänzend führte er jedoch wiederum aus:

> „Aus Artikel 90 Absätze 1 und 2 EWG-Vertrag [Art. 86 Abs. 1 und 2 EG] geht jedoch hervor, daß die Art und Weise, in der dieses Monopol ausgestaltet ist oder ausgeübt wird, gegen die Vorschriften des Vertrages verstoßen kann, insbesondere gegen die Vorschriften über den freien Warenverkehr und über den freien Dienstleistungsverkehr sowie gegen die Wettbewerbsregeln.“[194]

Wie im Urteil „Sacchi“ unterscheidet der Gerichtshof hier also zwischen der Ausgestaltung des Monopols durch den Mitgliedstaat und seiner Ausübung durch das begünstigte öffentliche Unternehmen, wobei er ausdrücklich hervorhebt, daß auch letzteres gegen die Freiheit des Waren- und Dienstleistungsverkehrs verstoßen kann. Das Urteil „ERT“ belegt damit ebenfalls, daß der Gerichtshof zumindest die öffentlichen Unternehmen, die über eine Monopolstellung verfügen, als unmittelbare Adressaten der Grundfreiheiten ansieht.

cc) Das Urteil „Transparenzrichtlinie“

Verfügen öffentliche Unternehmen über eine Monopolstellung, besteht für ihre Bindung an die Grundfreiheiten ein besonderes Bedürfnis, da ausländische Erzeuger, die ihre Waren oder Dienstleistungen allein dem über ein Monopol verfügenden öffentlichen Unternehmen anbieten können, im Falle einer Diskriminierung durch den Monopolisten jeglicher Absatzchancen beraubt wären. Die Entscheidung zur „Transparenzrichtlinie“[195] zeigt aber, daß der Europäische Gerichtshof die Grundfreiheitsbindung nicht auf solche öffentlichen Unternehmen beschränkt, die eine Monopolstellung innehaben.

---

192 Vgl. den Nachweis in Fn. 187.

193 EuGH, Rs. C-260/89, Slg. 1991, I-2925 (2957) - ERT.

194 EuGH, Rs. C-260/89, Slg. 1991, I-2925 (2957) – ERT.

195 Verb. Rs. 188 bis 190/80, Slg. 1982, 2545 ff. - Frankreich, Italien und Vereinigtes Königreich/Kommission.

(1) Sachverhalt

Den Gegenstand dieses Verfahrens bildete die von der Europäischen Kommission auf der Grundlage des Art. 86 Abs. 3 EG erlassene „Richtlinie 80/723/EWG vom 25. Juni 1980 über die Transparenz der finanziellen Beziehungen zwischen den Mitgliedstaaten und den öffentlichen Unternehmen“[196], welche die Mitgliedstaaten verpflichtet, die Angaben über die Bereitstellung öffentlicher Mittel durch die öffentliche Hand für öffentliche Unternehmen sowie über die tatsächliche Verwendung dieser Mittel fünf Jahre lang zur Verfügung zu halten.[197]
Frankreich, Italien und das Vereinigte Königreich hatten vor dem Europäischen Gerichtshof gem. Art. 230 Abs. 1 EG Klage erhoben auf Nichtigerklärung dieser Richtlinie. Zur Begründung führten sie unter anderem aus, daß die Kommission zum Erlaß der streitigen Richtlinie nicht zuständig gewesen sei, daß die Richtlinie mangels Erforderlichkeit gegen den Grundsatz der Verhältnismäßigkeit verstoße und daß sie die öffentlichen Unternehmen diskriminiere.[198]

(2) Entscheidung des Gerichtshofs

Der Europäische Gerichtshof hat die Klage abgewiesen, da keiner der angeführten Klagegründe durchgriff.[199]
Im Rahmen seiner Ausführungen zur Abgrenzung zwischen der Zuständigkeit der Kommission nach Art. 86 Abs. 3 EG und der Zuständigkeit des Rates zum Erlaß von Durchführungsverordnungen im Beihilferecht nach Art. 89 EG äußerte der Gerichtshof sich auch zur Grundfreiheitsbindung öffentlicher Unternehmen:

> „Artikel 90 [86 n. F.] dagegen betrifft nur die Unternehmen, für deren Verhalten die Staaten aufgrund des Einflusses, den sie auf dieses Verhalten ausüben können, besondere Verantwortung tragen. Er unterstreicht, daß für diese Unternehmen vorbehaltlich der in Absatz 2 getroffenen näheren Bestimmungen sämtliche Vorschriften des Vertrages gelten; er verpflichtet die Mitgliedstaaten zur Einhaltung dieser Vorschriften in ihren Beziehungen zu diesen Unternehmen, und er überträgt der Kommission insoweit eine Überwachungsaufgabe, die erforderlichenfalls durch

---

196 Vgl. den Nachweis in Fn. 143.

197 Vgl. Artt. 1, 5 Abs. 1 der Richtlinie.

198 Vgl. die Wiedergabe der Klagegründe in EuGH, Verb. Rs. 188 bis 190/80, Slg. 1982, 2545 (2572) - Frankreich, Italien und Vereinigtes Königreich/Kommission.

199 EuGH, Verb. Rs. 188 bis 190/80, Slg. 1982, 2545 (2581) - Frankreich, Italien und Vereinigtes Königreich/Kommission.

den Erlaß von Richtlinien und Entscheidungen an die Mitgliedstaaten erfüllt werden kann."[200]

Wie in den Urteilen „Sacchi"[201] und „ERT"[202] unterscheidet der Gerichtshof an dieser Stelle zwischen dem Verhalten der Unternehmen und dem der Mitgliedstaaten. Nicht nur die Mitgliedstaaten sind bei ihrer Einflußnahme auf die öffentlichen Unternehmen an das Gemeinschaftsrecht gebunden, auch die öffentlichen Unternehmen selbst müssen sämtliche Vorschriften des Vertrags und damit insbesondere die Grundfreiheiten beachten.

Der Europäische Gerichtshof zählt die öffentlichen Unternehmen also zu den unmittelbaren Adressaten der Grundfreiheiten. Eine genaue Begründung für dieses Ergebnis liefert er in den dargestellten Urteilen allerdings nicht. Sein Hinweis auf Art. 86 EG kann nicht in dem Sinne verstanden werden, daß der EG-Vertrag in Gestalt dieser Vorschrift eine Bindungsnorm expressis verbis enthielte. Nach den Ausführungen des Gerichtshofs im sog. „Endgeräte-Urteil"[203] betrifft Art. 86 Abs. 1 EG allein die Maßnahmen der Mitgliedstaaten in bezug auf ihre öffentlichen Unternehmen, nicht aber das Verhalten der öffentlichen Unternehmen selbst;[204] Adressaten des Art. 86 Abs. 2 EG sind nur die Unternehmen, die mit Dienstleistungen von allgemeinem wirtschaftlichen Interesse betraut sind, nicht jedoch sämtliche öffentliche Unternehmen im Sinne des Art. 86 Abs. 1 EG.[205] Der Europäische Gerichtshof geht aber in den dargestellten Urteilen davon aus, daß der Schutzzweck des Art. 86 EG es gebietet, nicht nur die Einflußnahme der Mitgliedstaaten am Maßstab der Grundfreiheiten zu messen, sondern auch das Verhalten der Unternehmen selbst. Unerheblich ist es dabei für ihn, ob dieses Verhalten im Einzelfall tatsächlich auf den Einfluß eines Mitgliedstaats zurückgeführt werden kann oder auf einer autonomen Entscheidung des Unternehmens beruht.

---

200 EuGH, Verb. Rs. 188 bis 190/80, Slg. 1982, 2545 (2575) - Frankreich, Italien und Vereinigtes Königreich/Kommission. Vgl. auch EuGH, Rs. C-157/94, Slg. 1997, I-5699 (5777) - Kommission/Niederlande; Rs. C-158/94, Slg. 1997, I-5789 (5806) - Kommission/Italien; Rs. C-159/94, Slg. 1997, I-5815 (5832) - Kommission/Frankreich.

201 Vgl. den Nachweis in Fn. 188.

202 Vgl. den Nachweis in Fn. 194.

203 Rs. C-202/88, Slg. 1991, I-1223 ff. - Frankreich/Kommission.

204 EuGH, Rs. C-202/88, Slg. 1991, I-1223 (1263, 1266) - Frankreich/Kommission.

205 Vgl. EuGH, Rs. 52/76, Slg. 1977, 163 (182) – Benedetti/Murani, wonach die Unternehmen i. S. d. Art. 86 Abs. 2 EG nicht mit denen des Absatzes 1 identisch sind. Vgl. ferner *Bartosch*, EuZW 2000, 333; *Birkenmaier*, EuR 1988, 144 (145).

Allein aufgrund der Möglichkeit der mitgliedstaatlichen Einflußnahme ist das Verhalten der öffentlichen Unternehmen den hinter ihnen stehenden Mitgliedstaaten zurechenbar. Es stellt sich als funktional staatliches Handeln dar, welches ebenso einer unmittelbaren Überprüfung am Maßstab der Grundfreiheiten unterliegt wie das Handeln der unmittelbaren Staatsverwaltung.

Bestätigt werden diese Überlegungen durch die Rechtsprechung zum Kreis der sonstigen Grundfreiheitsverpflichteten.

b) Die Rechtsprechung zum Kreis der sonstigen Grundfreiheitsverpflichteten

Mit der Frage, ob neben der unmittelbaren Staatsverwaltung auch privatrechtlich organisierte Einrichtungen, die in einer gewissen Nähebeziehung zu einem Mitgliedstaat stehen, zu den Adressaten der Grundfreiheiten gehören, hat der Europäische Gerichtshof sich nicht nur im Bereich der eigenwirtschaftlichen Betätigung der Mitgliedstaaten beschäftigt. Anders als in den oben dargestellten Urteilen konnte der Gerichtshof in seinen weiteren Entscheidungen aber nicht unter einen gemeinschaftsrechtlichen Begriff (öffentliches Unternehmen) subsumieren, der einen beherrschenden mitgliedstaatlichen Einfluß bereits voraussetzt. Dadurch war er gezwungen, seinen Gedankengang detaillierter darzulegen.

aa) Das Urteil „Buy Irish“

In seinem Urteil im sog. „Buy Irish“-Fall[206] stellte der Gerichtshof zunächst klar, daß entscheidendes Kriterium für die staatliche Zurechenbarkeit von Handlungen formal unabhängiger Einrichtungen der Einfluß ist, den die Mitgliedstaaten auf diese Einrichtung ausüben können.

(1) Sachverhalt

Die irische Regierung hatte 1978 eine Kampagne zur Förderung des Absatzes und des Kaufs irischer Produkte gestartet. Diese Kampagne umfaßte einen Kundeninformationsdienst, die Einrichtung eines Ausstellungszentrums für irische Produkte in Dublin, die Einführung eines Etikettes „Guaranteed Irish“ sowie eine Werbekampagne zugunsten irischer Erzeugnisse. Durchgeführt wurde die Kampagne vom Irish Goods Council, einer privatrechtlichen Gesellschaft, die durch den Zusammenschluß des ebenfalls privatrechtlich organisierten National Development

---

206 Rs. 249/81, Slg. 1982, 4005 ff. - Kommission/Irland.

Council und der Arbeitsgruppe zur Förderung und zum Absatz irischer Erzeugnisse entstanden ist.
Die Europäische Kommission sah in der Kampagne einen Verstoß gegen Art. 28 EG. Sie leitete der irischen Regierung daher eine mit Gründen versehene Stellungnahme zu, der diese nur insoweit nachgekommen ist, als sie den Informationsdienst und das Ausstellungszentrum abgeschafft hat. Die Vergabe eines besonderen Etiketts für irische Produkte und die entsprechende Werbekampagne wurden jedoch fortgesetzt. Die Kommission leitete daraufhin gegen Irland ein Vertragsverletzungsverfahren gem. Art. 226 EG ein.

(2) Entscheidung des Gerichtshofs

Der Europäische Gerichtshof stellte fest, daß Irland mit der Durchführung der Kampagne zur Förderung des Absatzes und des Kaufs irischer Erzeugnisse im Inland gegen seine Verpflichtungen aus Art. 28 EG verstoßen habe,[207] weil die irische Regierung sich das Verhalten des Irish Goods Council zurechnen lassen müsse. Da die Regierung die Vorstandsmitglieder des Councils berief, seine Aufgaben zum größeren Teil durch öffentliche Mittel finanziert wurden und die von ihm durchgeführte Kampagne in groben Zügen durch ein Programm der irischen Regierung vorgegeben war, konnte die irische Regierung sich ihrer Verantwortung für die Kampagne nach Ansicht des Gerichtshofs nicht unter Berufung darauf entledigen, daß die Kampagne von einer privatrechtlichen Gesellschaft durchgeführt wurde.[208]
Wenn der Europäische Gerichtshof hier im Ergebnis nur das Verhalten der irischen Regierung als Maßnahme gleicher Wirkung qualifiziert hat, läßt sich dies auf prozessuale Gründe zurückführen, da das Urteil in einem Vertragsverletzungsverfahren gem. Art. 226 EG (damals Art. 169 EWGV) ergangen ist, in dem allein die Mitgliedstaaten passiv legitimiert sind. Der Gerichtshof konnte sich daher nur mit der Frage einer Grundfreiheitsverletzung durch einen Mitgliedstaat auseinandersetzen.

bb) Das Urteil „Apple and Pear Development Council/Lewis“

In seinem Urteil „Apple and Pear Development Council/Lewis“[209] ist der Gerichtshof einen Schritt weiter gegangen und hat das Verhalten einer formal unabhängigen Einrichtung, deren Verhalten nach den vorgenannten Kriterien der briti-

---

207 EuGH, Rs- 249/81, Slg. 1982, 4005 (4023) - Kommission/Irland.

208 EuGH, Rs. 249/81, Slg. 1982, 4005 (4020) - Kommission/Irland.

209 Rs. 222/82, Slg. 1983, 4083 ff.

schen Regierung zurechenbar war, unmittelbar am Maßstab der Warenverkehrsfreiheit gemessen.

(1) Sachverhalt

Auf Initiative britischer Äpfel- und Birnenerzeuger errichtete der Minister für Landwirtschaft, Fischerei und Ernährung 1966 durch Verordnung den Apple and Pear Development Council. Er stützte sich dabei auf ein Gesetz aus dem Jahre 1947, welches unter bestimmten Voraussetzungen die Errichtung eines Development Council für einen bestimmten Wirtschaftsbereich vorsah.
Die Mitglieder des Apple and Pear Development Council wurden vom Landwirtschaftsminister ernannt. Zu seinen durch eine Pflichtabgabe finanzierten Aufgaben gehörte insbesondere die Durchführung einer Werbekampagne zur Förderung des Verkaufs von Äpfeln und Birnen aus England und Wales.
Drei Erzeuger weigerten sich jedoch, die von ihnen zu entrichtende Pflichtabgabe zu zahlen. In dem daraufhin gegen sie angestrengten Verfahren trugen sie vor, das Fortbestehen des Council verstoße nach Beitritt des Vereinigten Königreichs zu den Europäischen Gemeinschaften gegen das Gemeinschaftsrecht. Das nationale Gericht hat das Verfahren ausgesetzt und den Gerichtshof um Vorabentscheidung ersucht.

(2) Entscheidung des Gerichtshofs

Obwohl die Vorlagefragen dahin gingen, ob es den Mitgliedstaaten gemeinschaftsrechtlich verwehrt sei, eine Körperschaft wie den Council zu gründen,[210] hat der Gerichtshof sich in seiner Antwort nicht darauf beschränkt zu prüfen, ob Errichtung und Ausgestaltung des Council durch das Vereinigte Königreich mit dem Gemeinschaftsrecht vereinbar waren. Vielmehr hat er die Werbetätigkeit des Council selbst unmittelbar am Maßstab des Art. 28 EG gemessen:

> „Die Bestimmungen des EWG-Vertrags über den freien Warenverkehr [...] verwehren es einer nationalen Körperschaft zur Förderung der Obsterzeugung weder, im Rahmen ihrer Werbetätigkeit die besonderen Qualitäten des in dem betreffenden Mitgliedstaat erzeugten Obstes herauszustellen, noch, Kampagnen zur Förderung des Verkaufs bestimmter Sorten unter Hinweis auf ihre besonderen Eigenschaften zu organisieren, selbst wenn diese Sorten typisch für die nationale Produktion sind; dagegen würde es gegen Art. 30 EWG-Vertrag [Art. 28 EG] verstoßen, wenn eine solche Körperschaft Werbung treiben würde mit dem Ziel, vom Kauf

210 Vgl. die Formulierung der Vorlagefragen in EuGH, Rs. 222/82, Slg. 1983, 4083 (4115 ff.) - Apple and Pear Development Council/Lewis.

von Erzeugnissen aus anderen Mitgliedstaaten abzuraten, diese Erzeugnisse in den Augen der Verbraucher herabzusetzen oder ihnen zum Kauf einheimischer Erzeugnisse allein wegen ihres inländischen Ursprungs zu raten."[211]

Zur Begründung führte der Gerichtshof aus:

„Eine Körperschaft wie der Council, die von der Regierung eines Mitgliedstaats errichtet worden ist und durch eine bei den Erzeugern erhobene Abgabe finanziert wird, kann nämlich von Gemeinschaftsrechts wegen hinsichtlich der verwendeten Werbemethoden nicht dieselbe Freiheit genießen wie die Erzeuger selbst oder wie freiwillige Erzeugergemeinschaften."[212]

Der Gerichtshof verzichtet also darauf, daß Verhalten des Apple and Pear Development Council tatsächlich der britischen Regierung zuzurechnen. Ihm genügt die bloße staatliche Zurechenbarkeit seiner Handlungen, um den Council selbst als unmittelbaren Adressaten der Grundfreiheiten einzustufen.

dd) Das Urteil „Hennen Olie"

Ebenso hat der Gerichtshof in der Rechtssache „Hennen Olie"[213] entschieden.

(1) Sachverhalt

Die Mitgliedstaaten der Europäischen Gemeinschaft waren durch eine Richtlinie verpflichtet worden, Mindestvorräte an Erdöl zu halten. Zur Umsetzung dieser Richtlinie hatten die Niederlande durch Gesetz eine Vorratspflicht für alle Unternehmen eingeführt, die Erdölerzeugnisse auf den inländischen Markt bringen. Die Vorräte mußten einem bestimmten Prozentsatz der Erdölerzeugnisse entsprechen, die im vorangehenden Jahr auf den niederländischen Markt gebracht worden waren, während die exportierten Erdölmengen nicht berücksichtigt wurden.
Das Gesetz erlaubte aber gleichzeitig die Übertragung der Vorratsverpflichtung auf einen Dritten. Zu diesem Zweck gründeten mehrere Unternehmen 1978 die ICOVA, welche die Vorratsverpflichtung ihrer Mitglieder erfüllen sollte. Finanziert wurde die Tätigkeit der ICOVA durch Beiträge der ihr angeschlossenen Unternehmen, deren Höhe sich nach der Menge der von dem jeweiligen Unterneh-

211 EuGH, Rs. 222/82, Slg. 1983, 4083 (4085, zweiter Leitsatz) - Apple and Pear Development Council/Lewis

212 EuGH, Rs. 222/82, Slg. 1983, 4083 (4119) - Apple and Pear Development Council/Lewis.

213 Rs. C-302/88, Slg. 1990, I-4625 ff.

men auf den Binnenmarkt gebrachten Erdölerzeugnisse berechnete. Da die exportierten Erdölerzeugnisse bei der Festlegung des Umfangs der Vorratsverpflichtung dagegen nicht berücksichtigt wurden, mußten die der ICOVA angeschlossenen Unternehmen keine Beiträge auf die von ihnen exportierten Erzeugnisse zahlen.
Die an die ICOVA entrichteten Beiträge wurden von den ihr angeschlossenen Unternehmen auf den Verkaufspreis umgelegt. Dadurch verschlechterte sich bei der Ausfuhr von Erdölerzeugnissen die Wettbewerbsposition derjenigen Erdölhändler, die Erzeugnisse, die von der ICOVA angeschlossenen Unternehmen auf den Markt gebracht worden waren, zu einem Preis kauften, in dem die Kosten der Vorratsbildung einbezogen waren, gegenüber der Position der der ICOVA angeschlossenen Unternehmen, da diese für die von ihnen unmittelbar ausgeführten Erzeugnisse keine Beiträge entrichten mußten.
Nicht der ICOVA angeschlossen war die Firma Hennen Olie, die keine Erdölerzeugnisse auf den niederländischen Markt lieferte und daher nicht vorratspflichtig war. Wegen der ihr entstandenen Wettbewerbsnachteile erhob sie Schadensersatzklage gegen die ICOVA mit der Begründung, daß die Diskriminierung, deren Opfer sie als nicht der ICOVA angeschlossenes Unternehmen geworden sei, unter anderem gegen Art. 29 EG verstoße. Das nationale Gericht hat den Europäischen Gerichtshof um Vorabentscheidung darüber ersucht, ob die ungünstigere Position der betroffenen Händler ein nach Art. 29 EG verbotenes Ausfuhrhindernis darstellt.

(2) Entscheidung des Gerichtshofs

Der Europäische Gerichtshof hat im Ergebnis eine Verletzung des Art. 29 EG verneint, da hier nur eine unterschiedliche Behandlung zweier Gruppen von Exporteuren vorliege.[214] Art. 29 EG beziehe sich aber nur auf nationale Maßnahmen, die eine spezifische Beschränkung der Ausfuhrströme bezweckten oder bewirkten und damit zu einer ungleichen Behandlung des Binnenhandels und des Außenhandels eines Mitgliedstaats führten, so daß die inländische Produktion oder der Binnenmarkt des betroffenen Staats einen besonderen Vorteil erlange.[215]
Wichtig ist jedoch, daß der Gerichtshof in seinem Urteil feststellte, daß eine von einer Organisation wie der ICOVA getroffene Maßnahme grundsätzlich unter das Verbot des Art. 29 EG fallen könne. Er führte aus, daß die ICOVA nach den Akten unter der Kontrolle der Behörden gestanden habe und an deren Weisungen gebunden wäre, auch wenn sie formal nicht zur Staatsverwaltung gehört habe. Die Vorstandsmitglieder würden vom Wirtschaftsminister ernannt, welcher außerdem befugt wäre, der ICOVA verbindliche Weisungen zu erteilen, ihre Auflösung zu

---

214 EuGH, Rs. C-302/88, Slg. 1990, I-4625 (4644) - Hennen Olie.

215 Vgl. EuGH, Rs. 237/82, Slg. 1984, 483 (504) - Jongeneel Kaas/Niederlande.

beschließen sowie ihren Haushaltsentwurf und ihren Jahresabschluß zu genehmigen.[216] Der Gerichtshof kam daher zu dem Schluß:

> „Wenn die Handlungen einer Einrichtung, die einer solchen behördlichen Kontrolle unterliegt - welche Rechtsform diese Einrichtung auch haben mag -, den Handelsverkehr zwischen den Mitgliedstaaten beeinflussen können, können sie 'Maßnahmen' im Sinne von Artikel 34 EWG-Vertrag [Art. 29 EG] sein."[217]

Alle dargestellten Urteile belegen somit, daß der Europäische Gerichtshof im Hinblick auf die Grundfreiheitsbindung von einem funktionalen Staatsbegriff ausgeht, der alle Einrichtungen einschließt, deren Verhalten staatlich zurechenbar ist. Dieses Verständnis des Staatsbegriffs steht im Einklang mit seiner Rechtsprechung zu den Adressaten der Beihilfevorschriften und der unmittelbaren Wirkung von Richtlinien.

c) Exkurs: Die Rechtsprechung zu den Adressaten der Beihilfevorschriften und der unmittelbaren Wirkung von Richtlinien

Die Beihilferegeln des EG-Vertrags sind ebenfalls staatsgerichtete Vorschriften. Der Europäische Gerichtshof beschränkt das Verbot des Art. 87 Abs. 1 EG aber nicht auf die unmittelbare Staatsverwaltung, sondern erstreckt es auf sämtliche Einrichtungen, deren Verhalten einem Mitgliedstaat zugerechnet werden kann,[218] insbesondere auf öffentliche Unternehmen.[219]

Richtlinien können unmittelbare Wirkung[220] grundsätzlich ebenfalls nur gegenüber den Mitgliedstaaten entfalten. Neben dem Grundsatz des „effet utile", wonach jede Regelung des Gemeinschaftsrechts eine eigenständige Bedeutung und

---

216 EuGH, Rs. C-302/88, Slg. 1990, I-4625 (4643 f.) - Hennen Olie.

217 EuGH, Rs. C-302/88, Slg. 1990, I-4625 (4644) - Hennen Olie.

218 Vgl. EuGH, Rs. C-189/91, Slg. 1993, I-6185 (6220) - Kirsammer-Hack; Verb. Rs. C-72 und C-73/91, Slg. 1993, I-887 (934) - Sloman Neptun; Rs. 248/84, Slg. 1987, 4013 (4041) - Deutschland/Kommission; Rs. 290/83, Slg. 1985, 439 (449) - Frankreich/Kommission; Rs. 78/76, Slg. 595 (612 f.) - Steinike und Weinlig/Deutschland. Zur staatlichen Zurechenbarkeit von Beihilfen vgl. auch *Müller-Graff*, ZHR 152 (1988), 403 (412 ff.).

219 EuGH, Verb. Rs. 67, 68 und 70/85, Slg. 1988, 219 (271 f.) - Van der Kooy/Kommission.

220 Grundlegend EuGH, Rs. 9/70, Slg. 825 (838 f.) - Grad/Finanzamt Traunstein; Rs. 41/74, Slg. 1974, 1337 (1348) - van Duyn/Home Office.

praktische Wirksamkeit haben muß,[221] zieht der Gerichtshof zur Begründung der unmittelbaren Wirkung nämlich insbesondere das Verbot des venire contra factum proprium bzw. das sog. „estoppel“-Prinzip heran.[222] Danach darf sich ein Mitgliedstaat, der eine Richtlinie in rechtswidriger Weise nicht umgesetzt hat, anderen gegenüber nicht auf sein eigenes Unrecht berufen.[223] Obwohl das Verbot des Rechtsmißbrauchs aber eigentlich nur die nationalen Instanzen treffen kann, die Einfluß auf die Umsetzung einer Richtlinie in innerstaatliches Recht haben,[224] legt der Europäische Gerichtshof auch hier einen funktionalen Staatsbegriff zugrunde.[225] Der einzelne kann sich nach Ablauf der Umsetzungsfrist auch gegenüber staatsabhängigen Einrichtungen,[226] insbesondere öffentlichen Unternehmen,[227] auf inhaltlich unbedingte und hinreichend konkrete Richtlinien berufen.[228]

---

221 EuGH, Rs. 41/74, Slg. 1974, 1337 (1348) - van Duyn/Home Office; Rs. 148/78, Slg. 1979, 1629 (1642) - Ratti.

222 Ablehnend *Prechal*, Directives in European Community Law, 1995, S. 255 ff.

223 EuGH, Rs. 148/78, Slg. 1979, 1629 (1642) - Ratti; Rs. 8/81, Slg. 1982, 53 (71) - Becker/Finanzamt Münster-Innenstadt; Rs. 152/84, Slg. 1986, 723 (749) - Marshall/Southampton and South West Hampshire Area Health Authority; Rs. 80/86, Slg. 1987, 3969 (3985) - Kolpinghuis Nijmegen.

224 Vgl. auch die Schlußanträge des Generalanwalts *van Gerven* in der Rs. C-188/89, Slg. 1990, I-3313 (3329 f.) – Foster u. a., sowie Jarass, Grundfragen der innerstaatlichen Bedeutung des EG-Rechts, 1994, S. 78.

225 Zusammenfassend die Schlußanträge des Generalanwalts *Lenz* in der Rs. C-91/92, Slg. 1994, I-3325 (3336) - Faccini Dori.

226 EuGH, Rs. 31/87, Slg. 1988, 4635 (4662) – Beentjes/Niederländischer Staat.

227 EuGH, Rs. C-188/89, Slg. 1990, I-3313 (3348 f.) – Foster u. a. Die in diesem Zusammenhang häufig erwähnten Entscheidungen EuGH, Rs. 152/84, Slg. 1986, 723 (749) - Marshall/Southampton and South West Hampshire Area Health Authority, und EuGH, Rs.222/84, Slg. 1986, 1651 (1691) – Johnston/Chief Constable of the Royal Ulster Constabulatory, betrafen zwar einen Mitgliedstaat als Arbeitgeber und nicht in seiner Funktion als Hoheitsträger, aber keine gegenüber dem Staat verselbständigten unternehmerisch tätigen Einheiten.

228 Kritisch *Winter*, DVBl. 1991, 657 (662 f.).

d) Zusammenfassung

Um einen umfassenden Grundfreiheitsschutz zu gewährleisten, geht der Europäische Gerichtshof von einem funktionalen Staatsbegriff[229] aus. Adressaten der Grundfreiheiten (sowie der sonstigen staatsgerichteten Verpflichtungen des Gemeinschaftsrechts) sind damit neben der unmittelbaren Staatsverwaltung alle Einrichtungen, deren Handlungen einem Mitgliedstaat zurechenbar sind. Zurechenbar sind die Handlungen einer Einrichtung dem Staat dann, wenn er die Möglichkeit hat, beherrschenden Einfluß auf ihr Verhalten auszuüben, unabhängig davon, ob er im Einzelfall Gebrauch von dieser Möglichkeit gemacht hat. Da die gemeinschaftsrechtliche Definition des Begriffs „öffentliches Unternehmen" einen solchen beherrschenden Einfluß eines Mitgliedstaats bereits voraussetzt,[230] zählt der Europäische Gerichtshof die öffentlichen Unternehmen zu den unmittelbaren Adressaten der Grundfreiheiten.

2. Die in der Literatur vertretenen Auffassungen

Die Literatur folgt dem Gerichtshof nur zum Teil. Da keine Einigkeit besteht, ob im Hinblick auf die Grundfreiheitsbindung ein formaler oder ein funktionaler Staatsbegriff zugrunde zu legen ist, wird auch die Frage nach der unmittelbaren Grundfreiheitsbindung öffentlicher Unternehmen unterschiedlich beantwortet.

a) Ablehnung einer unmittelbaren Grundfreiheitsbindung

Eine Mindermeinung in der Literatur folgt einem formalen Staatsbegriff. Die Grundfreiheiten seien staatsbezogene Vorschriften, die nur von den Mitgliedstaaten als solchen, nicht aber von den öffentlichen Unternehmen verletzt werden könnten.[231]

---

229 Vgl. zum funktionalen Staatsbegriff des EuGH auch Rs. 31/87, Slg. 1988, 4635 (4655) - Beentjes/Niederländischer Staat.

230 Vgl. oben 3. Teil, 2. Abschnitt (S. 44 ff.).

231 *Hochbaum* (Fn. 90), Art. 90 Rn. 4, 40; *Jung* (Fn. 104), Art. 86 Rn. 3; *Heinemann* (Fn. 91), S. 62 f.; *Britz* (Fn. 50), S. 233; *Scholz/Langer*, Europäischer Binnenmarkt und Energiepolitik, 1992, S. 120 f.; *Steinberg/Britz*, DÖV 1993, 313 (317). Ähnlich auch *Mestmäcker*, RabelsZ 52 (1988), 526 (547).
Noch enger *Kuhnt*, ET 1989, 254 (260 f.); *Stewing*, ET 1989, 655; *Gundersen*, ZHR 139 (1975), 1 (2); *Pappalardo*, WuW 1971, 235 (239), die nur das hoheitliche Handeln der Mitgliedstaaten am Maßstab der Grundfreiheiten messen wollen. Krit. insofern *Arndt*, RIW 1989, Beil. 7 zu Heft 10, 1 (14 f.).

Da Art. 86 Abs. 1 EG es den Mitgliedstaaten allerdings verbiete, ihre öffentlichen Unternehmen für eine Grundfreiheitsverletzung zu instrumentalisieren, seien diese insoweit mittelbare Adressaten der Grundfreiheiten.[232] Fehle es dagegen an einer Einflußnahme der Mitgliedstaaten, könne das Verhalten der öffentlichen Unternehmen lediglich am Maßstab des Wettbewerbsrechts überprüft werden,[233] da diese bei ihren autonomen Entscheidungen nicht anders behandelt werden dürften als private Unternehmen.[234]

b) Öffentliche Unternehmen als unmittelbare Adressaten der Grundfreiheiten

Die überwiegende Literatur betrachtet die öffentlichen Unternehmen dagegen als unmittelbare Adressaten der Grundfreiheiten.[235] Da sie in einer besonderen Nähe-

---

232 *Jung* (Fn. 104), Art. 86 Rn. 3; *R. Schmidt* (Fn. 14), S. 266.

233 *Hochbaum* (Fn. 90), Art. 90 Rn. 40 mit Fn. 178; *Scholz/Langer* (Fn. 231), S. 121; *Mestmäcker*, RabelsZ 52 (1988), 526 (547). Ähnlich hat sich die Europäische Kommission im Fall „ERT“ (vgl. dazu oben I.,1., b)) im Hinblick auf das griechische Fernsehmonopol geäußert (Rs. C-260/89, Slg. 1991, I- 2925, 2933). Art. 28 EG komme nur zur Anwendung, wenn das Monopol vom Staat unmittelbar oder mittelbar zu einer Diskriminierung eingesetzt werde. Wenn eine eventuelle Diskriminierung auf eine *autonome Entscheidung des Unternehmens* (Hervorhebung im Original) zurückzuführen sei, sei eher von einem Verstoß gegen Art. 82 EG zu sprechen.

234 *Vandencasteele*, CDE 1979, 440 (551).

235 *Becker*, in: *Schwarze (Hrsg.)*, EU-Kommentar, 2000, Art. 28 EGV Rn. 86 f.; *Müller-Graff* (Fn. 166), Art. 30 Rn. 290; *Pernice* (Fn. 104), Art. 90 Rn. 49 (1994); *Fischer* (Fn. 167), § 13 Rn. 23; *Lackhoff* (Fn. 83), S. 203; *Kadelbach*, Allgemeines Verwaltungsrecht unter europäischem Einfluß, 1999, S. 351; *Jaensch* (Fn. 175), S. 223 ff.; *Huber*, Konkurrenzschutz im Verwaltungsrecht, 1991, S. 344; *Burgi*, EWS 1999, 327; *ders.*, EuR 1997, 261 (283 f.).; *Roth* (Fn. 166), S. 1231 (1244); *Schmidhuber/Hitzler*, ZögU 13 (1990), 397 (404); *Deringer* (Fn. 70), S. 1.1 (1.19); *Mathijsen* (Fn. 81), S. 11-1 (11-5 f.); *Matthies* (Fn. 51), S. 669 (679). Vgl. auch *Leible*, in: *Grabitz/Hilf (Hrsg.)*, EUV/EGV, Bd. I, Art. 28 Rn. 5 (2000); *Ehlers* (Fn. 39), § 3 Rn. 15; *Kilian* (Fn. 167), Rn. 64; *Jarass*, Die Grundfreiheiten als Grundgleichheiten, in: *Due/Lutter/Schwarze (Hrsg.)*, Festschrift für Ulrich Everling, Bd. I, 1995, S. 593 (594); *dens.*, EuR 1995, 202 (209 f.); *Ehlermann*, Das Verbot der Maßnahmen gleicher Wirkung in der Rechtsprechung des Gerichtshofs, in: *Stödter/Thieme (Hrsg.)*, Hamburg – Deutschland – Europa, Festschrift für Hans Peter Ipsen, 1977, S. 579 (580).

beziehung zu den Mitgliedstaaten stünden,[236] sei ihr Verhalten rechtlich mit dem des hinter ihnen stehenden Mitgliedstaats gleichzusetzen.[237] Abgesehen davon, daß sich im Einzelfall häufig gar nicht feststellen lasse, ob die inkriminierte Maßnahme in Umsetzung staatlicher Vorgaben erfolge oder Ausfluß einer autonomen unternehmerischen Entscheidung sei, handele es sich aus Sicht des Betroffenen stets um die Entfaltung staatlicher Macht, wenngleich nur auf wirtschaftlichem Gebiet.[238] Dies gelte um so mehr, als die öffentlichen Unternehmen im Unterschied zu den privaten Unternehmen zumindest auch politische (öffentliche) Interessen verfolgten und dabei auf die Finanz- und Organisationsmacht des Staates zurückgreifen können.[239] Diesen Vorteilen müßten gewisse Pflichten korrespondieren, die ebenfalls aus der besonderen Beziehung der öffentlichen Unternehmen zu den Mitgliedstaaten folgten. Anderenfalls bestehe ein Ungleichgewicht zwischen öffentlichen und privaten Unternehmen.[240]
Hingewiesen wird außerdem auf die Notwendigkeit einer einheitlichen Anwendung des Gemeinschaftsrechts.[241] Da es aus Sicht des EG-Vertrags, für den unterschiedliche historische Entwicklungen in den einzelnen Mitgliedstaaten irrelevant seien, oft vom Zufall abhänge, ob ein Mitgliedstaat eine Aufgabe selbst wahrnehme oder einer zumindest organisatorisch verselbständigten Einheit übertrage, würde eine Beschränkung des Adressatenkreises der Grundfreiheiten auf die unmittelbare Staatsverwaltung deren einheitliche Anwendung gefährden.[242]
Auch die Europäische Kommission geht von der Notwendigkeit einer unmittelbaren Grundfreiheitsbindung öffentlicher Unternehmen aus, wenn sie die Ausdeh-

---

236 *Pernice* (Fn. 104), Art. 90 Rn. 49 (1994); *Roth* (Fn. 166), S. 1231 (1244).

237 *Mathijsen* (Fn. 81), S. 11-1 (11-5). Vgl. auch *Kadelbach* (Fn. 235), S. 351; *Steindorff*, Drittwirkung der Grundfreiheiten im europäischen Gemeinschaftsrecht, in: *Badura/Scholz (Hrsg.)*, Wege und Verfahren des Verfassungslebens, Festschrift für Peter Lerche, 1993, S. 575 (588). Ähnlich *Jaensch* (Fn. 175), S. 224 f., der zwar eine Einbeziehung der öffentlichen Unternehmen in den Staatsbegriff ablehnt, deren Bindung an die Grundfreiheiten aber gleichwohl mit ihrer Sonderbeziehung zu den Mitgliedstaaten begründet.

238 *Burgi*, EuR 1997, 261 (283 f.).

239 *Burgi*, EuR 1997, 261 (283 f.). Vgl. auch *Stern*, Staatsrecht, Bd. III/1, 1988, S. 1412; *Mathijsen* (Fn. 81), S. 11-1 (11-6).

240 *Mathijsen* (Fn. 81), S. 11-1 (11-6). Vgl. auch *Deringer* (Fn. 70), S. 1.1 (1.19).

241 *Jaensch* (Fn. 175), S. 225. Allgemein zur Bedeutung dieses Grundsatzes *Sander*, DÖV 2000, 588 (594 f.); *Nettesheim*, Der Grundsatz der einheitlichen Wirksamkeit des Gemeinschaftsrechts, in: *Randelzhofer/Scholz/Wilke (Hrsg.)*, Gedächtnisschrift für Eberhard Grabitz, 1995, S. 447 ff.

242 Vgl. *Jaensch* (Fn. 175), S. 225 f.

nung vergaberechtlicher Bindungen auf „Einrichtungen des öffentlichen Rechts“[243] (vgl. jeweils Art. 1 lit. b) der Lieferkoordinierungsrichtlinie[244], der Baukoordinierungsrichtlinie[245] und der Dienstleistungrichtlinie[246]) bzw. „öffentlichen Unternehmen“ (vgl. Art. 1 Ziff. 2 der Sektorenrichtline[247]) unter anderem mit dem Ziel der Vermeidung von Verstößen gegen die Grundfreiheiten rechtfertigt.[248]

Die dargestellten Überlegungen entsprechen im wesentlichen denen des Europäischen Gerichtshofs.[249] Wie dieser geht die herrschende Meinung davon aus, daß der Begriff des Staates im funktionalen Sinne zu verstehen sei, um einen umfassenden Grundfreiheitsschutz zu gewährleisten. Dieser funktionale Staatsbegriff bildet für die meisten Autoren gleichzeitig die dogmatische Grundlage der unmit-

---

243 Näher zu diesem Begriff *Schwarze*, EuZW 2000, 133 (135).

244 Richtlinie 93/36/EWG des Rates vom 14.6.1993 über die Koordinierung der Verfahren zur Vergabe öffentlicher Lieferaufträge, ABlEG 1993 Nr. L 199/1, geändert durch die Richtlinie 97/52/EG des Europäischen Parlaments und des Rates vom 13.10.1997, ABlEG 1997 Nr. L 328/1.

245 Richtlinie 93/37/EWG des Rates vom 14.6.1993 über die Koordinierung der Verfahren zur Vergabe öffentlicher Bauaufträge, ABlEG 1993 Nr. L 199/54, geändert durch die Richtlinie 97/52/EG des Europäischen Parlaments und des Rates vom 13.10.1997, ABlEG 1997 Nr. L 328/1.

246 Richtlinie 92/50/EWG des Rates vom 18.6.1992 über die Koordinierung der Verfahren zur Vergabe öffentlicher Dienstleistungsaufträge, ABlEG 1992 Nr. L 209/1, geändert durch die Richtlinie 97/52/EG des Europäischen Parlaments und des Rates vom 13.10.1997, ABlEG 1997 Nr. L 328/1.

247 Richtlinie 93/38/EWG des Rates vom 14.6.1993 zur Koordinierung der Auftragsvergabe durch Auftraggeber im Bereich der Wasser-, Energie und Verkehrsversorgung sowie im Bereich der Telekommunikation, ABLEG 1993 Nr. L 199/84, geändert durch die Richtlinie 98/4/EG des Europäischen Parlaments und des Rates vom 16.2.1998, ABlEG 1998 Nr. L 101/1.

248 Vgl. den fünften Erwägungsgrund der Lieferkoordinierungsrichtlinie (Fn. 244), den zweiten Erwägungsgrund der Baukoordinierungsrichtlinie (Fn. 245), den sechsten Erwägungsgrund der Dienstleistungsrichtlinie (Fn. 246) sowie den zweiten Erwägungsgrund der Sektorenrichtlinie (Fn. 247).
Anders hat sich die Europäische Kommission allerdings in ihrer Stellungnahme im Fall „ERT“ geäußert (vgl. den Nachweis in Fn. 233). Dies dürfte sich jedoch damit erklären lassen, daß das betroffene öffentliche Unternehmen dort eine Monopolstellung innehatte mit der Folge, daß die Bevorzugung nationaler Produkte als Mißbrauch einer marktbeherrschenden Stellung im Sinne des Art. 82 EG angesehen werden konnte.

249 Vgl. oben I., 4. (S. 65 f.).

telbaren Grundfreiheitsbindung öffentlicher Unternehmen, da er es ermöglicht, die Bindung direkt aus den Grundfreiheitsvorschriften herzuleiten.[250]
Lediglich *Burgi* weicht davon ab und will die unmittelbare Grundfreiheitsbindung öffentlicher Unternehmen dogmatisch mit Art. 86 Abs. 2 EG begründen.[251] Zwar bezweifelt er nicht, daß sich die Notwendigkeit dieser Bindung aus der Nähe der öffentlichen Unternehmen zu den Mitgliedstaaten ergebe.[252] Wenn der EG-Vertrag aber in Gestalt des Art. 86 Abs. 2 EG eine explizite Vorschrift über die unternehmerische Staatstätigkeit enthalte, liege es auf der Hand, in dieser und nicht in den einzelnen materiellen Normen die Grundlage der Bindung der öffentlichen Unternehmen an die Grundfreiheiten zu sehen. Wortlaut und Systematik schlössen dies jedenfalls nicht aus.[253] Art. 86 Abs. 2 EG sei in seinem ersten Teil so zu lesen, daß für die in Absatz 1 genannten „öffentlichen Unternehmen" und die „Unternehmen, denen [...] besondere oder ausschließliche Rechte" gewährt seien, die „Vorschriften dieses Vertrages" gelten würden, sofern nicht die Ausnahme zugunsten derjenigen Unternehmen eingreife, die „mit Dienstleistungen von allgemeinem wirtschaftlichen Interesses betraut sind", was in Teil 2 des Satzes 1 des Absatzes 2 normiert sei.[254]

II. Eigene Auffassung

Im Ergebnis sind die öffentlichen Unternehmen als unmittelbare Adressaten der Grundfreiheiten anzusehen. Zwar kann Art. 86 Abs. 2 EG nicht als Bindungsnorm verstanden werden (1.). Die unmittelbare Bindung öffentlicher Unternehmen folgt jedoch direkt aus den Grundfreiheitsvorschriften, wenn man den Begriff des „Mitgliedstaats" im funktionalen Sinne versteht. (2.)

---

250 Vgl. *Becker* (Fn. 235), Art. 28 EGV Rn. 87; *Müller-Graff* (Fn. 166), Art. 30 Rn. 290; *Pernice* (Fn. 104), Art. 90 Rn. 49 (1994); *Kadelbach* (Fn. 235), S. 351; *Roth* (Fn. 166), S. 1231 (1244).

251 *Burgi*, EuR 1997, 261 (284). Vgl. auch *dens.*, EWS 1999, 327. Ähnlich *Roth* (Fn. 175), E. I. Rn. 17 (1993); *ders.* (Fn. 166), S. 1231 (1244); *ders.*, Versicherungsmonopole und EWG-Vertrag, in: *Baur/Hopt/Mailänder (Hrsg.)*, Festschrift für Ernst Steindorff, 1990, S. 1313 (1322), und *Jaensch* (Fn. 175), S. 242, die Art. 86 Abs. 2 EG allerdings nur ergänzend heranziehen und anders als *Burgi* an einer Unterscheidung zwischen öffentlichen Unternehmen im Sinne des Art. 86 Abs. 1 EG und den von Art. 86 Abs. 2 EG erfaßten Unternehmen, die mit Dienstleistungen von allgemeinem wirtschaftlichen Interesse betraut sind, festhalten.

252 Vgl. *Burgi*, EuR 1997, 261 (283 f.).

253 *Burgi*, EuR 1997, 261 (284).

254 *Burgi*, EuR 1997, 261 (281 f.).

1. Keine ausdrückliche Bindungsnorm in Art. 86 Abs. 2 EG

Der Gedanke, in Art. 86 Abs. 2 EG eine Bindungsnorm zu sehen, welche die unmittelbare Grundfreiheitsbindung öffentlicher Unternehmen unmißverständlich festschreibt, ist verlockend. Auf die Streitfrage, ob der Begriff des „Mitgliedstaats“ im formalen oder funktionalen Sinne zu verstehen ist, bräuchte nicht mehr eingegangen zu werden.
Gleichwohl verbietet sich eine entsprechende Auslegung des Art. 86 Abs. 2 EG. Sie stößt schon im Hinblick auf den Wortlaut der Vorschrift, der auch im Gemeinschaftsrecht den Ausgangspunkt der Auslegung bildet,[255] auf Bedenken. Zunächst fehlt es an Anhaltspunkten für die vorgeschlagene Differenzierung[256] zwischen öffentlichen Unternehmen im Sinne des Art. 86 Abs. 1 EG, für die Art. 86 Abs. 2 EG allein die Bindung an die Vertragsnormen statuieren soll, und solchen Unternehmen, die mit Dienstleistungen von allgemeinem wirtschaftlichem Interesse betraut sind und von der Beachtung der Vertragsvorschriften freigestellt werden können. Art. 86 Abs. 2 EG bezieht sich allein auf die letztgenannte Gruppe von Unternehmen. Auch wenn es in der Praxis häufig zu Überschneidungen kommt,[257] erfaßt Art. 86 Abs. 2 EG nicht die gleichen Unternehmen wie Absatz 1 dieser Vorschrift.[258] Damit kann Art. 86 Abs. 2 EG allenfalls zur dogmatischen Begründung der unmittelbaren Grundfreiheitsbindung von Unternehmen, die mit Dienstleistungen von allgemeinem wirtschaftlichen Interesse betraut sind, herangezogen werden. Nahegelegt wird diese Überlegung durch die Formulierung des Art. 86 Abs. 2 S. 1, Halbsatz 1 EG, wonach für die betreffenden Unternehmen die Vorschriften des Vertrags gelten. Betrachtet man den Wortlaut des Art. 86 Abs. 2 EG jedoch in seiner Gesamtheit, wird deutlich, daß den Regelungsgehalt der Vorschrift nicht die Bindung an bestimmte Vertragsvorschriften, sondern mögliche Freistellungen von den Vertragsvorschriften bilden, denen die betroffenen Unternehmen unabhängig von Art. 86 Abs. 2 EG unterworfen sind. Das geht insbesondere aus Art. 86 Abs. 2 S. 2 EG hervor. Eine Bindung an die Grundfreiheiten kann

---

255 Vgl. *Meyer*, Jura 1994, 455 (456). Ausführlich zur Auslegung des Gemeinschaftsrechts *Buck*, Über die Auslegungsmethoden des Gerichtshofs der EG, 1998, S. 130 ff.; *Bleckmann*, NJW 1982, 1177 ff.

256 Vgl. den Nachweis in Fn. 254.

257 Vgl. *Hochbaum* (Fn. 90), Art. 90 Rn. 49; *Ehricke*, EuZW 1993, 211 (214).

258 Vgl. den Nachweis in Fn. 205. Vgl. auch *Marenco* (CMLR 1983, 495, 505), der die ersten beiden Absätze des Art. 86 EGV wegen ihrer Heterogenität als „two extraneous bodies forced to live under the same roof“ bezeichnet. Vgl. ferner *Kugelmann*, Der Rundfunk und die Dienstleistungsfreiheit des EWG-Vertrages, 1991, S. 228; *Badura*, ZGR 1997, 291 (300); *Wilms*, Das Europäische Gemeinschaftsrecht und die öffentlichen Unternehmen, 1996, S. 130 f.

niemals zu einer dem Gemeinschaftsinteresse zuwiderlaufenden Beeinträchtigung der Entwicklung des Handelsverkehrs führen. Zu derartigen Beeinträchtigungen kann es nur bei Freistellungen von den Vertragsvorschriften kommen. Dem Wortlaut des Art. 86 Abs. 2 EG entspricht damit eher eine Auslegung als Freistellungsvorschrift.

Die teleologische Auslegung, der im Gemeinschaftsrecht die zentrale Rolle zukommt,[259] bestätigt dieses Ergebnis. Zweck des Art. 86 Abs. 2 EG ist es, die Interessen der Mitgliedstaaten am Einsatz bestimmter Unternehmen als Instrument der Wirtschafts- und Fiskalpolitik einerseits und das Interesse der Gemeinschaft an der Einhaltung des EG-Vertrags andererseits dadurch auszugleichen, daß diese Vorschrift unter bestimmten Voraussetzungen Ausnahmen von der Geltung der allgemeinen Vertragsvorschriften zuläßt.[260] Ein Verständnis des Art. 86 Abs. 2 EG als ausdrückliche Bindungsnorm widerspräche diesem Zweck.

Verwiesen werden kann schließlich auf die Entstehungsgeschichte des Art. 86 EG, auch wenn der historischen Auslegung im Gemeinschaftsrecht nur untergeordnete Bedeutung zukommt.[261] Während der Vertragsverhandlungen war Art. 86 EG eine der umstrittensten Vorschriften überhaupt. Die am Ende in den Vertrag aufgenomme Fassung ist Ausdruck eines mühsamen Kompromisses, der den gegensätzlichen Interessen Rechnung tragen sollte.[262] Während Absatz 1 durch die grundsätzliche Integration der öffentlichen Wirtschaft in den Vertrag den stärker privatwirtschaftlich ausgerichteten Ländern wie den Benelux-Staaten entgegenkommen sollte, die in der Herausnahme des öffentlichen Sektors aus den allgemeinen Vertragsvorschriften eine Gefährdung der Vertragsziele sahen, sollte Art. 86 Abs. 2 EG den Interessen Frankreichs Rechnung tragen, das aufgrund seiner starken staatswirtschaftlichen Tradition eine vollständige Ausnahme der Staatsunternehmen von den Vertragsvorschriften erreichen wollte. [263]

Diese Ausführungen zeigen, daß Art. 86 Abs. 2 EG als Freistellungs- und nicht als Bindungsnorm zu verstehen ist. Zur Begründung der unmittelbaren Grundfreiheitsbindung öffentlicher Unternehmen kann diese Bestimmung nicht herangezogen werden.

---

259 Vgl. *Bleckmann* (Fn. 85), Rn. 547; *Meyer*, Jura 1994, 455 (456); *Epiney*, Umgekehrte Diskriminierungen, S. 82.

260 EuGH, Rs. C-202/88, Slg. 1991, 1223 (1263) - Frankreich/Kommission („Endgeräte-Urteil“).

261 Vgl. *Buck* (Fn. 255), S. 151; *Epiney* (Fn. 259), S. 81.

262 Vgl. *Ipsen/Nicolaysen*, NJW 1964, 2336 (2337).

263 Vgl. *Heinemann* (Fn. 91), S. 53 f. Allgemein zu den Interessensgegensätzen zwischen „liberalen“ und „interventionistischen“ Staaten bei der Ausgestaltung der Wettbewerbspolitik *Küsters*, Die Gründung der Europä-ischen Wirtschaftsgemeinschaft, 1982, S. 364 ff.

2. Bindung aufgrund eines funktionalen Staatsbegriffs

Die unmittelbare Bindung öffentlicher Unternehmen folgt jedoch direkt aus den Grundfreiheiten, wenn man von einem funktionalen Staatsbegriff ausgeht. Ob ein solcher Staatsbegriff zugrunde zu legen ist, muß durch Auslegung ermittelt werden.

Die grammatikalische Auslegung hilft dabei nicht weiter, weil der Wortlaut der Grundfreiheiten im Hinblick auf deren Adressaten gänzlich unergiebig ist.

Der systematischen Auslegung läßt sich die Grundentscheidung entnehmen, daß die Grundfreiheiten sich an die Mitgliedstaaten richten.[264] Sie sagt jedoch nichts darüber aus, ob der Begriff des Staates im formalen oder funktionalen Sinne zu verstehen ist. Einem funktionalen Staatsbegriff, der es erlaubt, die öffentlichen Unternehmen in den Kreis der unmittelbaren Grundfreiheitsadressaten einzubeziehen, steht die systematische Auslegung zwar nicht im Wege, da das Handeln der öffentlichen Unternehmen, unabhängig davon, ob es im Einzelfall in Umsetzung staatlicher Vorgaben erfolgt oder auf eine autonome Unternehmensentscheidung zurückgeht, nie der Verwirklichung der Privatautonomie dient. Auf der anderen Seite gebietet die systematische Auslegung solch ein weites Verständnis des Staatsbegriffs aber nicht zwingend.

Entscheidende Bedeutung kommt damit der teleologischen Auslegung zu. Die Grundfreiheiten sind in erster Linie ein Mittel zur Errichtung des in den Artt. 2, 3 Abs. 1 lit. c) EG als Vertragsziel genannten Gemeinsamen Marktes.[265] Sie sind deshalb so auszulegen, daß dieses Ziel optimal erreicht wird.[266] Der Gemeinsame Markt soll gem. Art. 3 Abs. 1 lit. c) EG durch eine Beseitigung der Hindernisse für den freien Waren-, Personen-, Dienstleistungs- und Kapitalverkehr gekennzeichnet sein. Optimal erreicht werden kann dieses Ziel nur durch ein funktionales Verständnis des Staatsbegriffs. Ein solcher Staatsbegriff ermöglicht es, nicht nur das Handeln der Mitgliedstaaten selbst, sondern auch das Handeln formal unabhängiger Einrichtungen, deren Verhalten den Mitgliedstaaten zurechenbar ist, insbesondere also das Handeln der öffentlichen Unternehmen, unmittelbar am

---

264 Vgl. bereits die einleitenden Ausführungen zu diesem 3. Teil.

265 *Müller-Graff*, in: *Dauses (Hrsg.)*, Handbuch des EU-Wirtschaftsrechts, Bd. I, A. I. Rn. 127 (1999).

266 Vgl. EuGH, Rs. 15/81, Slg. 1982, 1409 (1431 f.) - Schul/Inspecteur der invoerrechten en accijnzen; Rs. 299/86, Slg. 1988, 1213 (1235) - Drexl; *Bleckmann* (Fn. 85), Rn. 549; *Müller-Graff* (Fn. 265); A. I. Rn. 140 (1996); *Ipsen* (Fn. 101), § 28 Rn. 24 (S. 561).

Maßstab der Grundfreiheiten zu messen. Dadurch kann eine größere Zahl von Hindernissen für den innergemeinschaftlichen Wirtschaftsverkehr unmittelbar beseitigt werden.

Ein formaler Staatsbegriff erlaubt dagegen nur eine mittelbare Kontrolle des Handelns öffentlicher Unternehmen, die eine effektive Durchsetzung der Grundfreiheiten nicht in gleichem Maße gewährleisten kann wie eine unmittelbare Kontrolle.[267] Denn zum einen erschwert eine nur mittelbare Bindung dem durch eine Maßnahme Benachteiligten die Durchsetzung seiner Rechte, da er nicht direkt gegen das handelnde Unternehmen vorgehen kann, sondern gezwungen ist, den mitgliedstaatlichen Träger des öffentlichen Unternehmens zu ermitteln, der nach außen hin gar nicht in Erscheinung tritt.[268] Zum anderen besteht eine mittelbare Bindung unstreitig nur in den Fällen, in denen eine Grundfreiheitsbeeinträchtigung durch öffentliche Unternehmen auf den Einfluß des mitgliedstaatlichen Trägers zurückgeht, da Art. 86 Abs. 1 EG die Mitgliedstaaten verpflichtet, sich solcher Einflußnahmen zu enthalten. Ob die Mitgliedstaaten dagegen auch verpflichtet sind, gegen solche Grundfreiheitsbeeinträchtigungen einzuschreiten, die auf eine autonome Entscheidung der öffentlichen Unternehmen zurückgehen, wird nicht einheitlich beurteilt.[269] Lehnt man derartige Einwirkungspflichten ab, bliebe ein Teil der möglichen Grundfreiheitsbeeinträchtigungen durch öffentliche Unternehmen bei einer nur mittelbaren Bindung sanktionslos. Aber auch beim Bestehen von Einwirkungspflichten gewährleistet eine mittelbare Grundfreiheitsbindung nicht die gleiche Schutzintensität wie eine unmittelbare Bindung. Der theoretischen Verpflichtung der öffentlichen Hand, sich ausreichende Einflußmöglichkeiten zu sichern um die Beachtung öffentlich-rechtlicher Bindungen sicherzustellen,[270] stehen in der Praxis häufig Einwirkungsdefizite gegenüber.[271]

Die Notwendigkeit, die Grundfreiheitsbindung durch ein funktionales Verständnis des Staatsbegriffs auf die öffentlichen Unternehmen zu erstrecken, entfällt auch nicht deshalb, weil diese Unternehmen zugleich den Wettbewerbsvorschriften des

---

267 Vgl. zum Gesichtspunkt der Verbotseffektivität auch *Müller-Graff* (Fn. 166), Art. 30 Rn. 290. Ausführlich zum Begriff des „effet utile“ im Gemeinschaftsrecht *Streinz* (Fn. 181), S. 1491 ff. Allgemein zu diesem Begriff im Völkerrecht *Verdross/Simma*, Universelles Völkerrecht, 3. Aufl. 1984, § 780.

268 Auf diesen Aspekt weisen auch *Burgi* (EWS 1999, 327, 330) und *Jarvis* (CMLR 1998, 1377, 1379 f.) hin, allerdings im Zusammenhang mit der Frage, ob den Grundfreiheiten unmittelbare Drittwirkung zukommen solle. Auch eine unmittelbare Drittwirkung der Grundfreiheiten habe den Vorteil, daß der Beeinträchtigte direkt gegen grundfreiheitswidrig handelnde Private vorgehen könne.

269 Näher dazu im 2. Abschnitt (S. 77 ff.).

270 Vgl. oben 1. Teil, 1. Abschnitt, B., II., 2 (S. 20 f.).

271 Vgl. dazu *Ehlers*, DVBl. 1998, 497 (505).

Gemeinschaftsrechts unterliegen.[272] Die Schutzintensität des Wettbewerbsrechts ist geringer als die der Grundfreiheiten.[273] Das Verbot des Art. 81 EG greift erst dann, wenn die dort genannten Verhaltensweisen zu einer spürbaren Beeinträchtigung des Wettbewerbs führen.[274] Bei den Grundfreiheiten hingegen fehlt ein derartiges Spürbarkeitserfordernis.[275] Hier kommt es allein auf die potentiell handelsbehindernden Wirkungen einer mitgliedstaatlichen Maßnahme an,[276] die nur dann entfallen, wenn die Auswirkungen einer Maßnahme zu unbestimmt und zu mittelbar sind.[277] Adressaten des Art. 82 EG sind allein marktbeherrschende Unternehmen.[278] Eine solche Stellung kommt den öffentlichen Unternehmen aber nicht allein wegen der Möglichkeit des Rückgriffs auf staatliche Mittel zu.
Die Ausdehnung der unmittelbaren Grundfreiheitsbindung auf die öffentlichen Unternehmen kann auch nicht mit dem Argument in Zweifel gezogen werden, daß

---

272 Diese Auffassung war zunächst umstritten. Sie läßt sich jedoch bereits aus den Artt. 81 und 82 EG selbst herleiten, die sich ohne weitere Zusätze allgemein an „Unternehmen“ wenden. Bestätigt wird diese Auffassung durch Art. 86 Abs. 2 S. 1 EG, vgl. *Goldman/Lyon-Caen/Vogel*, Droit commercial européen, 5. Aufl. 1994, Rn. 955. Nachweise zur Gegenmeinung bei *Marenco*, CMLR 1983, 495 (498, Fn. 4).

273 Vgl. auch *Streinz/Leible*, EuZW 2000, 459 (464); *Roth* (Fn. 166), S. 1231 (1242 f.).

274 EuGH, Rs. 56/65, Slg. 1966, 281 (304) - LTM/MBU; Rs. 22/71, Slg. 1971, 949 (960) - Béguelin Import/G. L. Import Export; Verb. Rs. 209 bis 215 und 218/78, Slg. 1980, 3125 (3270) - Van Landewyck/Kommission; Rs. 260/82, Slg. 1985, 3801 (3824 f.) - NSO/Kommission.

275 Vgl. *Müller-Graff* (Fn. 166), Art. 30 Rn. 59; *Kingreen* (Fn. 47), S. 84; *Becker*, JA 1997, 65 (70 f.); *dens.*, EuR 1994, 162 (170); *Ebenroth*, Neue Ansätze zur Warenverkehrsfreiheit im Binnenmarkt der Europäischen Union, in: *Erdmann/Gloy/Herber (Hrsg.)*, Festschrift für Henning Piper, 1996, S. 133 (142 ff.); *Kort*, JZ 1996, 132 (137 f.); *Jarass*, EuR 1995, 202 (219); *Schilling*, EuR 1994, 50 (60 f.); *Metzenthin*, EuR 1990, 70 (72).

276 Vgl. grundlegend die oben (Fn. 164) wiedergegebene „Dassonville-Formel“. Vgl. ferner z.B. EuGH, Verb. Rs. 177 und 178/82, Slg. 1984, 1797 (1812) – Van de Haar und Kaveka de Meern.
Dem entspricht die Rechtsprechung zum Beihilfeverbot des Art. 87 Abs. 1 EG. Auch hier hat der Europäische Gerichtshof kein Spürbarkeitserfordernis aufgestellt, vgl. z.B. EuGH, Rs. 142/87, Slg. 1990, I-959 (1015) - Belgien/Kommission.

277 EuGH, Rs. C-93/92, Slg. 1993, I-5009 (5021) – CMC Motorradcenter; Verb. Rs. C-418/93 u. a., Slg. 1996, I-2975 (3009) – Semeraro Casa Uno u.a.; Rs. C-44/98, EuZW 1999, 730 (731) – BASF AG/Präsident des Deutschen Patentamtes.

278 Näher zum Merkmal der marktbeherrschenden Stellung *Weiß*, in: *Calliess/Ruffert (Hrsg.)*, EUV/EGV, 1999, Art. 82 Rn. 5 ff.; *Emmerich* (Fn. 117), H. I. Rn. 195 ff. (1995).

sie gegen den Grundsatz der Gleichbehandlung öffentlicher und privater Unternehmen verstoße.[279] Dieser Grundsatz kann nur insoweit Geltung beanspruchen, als beide Gruppen sich in einer vergleichbaren Lage befinden.[280] Wegen des möglichen Rückgriffs auf staatliche Finanzmittel spielen für die öffentlichen Unternehmen Rentabilitätserwägungen aber nicht die gleiche Rolle wie für ihre privaten Konkurrenten. Sie können Produkte oder Arbeitskräfte aus dem eigenen Mitgliedstaat auch dann bevorzugen, wenn dies mit wirtschaftlichen Nachteilen verbunden ist. Die Gefahr einer Grundfreiheitsverletzung durch öffentliche Unternehmen ist deshalb größer als durch private Unternehmen. Vor diesem Hintergrund erscheint es überzeugender, die unmittelbare Grundfreiheitsbindung öffentlicher Unternehmen nicht als ungerechtfertigte Benachteiligung zu sehen, sondern als Ausgleich der Vorteile, die sich aus ihrer besonderen Beziehung zu den Mitgliedstaaten ergeben.[281]

3. Ergebnis

Mit dem Europäischen Gerichtshof und einem Teil der Literatur ist im Hinblick auf die Bindung an die Grundfreiheiten einem funktionalen Staatsbegriff zu folgen. Adressaten dieser Vorschriften sind nicht nur die Mitgliedstaaten selbst, sondern auch alle formal unabhängigen Einrichtungen, deren Verhalten den Mitgliedstaaten zurechenbar ist. Zu diesen Einrichtungen zählen insbesondere die öffentlichen Unternehmen, die damit unmittelbare Adressaten der Grundfreiheiten sind.

B. Grundfreiheitsbindung gemischt-wirtschaftlicher Unternehmen

Wegen des weiten gemeinschaftsrechtlichen Begriffs des „öffentlichen Unternehmen“ sind auch gemischt-wirtschaftliche Unternehmen unmittelbar an die Grundfreiheiten gebunden, sofern der Staat beherrschenden Einfluß auf diese Unternehmen ausübt.[282] Zu dem gleichen Ergebnis müßte im Hinblick auf die Bindung an die nationalen Grundrechte die Rechtsprechung in Deutschland gelangen, die gemischt-wirtschaftlichen Unternehmen mit staatlicher Mehrheitsbeteiligung

---

279 Vgl. den Nachweis in Fn. 234.

280 EuGH, Verb. Rs. 188 bis 190/80, Slg. 1982, (2577) - Frankreich, Italien und Vereinigtes Königreich/Kommission („Transparenzrichtlinie“). Zu den Grenzen des Gleichbehandlungsgebots vgl. auch EuGH, Verb. Rs. 209 bis 215 und 218/78, Slg. 1980, 3125 (3249) - van Landewyck/Kommission.

281 Vgl. die Nachweise in Fn. 240.

282 Vgl. dazu oben 3. Teil, 2. Abschnitt (S. 44 ff.).

das Recht abspricht, sich auf die Grundrechte zu berufen[283] mit der Folge, daß diese konsequenterweise als Grundrechtsadressaten anzusehen wären. In der deutschen Literatur hat diese Rechtsprechung jedoch Kritik erfahren, da sie die Rechte der privaten Anteilseigner nicht ausreichend berücksichtige.[284]
Im Hinblick auf die Grundfreiheiten kann dieser Kritik jedoch nicht gefolgt werden. Zwar dürfen die Interessen der privaten Anteilseigner bei deren Zusammenarbeit mit der öffentlichen Hand im Rahmen eines gemischt-wirtschaftlichen Unternehmens nicht gänzlich vernachlässigt werden. Gleichzeitig können sie aber keinen absoluten Vorrang vor dem Interesse der Gemeinschaft an der Durchsetzung staatsgerichteter Vorschriften haben. Eine Lösung, die auf die staatlichen Einflußmöglichkeiten abstellt, gewährleistet hier einen angemessenen Interessensausgleich. Sofern der Staat einen beherrschenden Einfluß auf ein gemischtwirtschaftliches Unternehmen ausübt, sind die privaten Anteilseigner ohnehin nicht in der Lage, sich in den Unternehmensgremien gegenüber den öffentlichen Anteilseignern durchzusetzen. Diese müssen die Grundfreiheiten in jedem Fall beachten.[285] Die Grundfreiheitsbindung der betroffenen gemischt-wirtschaftlichen Unternehmen führt damit im Ergebnis nicht zu einer Schlechterstellung der privaten Anteilseigner. Wenn ein privater Anteilseigner sich mit dem Staat zusammenschließt, muß er in Kauf nehmen, daß dieser sich nicht von seinen Bindungen befreien kann.

C. Grundfreiheitsbindung bei Auslandstätigkeit öffentlicher Unternehmen

Die Grundfreiheitsbindung der öffentlichen Unternehmen endet nicht an der nationalen Grenze. Sie müssen die Grundfreiheiten auch dann beachten, wenn sie ihre Geschäftstätigkeiten in andere Mitgliedstaaten der Europäischen Gemeinschaften ausdehnen. Die Gefahr von Beeinträchtigungen ist im Ausland zwar geringer als im Inland. Insbesondere dürfte es seltener zur Diskriminierung ausländischer Arbeitnehmer kommen, da die öffentlichen Unternehmen zur Ausübung ihrer Geschäftstätigkeit regelmäßig auf Arbeitskräfte aus dem Aufnahmestaat angewiesen sind. Zu Diskriminierungen kann es aber weiterhin beim Einkauf von Produkten für den eigenen Bedarf kommen, da die meisten Produkte inzwischen unabhängig von ihrem Herstellungsort gemeinschaftsweit verfügbar sind, so daß die öffentlichen Unternehmen auch im Ausland auf Produkte aus ihrem Herkunftsstaat zurückgreifen können.

---

283 BVerfG-K NJW 1990, 1783.

284 Vgl. die Nachweise in Fn. 39.

285 Näher dazu im 2. Abschnitt (S. 77 ff.).

Derartige Diskriminierungen sind auch im Ausland am Maßstab der Grundfreiheiten zu messen. Allein die Tatsache des Grenzübertritts erlaubt es einem Staat nicht, sich der rechtlichen Bindungen zu entledigen, denen sein Handeln im Inland unterliegt. So bleiben deutsche Hoheitsträger im Ausland an die Grundrechte gebunden.[286] Die innerstaatlichen Organisations- und Zuständigkeitsnormen sind weiterhin zu beachten.[287] Im Rahmen der grenzüberschreitenden Finanzmarktaufsicht in der Europäischen Gemeinschaft sind die Herkunftslandbehörden bei Kontrollen im Ausland an ihr eigenes materielles Recht gebunden.[288] Nichts anderes kann für die Bindung der öffentlichen Unternehmen an die Grundfreiheiten gelten. Da sie auch im Ausland dem Einfluß ihres mitgliedstaatlichen Trägers ausgesetzt sind, bleibt ihr Handeln funktional staatliches Handeln, das einer Kontrolle am Maßstab der Grundfreiheiten unterliegt.

2. Abschnitt: Die Verantwortlichkeit der Mitgliedstaaten für ihre öffentlichen Unternehmen

Anders als der individuell Beeinträchtigte kann die Europäische Kommission mit den ihr zur Verfügung stehenden Aufsichtsmitteln bei Grundfreiheitsverstößen nicht direkt gegen die öffentlichen Unternehmen, sondern nur gegen die Mitgliedstaaten einschreiten.[289] Dies gilt sowohl für das Vertragsverletzungsverfahren gem. Art. 226 EG als auch für die besonderen Befugnisse, die Art. 86 Abs. 3 EG der Kommission zur Durchsetzung der sich für die Mitgliedstaaten aus Art. 86

286 *Ehlers*, in: *Schoch/Schmidt-Aßmann/Pietzner (Hrsg.)*, VwGO, Vorb § 40 Rn. 69 (1996); *Kunig*, in: *v. Münch/Kunig (Hrsg.)*, GG, 4. Aufl. 1992, Art. 1 Rn. 52; *Stern* (Fn. 239), S. 1230; *Royla*, Grenzüberschreitende Finanzmarktaufsicht im Recht der EG, 2000, S. 157; *Hofmann*, Grundrechte und grenzüberschreitende Sachverhalte, 1994, S. 10 ff.; *Neßler*, Europäisches Richtlinienrecht wandelt deutsches Verwaltungsrecht, 1994, S. 144; *Elbing*, Zur Anwendbarkeit der Grundrechte bei Sachverhalten mit Auslandsbezug, 1992, S. 82 ff.; *Oppermann*, Transnationale Ausstrahlungen deutscher Grundrechte?, in: *Kroneck/Oppermann (Hrsg.)*, Im Dienste Deutschlands und des Rechts, Festschrift für Wilhelm G. Grewe, 1981, S. 521 (523); *Schröder*, Zur Wirkkraft der Grundrechte bei Sachverhalten mit grenzüberschreitenden Elementen, in: *v. Münch (Hrsg.)*, Staatsrecht - Völkerrecht - Europarecht, Festschrift für Hans-Jürgen Schlochauer, 1981, S. 136 (138). A.A. lediglich *v. Olshausen*, DVBl. 1974, 652 (654 f.); *Lüderitz*, RabelsZ 36 (1972), 35 (36).

287 *Groß*, JZ 1994, 596 (601).

288 *Royla* (Fn. 286), S. 157.

289 Vgl. insoweit den oben (1. Abschnitt, A., I., 2., b), aa), S. 58 ff.) dargestellten „Buy Irish"-Fall (EuGH, Rs. 249/81, Slg. 1982, 4005 ff. - Kommission/Irland).

Abs. 1 EG ergebenden Verpflichtungen verleiht.[290] Anders als im Wettbewerbsrecht, wo sie z. B. auf der Grundlage der sog. „Kartellverordnung“[291] bei Verstößen gegen die Artt. 81 und 82 EG direkt gegen die Unternehmen vorgehen kann, hat die Kommission keine Möglichkeit, die Grundfreiheitsbindung unmittelbar gegenüber den öffentlichen Unternehmen durchzusetzen.[292]
Für die Durchsetzung der Grundfreiheiten durch die Kommission kommt es daher darauf an, welche Pflichten den Mitgliedstaaten in bezug auf ihre öffentlichen Unternehmen obliegen. Den Mitgliedstaaten ist es unzweifelhaft verboten, ihre öffentlichen Unternehmen zu einer Vertragsverletzung zu veranlassen oder sich dieser Unternehmen zur Umgehung der Grundfreiheiten zu bedienen (A.). Umstritten ist dagegen, ob die Mitgliedstaaten verpflichtet sind, gegen Grundfreiheitsverstöße einzuschreiten, die auf eine autonome Entscheidung der öffentlichen Unternehmen zurückgehen (B.).

A. Das Verbot der Instrumentalisierung öffentlicher Unternehmen durch die Mitgliedstaaten

Ebensowenig, wie die Mitgliedstaaten selbst gegen die Grundfreiheiten verstoßen dürfen, dürfen sie sich ihrer öffentlichen Unternehmen bedienen, um diese Vorschriften zu umgehen. Das folgt schon aus Art. 10 Abs. 2 EG und wird durch Art. 86 Abs. 1 EG noch einmal ausdrücklich hervorgehoben.[293] Um zu verhindern, daß

---

290 Vgl. EuGH, Rs. C-202/88, Slg. 1991, I-1223 (1272) – Frankreich/Kommission („Endgeräte-Urteil“). Anders noch *Matthies* (Fn. 51), S. 669 (679 f.), der eine dem Art. 81 Abs. 3 EG vergleichbare Möglichkeit annimmt, über Art. 86 Abs. 3 EG gegen die Unternehmen vorzugehen.

291 Verordnung Nr. 17/62/EWG des Rates vom 6. Februar 1962: Erste Durchführungsverordnung zu den Artikeln 85 [81 n. F.] und 86 [82 n. F.] des Vertrages, ABlEG 1962, S. 204; Sartorius II Nr. 165.

292 Vgl. auch *Bauer* (Fn. 180), S. 187.

293 Vgl. *Hochbaum* (Fn. 90), Art. 90 Rn. 5; *Pernice* (Fn. 104), Art. 90 Rn. 5 (1994); *Schollmeier/Krimphove*, in: *Bleckmann*, Europarecht, 6. Aufl. 1997, Rn. 1971; *Heinemann* (Fn. 91), S. 60; *Müller-Graff/Zehetner* (Fn. 1), S. 32; *Mestmäcker*, Gemeinschaftsrechtliche Schranken für die Begründung und Ausübung besonderer oder ausschließlicher Rechte nach Art. 90 Abs. 1 EWG-Vertrag, in: *Everling/Narjes/Sedemund (Hrsg.)*, Europarecht, Kartellrecht, Wirtschaftsrecht, Festschrift für Arved Deringer, 1993, S. 79 (80); *Nicolaysen*, EuR 1983, 61 (62); *Ipsen/Nicolaysen*, NJW 1964, 2336 (2338). Vgl. auch *Bach* (Fn. 149), S. 32. Vgl. ferner die Schlußanträge des Generalanwalts *van Gerven* in der Rs. C-179/90, Slg. 1991, I- 5889 (5912) - Merci convenzionali porto die Genova: „Soweit es sich um Unternehmen handelt, denen die Mitgliedstaaten ein Monopol gewährt haben, stellt

die Mitgliedstaaten ihre öffentlichen Unternehmen zur Umgehung des EG-Vertrags instrumentalisieren,[294] verbietet diese Vorschrift es ihnen, in bezug auf ihre öffentlichen Unternehmen dem Vertrag widersprechende Maßnahmen zu treffen. Art. 86 Abs. 1 EG begrenzt mithin die Möglichkeiten der Mitgliedstaaten, die öffentlichen Unternehmen als Instrument ihrer Wirtschaftspolitik einzusetzen,[295] zu deren Gestaltung ihnen auch unter Geltung des EG-Vertrags die Kompetenz verblieben ist.[296]
Das Verbot erfaßt sämtliche Träger öffentlicher Gewalt in einem Mitgliedstaat,[297] in Deutschland also nicht nur den Bund, sondern auch Länder und Gemeinden.[298] Neben den exemplarisch hervorgehobenen Artt. 12 und 81 bis 89 EG bezieht sich das Verbot vertragswidriger Maßnahmen vor allem auf die Grundfreiheiten.[299] Der Begriff der Maßnahme ist entsprechend dem Normzweck des Art. 86 Abs. 1 EG sehr weit auszulegen.[300] Er umfaßt alle Formen der rechtlichen oder tatsächli-

Artikel 90 Absatz 1 [86 Abs. 1 n. F.] eine spezifische Ausprägung des vorerwähnten Artikels 5 Absatz 2 [10 Abs. 2 n. F.] dieses Vertrages dar."
Der Europäische Gerichtshof führte in der Rs. 13/77, Slg. 1977, 2115 (2147) - INNO/ATAB aus, daß Art. 86 EG „nur ein besonderer Anwendungsfall bestimmter allgemeiner, die Mitgliedstaaten verpflichtender Grundsätze ist."

294 Vgl. *Hochbaum* (Fn. 90), Art. 90 Rn. 4.

295 Vgl. *Seidel*, Die Auswirkungen des Europäischen Gemeinschaftsrechts auf das Wirtschaftsverfassungsrecht der Mitgliedstaaten, in: *Due/Lutter/Schwarze (Hrsg.)*, Festschrift für Ulrich Everling, Bd. II, 1995, S. 1393 (1399 f.).

296 Art. 99 EG verpflichtet die Mitgliedstaaten lediglich dazu, ihre Wirtschaftspolitik in gewissem Umfang zu koordinieren.

297 EuGH, Rs. 30/87, Slg. 1988, 2479 (2516) - Bodson/Pompes funèbres des régions libérées.

298 *Emmerich* (Fn. 117), H. II. Rn. 97 (1996); *Metzenthin*, EuR 1990, 70 (72). Vgl. auch *Pernice*, JZ 2000, 866 (871 f.).

299 Vgl. EuGH, Rs. 172/82, Slg. 1983, 555 (566 f.) - Fabricants raffineurs d'huile de graissage/Inter-Huiles; Rs. C-260/89, Slg. 1991, I-2925 (2957) – ERT; Rs. C-179/90, Slg. 1991, I-5889 (5930) – Merci convenzionali Porto di Genova; Bellamy/Child (Fn. 95), 13-018 (S. 813); *Bauer* (Fn. 180), S. 168; *Müller-Graff/Zehetner* (Fn. 1), S. 34.
Emmerich (Fn. 117, H. II. Rn. 126 [1996]) nennt es „eine der vornehmsten Aufgaben des Art. 86 Abs. 1", die Mitgliedstaaten an der Umgehung der Grundfreiheiten durch die öffentlichen Unternehmen zu hindern.

300 *Hochbaum* (Fn. 90), Art. 90 Rn. 38, Fn. 168, weist darauf hin, daß der Begriff der „Maßnahme" außer in Art. 86 Abs. 1 EG auch in Artt. 10 Abs. 2 und Art. 28 EG verwendet werde. Den Terminus „Maßnahme gleicher Wirkung" in Art. 28 EG hat

chen Einflußnahme der Mitgliedstaaten, unabhängig von der Rechtsform oder Rechtsqualität der eingesetzten Mittel.[301] Schon eine bloße telefonische Anweisung durch einen Minister[302] oder sogar Urteile der mitgliedstaatlichen Gerichte[303] können eine verbotene Maßnahme darstellen.
Zur Durchsetzung des Verbots verleiht Art. 86 Abs. 3 EG der Kommission besondere Befugnisse, die deutlich über ihre Befugnisse zur Durchsetzung sonstiger gemeinschaftsrechtlicher Verpflichtungen der Mitgliedstaaten hinausgehen.[304] Verstoßen die Mitgliedstaaten gegen Art. 86 Abs. 1 EG kann die Kommission dem durch den Erlaß von Richtlinien oder Entscheidungen[305] begegnen, ohne auf die Einleitung eines meist langwierigen Vertragsverletzungsverfahrens gem. Art. 226 EG verwiesen zu sein.[306]

B. Einwirkungspflichten der Mitgliedstaaten

Die Mitgliedstaaten könnten jedoch versuchen, sich ihrer Verantwortung mit dem Hinweis zu entziehen, ihre Unternehmen hätten selbständig gehandelt.[307] Entsprechenden Versuchen könnte zwar durch eine Beweislastregel begegnet werden, wonach eine mitgliedstaatliche Einflußnahme vermutet wird,[308] wenn die Mit-

der EuGH durch die „Dassonville-Formel" (vgl. die einleitenden Ausführungen zu diesem 3. Teil der Arbeit mit Fn. 164) ebenfalls sehr weit ausgelegt.

301 *Grill* (Fn. 147), Art. 86 Rn. 10; *Jung* (Fn. 104), Art. 86 Rn. 18; *Hochbaum* (Fn. 90), Art. 90 Rn. 36, 41; *Müller*, Dienstleistungsmonopole im System des EWGV, 1988, S. 179 f.; *Müller-Graff*, Eigenkapitalerhöhung öffentlicher Banken durch Fusion in den beihilferechtlichen Wettbewerbsregeln des EG-Vertrages, in: *Baur/Jacobs/ Lieb/Müller-Graff (Hrsg.)*, Festschrift für Ralf Vieregge, 1995, S. 661 (664); *Deringer* (Fn. 70), S. 1.1 (1.15).

302 *Hochbaum* (Fn. 90), Art. 90 Rn. 41.

303 *Deringer* (Fn. 70), S. 1.1 (1.16).

304 Vgl. *Hochbaum* (Fn. 90), Art. 90 Rn. 98; *Emmerich* (Fn. 117), H. II. Rn. 131 (1996).

305 Ausführlich zu den von der Kommission auf der Grundlage des Art. 86 Abs. 3 EG erlassenen Entscheidungen und Richtlinien *Wilms* (Fn. 258), S. 30 ff.

306 *Beutler/Bieber/Pipkorn/Streil* (Fn. 87), S. 364. Näher zum Ganzen *Benesch*, Die Kompetenzen der EG-Kommission nach Art. 90 Abs. 3 EWG-V, Köln 1993, S. 73 ff.; *von Burchard*, EuZW 1991, 339 ff.

307 Vgl. *Hochbaum* (Fn. 90), Art. 90 Rn. 43.

308 Von einer solchen Vermutung gehen aus: *Jung* (Fn. 104), Art. 86 Rn. 31; *Hochbaum* (Fn. 90), Art. 90 Rn. 43; *Pernice* (Fn. 104), Art. 90 Rn. 47 (1994); *Marenco*, CMLR 1983, 495 (511, Fn. 28).

gliedstaaten nicht das Gegenteil beweisen. Gelingt den Mitgliedstaaten aber dieser Nachweis, könnte die Kommission nur dann einschreiten, wenn die Mitgliedstaaten auch verpflichtet wären, ihre öffentlichen Unternehmen zu einem vertragskonformen Verhalten anzuhalten. Ob derartige Einwirkungspflichten bestehen, wird nicht einheitlich beurteilt (I.). Bestehen sie, muß weiter untersucht werden, welche Konsequenzen sich hieraus für die Mitgliedstaaten im Hinblick auf die Beteiligung an privatrechtlich organisierten Unternehmen ergeben (II.). Erörtert werden muß außerdem, wie diese gemeinschaftsrechtlichen Einwirkungspflichten in einem föderal organisierten Staat wie der Bundesrepublik Deutschland gegenüber den Gliedstaaten und den Selbstverwaltungskörperschaften durchgesetzt werden können (III.).

I. Das Bestehen von Einwirkungspflichten

Im Hinblick auf die mitgliedstaatlichen Einwirkungspflichten sollen wie bei der Untersuchung der unmittelbaren Grundfreiheitsbindung öffentlicher Unternehmen zunächst die Auffassung in der Rechtsprechung und die in der Literatur vertretenen Auffassungen dargestellt werden (1.), bevor die eigene Auffassung erläutert wird (2.).

1. Die Auffassung der Rechtsprechung und die in der Literatur vertretenen Auffassungen

a) Die Rechtsprechung des Europäischen Gerichtshofs

Anders als zur unmittelbaren Grundfreiheitsbindung öffentlicher Unternehmen[309] hat sich der Europäische Gerichtshof zu den mitgliedstaatlichen Einwirkungspflichten bisher nicht explizit geäußert. Hinweise lassen sich aber zum einen dem sog. „Endgeräte-Urteil“[310] und zum anderen der Entscheidung „Kommission/Frankreich“[311] entnehmen, in welcher der Gerichtshof sich zu den mitgliedstaatlichen Schutzpflichten zur Sicherung der Grundfreiheiten gegen Beeinträchtigungen durch Private geäußert hat.

---

309 Vgl. oben 1. Abschnitt, A., I., 1 (S. 52 ff.).

310 Rs. C-202/88, Slg. 1991, I-1223 ff. - Frankreich/Kommission.

311 Rs. C-265/95, Slg. 1997, I-6959 ff. - Kommission/Frankreich. Vgl. zu diesem Urteil *Burgi*, EWS 1999, 327 ff.; *Kühling*, NJW 1999, 403 ff.; *Szczecella*, DVBl. 1998, 219 ff.

aa) Das „Endgeräte-Urteil“

Den Gegenstand des sog. „Endgeräte-Urteils“ bildete die von der Europäischen Kommission auf der Grundlage des Art. 86 Abs. 3 EG erlassene „Richtlinie 88/301/EWG vom 16. Mai 1988 über den Wettbewerb auf dem Markt für Telekommunikations-Endgeräte“[312], gegen die Frankreich Nichtigkeitsklage gem. Art. 230 Abs. 1 EG erhoben hatte. Art. 7 der Richtlinie verpflichtete die Mitgliedstaaten, Regelungen zu erlassen, die es den Verbrauchern ermöglichten, Miet- und Wartungsverträge über Endgeräte mit einer Frist von höchstens einem Jahr zu kündigen, sofern sie diese Verträge mit einem Unternehmen geschlossen hatte, das ein ausschließliches oder besonderes Recht zum Vertrieb von Telekommunikations-Endgeräten innehatte.
Der Europäische Gerichtshof hat diesen Artikel für nichtig erklärt. Art. 86 Abs. 3 EG verleihe der Kommission Befugnisse nur im Hinblick auf staatliche Maßnahmen. Anhaltspunkte, daß die Inhaber der besonderen oder ausschließlichen Rechte durch die Mitgliedstaaten gezwungen oder angeregt worden wären, Verträge mit langer Laufzeit abzuschließen, fehlten jedoch. Wettbewerbswidrige Verhaltensweisen der öffentlichen Unternehmen selbst könnten nur auf der Grundlage der Artt. 81 und 82 EG gerügt werden.[313]
Die Tatsache, daß der Europäische Gerichtshof an dieser Stelle nicht auf die Frage eingeht, ob die Mitgliedstaaten Aufsichtsmaßnahmen gegenüber ihren öffentlichen Unternehmen unterlassen hatten, deutet darauf hin, daß er im Hinblick auf die Wettbewerbsregeln keine derartigen Pflichten aus Art. 86 Abs. 1 EG herleiten will. Anderenfalls hätte der Gerichtshof im unterlassenen Einschreiten der Mitgliedstaaten eine Maßnahme im Sinne des Art. 86 Abs. 1 EG sehen können, gegen welche die Kommission auf der Grundlage des Art. 86 Abs. 3 EG hätte vorgehen können.

bb) Das Urteil „Kommission/Frankreich“ (Bauernproteste in Frankreich)

Die Ausführungen im „Endgeräte-Urteil“ bedeuten gleichwohl nicht, daß der Gerichtshof mitgliedstaatliche Einwirkungspflichten im Bereich der Grundfreiheiten ablehnt. Im Urteil „Kommission/Frankreich“ führte er im Hinblick auf die Warenverkehrsfreiheit aus, daß Art. 28 auch dann Anwendung finden könne, wenn ein Mitgliedstaat keine Maßnahmen ergriffen habe, um gegen Beeinträchtigungen des freien Warenverkehrs einzuschreiten, deren Ursachen nicht auf den Staat zu-

---

312 ABlEG 1988 Nr. L 131/73.

313 EuGH, Rs. C-202/88, Slg. 1991, I-1223 (1272) - Frankreich/Kommission. Bestätigt in Verb. Rs. C-271/90, C-281/90 und C-289/90, Slg. 1992, I-5833 (5866) – Spanien u. a./Kommission.

rückzuführen seien. Die Vorschrift verbiete den Mitgliedstaaten nicht nur eigene Handlungen oder Verhaltensweisen, die zu einem Handelshemmnis führen könnten, sondern verpflichte sie in Verbindung mit Art. 10 EG auch dazu, alle erforderlichen und geeigneten Maßnahmen zu ergreifen, um in ihrem Gebiet die Beachtung dieser Grundfreiheit sicherzustellen.[314] Den Gegenstand dieses Urteils bildeten zwar die zum Teil gewaltsamen Proteste französischer Bauern gegen landwirtschaftliche Erzeugnisse aus anderen Mitgliedstaaten, mithin Grundfreiheitsbeeinträchtigungen durch Private. Es liegt jedoch nahe, diese Überlegungen im Sinne eines „erst recht"-Schlusses auf Grundfreiheitsbeeinträchtigungen durch öffentliche Unternehmen zu übertragen.

b) Die in der Literatur vertretenen Auffassungen

Eingehender als der Europäische Gerichtshof hat sich die Literatur mit den mitgliedstaatlichen Einwirkungspflichten auseinandergesetzt. Im Mittelpunkt der Auseinandersetzung steht dabei die Frage, ob derartige Pflichten sich aus Art. 86 Abs. 1 EG ableiten lassen, der den Mitgliedstaaten nicht nur das „Treffen", sondern auch das „Beibehalten" vertragswidriger Maßnahmen verbietet.

aa) Ableitung von Einwirkungspflichten aus Art. 86 Abs. 1 EG

Ein Teil der Literatur zieht aus der Formulierung des Art. 86 Abs. 1 EG den Schluß, daß die Mitgliedstaaten nicht nur verpflichtet seien, vertragswidrige Maßnahmen zu unterlassen, sondern auch die von der Vorschrift erfaßten Unternehmen zu überwachen und einzugreifen, sobald die Unternehmen sich vertragswidrig verhielten.[315] Dies rechtfertige sich durch die Überlegung, daß den Mitgliedstaaten aufgrund der Schaffung öffentlicher Unternehmen eine besondere Einstandspflicht zukomme.[316]

---

314 EuGH, Rs. C-265/95, Slg. 1997, I-6959 (6998 f.) - Kommission/Frankreich.

315 *Grill* (Fn. 147), Art. 86 Rn. 19; *Hochbaum* (Fn. 90), Art. 90 Rn. 43; *Jung* (Fn. 104), Art. 86 Rn. 31; *Pernice* (Fn. 104), Art. 90 Rn. 47 (1994); *Beutler/Bieber/Pipkorn/Streil* (Fn. 87), S. 364; *Jaensch* (Fn. 175), S. 198; *Bauer* (Fn. 180), S. 186 f.; *Eckert*, Die Befugnisse der EG-Kommission gem. Art. 90 III EWGV und ihre Grenzen, 1992, S. 43; *Müller-Graff/Zehetner* (Fn. 1), S. 87 f.; *Deringer* (Fn. 70), S. 1.1 (1.19); *Mathijsen* (Fn. 81), S. 11.1 (11.4); *Püttner*, Gleichbehandlung öffentlicher und privater Unternehmen, in: *FIDE (Hrsg.)*, L'égalite de traitement des entreprises publiques et privées, 1978, S. 4.1 (4.6). Unklar insoweit *Mestmäcker* (Fn. 104), Art. 37, 90, C. Rn. 60.

316 *Grill* (Fn. 147), Art. 86 Rn. 19.

bb) Ablehnung von Einwirkungspflichten aus Art. 86 Abs. 1 EG

Andere Autoren lehnen Einwirkungspflichten der Mitgliedstaaten hingegen ab.[317] Derartige Pflichten ließen sich nicht mehr mit dem Wortlaut des Art. 86 Abs. 1 EG vereinbaren.[318] Das Verbot der Beibehaltung rechtswidriger Maßnahmen treffe nur die Mitgliedstaaten und verpflichte diese, ihre ganze Rechtsordnung kontinuierlich daraufhin zu überprüfen, ob sich aus ihr, möglicherweise noch aus der Zeit vor Inkrafttreten des Vertrags, vertragswidrige Maßnahmen im Sinne von Art. 86 Abs. 1 EG ergäben.[319] Man dürfe nicht über die Konstruktion von Aufsichtspflichten jedes autonome Unternehmensverhalten in den Tatbestand dieser Bestimmung einbeziehen, da dies den Unterschied zwischen staats- und unternehmensbezogenen Vorschriften verwische.[320]
Betont wird daneben der Grundsatz der Gleichbehandlung öffentlicher und privater Unternehmen. Mitgliedstaatliche Einwirkungspflichten würden die öffentlichen Unternehmen gegenüber ihren privaten Konkurrenten ungerechtfertigt benachteiligen. Den öffentlichen Unternehmen müßten die gleichen Verfahrensgarantien zukommen wie ihren privaten Konkurrenten. Wolle ein Mitgliedstaat gegen ein öffentliches Unternehmen vorgehen, könne er dies nur im Wege eines gerichtlichen Verfahrens.[321]
Teilweise werden Einwirkungspflichten schließlich als entbehrlich angesehen, da die öffentlichen Unternehmen sich bei ihren eigenen Entscheidungen allein von wirtschaftlichen Erwägungen leiten ließen. Wenn es für sie günstiger sei, würden sie auch ausländische Waren kaufen oder ausländische Arbeitskräfte einstellen. Die Gefahr von Grundfreiheitsverstößen bestehe deshalb nicht.[322]

2. Eigene Auffassung

Bei der Auslegung des Art. 86 Abs. 1 EG darf der Umstand nicht überbewertet werden, daß der Wortlaut nur die aktive staatliche Beeinflussung eines Unternehmens zu verbieten scheint, wenn er von „Maßnahmen der Mitgliedstaaten in bezug auf ihre öffentlichen Unternehmen“ spricht. Denn zum einen stellt sich bei einem solchen Verständnis des Maßnahmebegriffs die Frage, welche eigenständi-

---

317 Ohne nähere Begründung insofern *von Burchard* (Fn. 104), Art. 86 EGV Rn. 32.

318 *Bellamy/Child* (Fn. 95), 13-015 (S. 811) mit Fn. 54.

319 *Emmerich* (Fn. 117), H. II. Rn. 117 (1996).

320 *Heinemann* (Fn. 91), S. 86.

321 *Vandencasteele*, CDE 1979, 540 (550).

322 *Marenco*, CMLR 1983, 495 (511 mit Fn. 28).

ge Bedeutung der Alternative des „Beibehaltens“ heute noch zukommen soll. Sie bliebe auf die wenigen Fälle beschränkt, in denen vertragswidrige staatliche Regelungen, die aus der Zeit vor Inkrafttreten des EG-Vertrags stammen, heute immer noch fortbestehen. Vor allem aber kommt der grammatikalischen Auslegung im Hinblick auf Art. 86 EG eine noch geringere Bedeutung zu als sonst im Gemeinschaftsrecht. Wegen des bei den Vertragsverhandlungen bestehenden Streits über die Integration der öffentlichen Wirtschaft in die Vertragsordnung, wurde die Vorschrift bewußt unklar formuliert, damit die gegnerischen Lager ihren jeweiligen Standpunkt hineinlesen konnten.[323] Bedenkt man zusätzlich, daß inzwischen eine Reihe von vertraglichen Vorschriften über ihren Wortlaut hinaus ausgedehnt worden sind,[324] weil eine zu sehr dem Wortlaut verhaftete Auslegung einer Einbeziehung der dynamischen Vertragsziele im Weg steht,[325] kann der Ableitung von Einwirkungspflichten aus Art. 86 Abs. 1 EG nicht allein unter Hinweis auf dessen Wortlaut widersprochen werden.

Entscheidend ist daher, ob Sinn und Zweck des Art. 86 Abs. 1 EG mitgliedstaatliche Einwirkungspflichten erfordern. Auch wenn bisher vor allem betont wurde, Art. 86 Abs. 1 EG solle den Gefahren für die Vertragsordnung begegnen, die durch eine Instrumentalisierung der öffentlichen Unternehmen durch die Mitgliedstaaten entstünden,[326] erschöpft sich der Schutzzweck der Vorschrift nicht darin, diesen Gefahren zu begegnen. Es geht vielmehr darum, die umfassende Geltung des Gemeinschaftsrechts im Bereich der eigenwirtschaftlichen Betätigung der Mitgliedstaaten sicherzustellen. Dies verdeutlicht nicht zuletzt die Rechtsprechung des Europäischen Gerichtshofs zur unmittelbaren Grundfreiheitsbindung öffentlicher Unternehmen, zu deren Begründung er auf den Schutzge-

---

323 *Baron Snoy et d'Oppuers*, belgischer Delegationsleiter bei der Abfassung des Spaak-Berichts und Teilnehmer an den Verhandlungen zum Abschluß der römischen Verträge, führte im Hinblick auf Art. 86 EG aus: „On nous a demandé de ne pas être trop clair parce que, sinon, cela aurait passé difficilement devant les parlements.“ (zitiert nach *Heinemann* [Fn. 91], S. 54, Fn. 273).
Emmerich (Fn. 117), H II. Rn. 89 (1996), bezeichnet die Formulierung des Art. 86 EG als „ungewöhnlich unklar“. In seinen Schlußanträgen im „Endgerätefall“ (Rs. C-202/88, Slg. 1991, I-1223, 1239, 1243 - Frankreich/Kommission) hat der Generalanwalt *Tesauro* seiner Hoffnung Ausdruck verliehen, der Gerichtshof möge den Rechtsstreit zum Anlaß nehmen, Art. 86 EG eine Auslegung zu geben, die es erlaubt, „dessen deutliche ... Unklarheit zu überwinden“.

324 Zu denken ist nur an die Direktwirkung von Richtlinien, vgl. dazu die Nachweise in den Fn. 220 ff.

325 Vgl. *Epiney* (Fn. 259), S. 81 f.

326 Vgl. die Nachweise in Fn. 293.

danken des Art. 86 Abs. 1 EG zurückgreift.[327] Diesem weiten Schutzzweck entspricht es, die Mitgliedstaaten nicht nur zu verpflichten, sich vertragswidriger Einflußnahmen auf ihre öffentlichen Unternehmen zu enthalten, sondern auch aktiv gegen Vertragsverletzungen einzuschreiten, die auf unbeeinflußte Entscheidungen ihrer Unternehmen zurückgehen. Zwar sind Vertragsverletzungen in den letztgenannten Fällen weniger wahrscheinlich, ausgeschlossen werden können sie aber nicht. Es wurde bereits ausgeführt, daß der mögliche Rückgriff auf staatliche Finanzmittel es den öffentlichen Unternehmen erlaubt, wirtschaftliche Erwägungen auch bei ihren eigenen Entscheidungen in den Hintergrund zu stellen, wodurch sie Produkte und Arbeitskräfte aus ihrem eigenen Mitgliedstaat eher bevorzugen können als ihre privaten Konkurrenten.[328]

Mitgliedstaatliche Einwirkungspflichten zum Schutze der Grundfreiheiten lassen sich auch mit der dargestellten Rechtsprechung des Europä-ischen Gerichtshofs vereinbaren. Das „Endgeräte-Urteil"[329] steht derartigen Pflichten nicht entgegen. Dort ging es um Wettbewerbsverstöße, denen die Kommission effektiver hätte begegnen können, wenn sie direkt gegen die Unternehmen vorgegangen wäre. Anders stellt sich dagegen die Situation im Bereich der Grundfreiheiten dar, wo die Kommission wie dargestellt nur gegen die Mitgliedstaaten vorgehen kann. Lehnt man mitgliedstaatliche Einwirkungspflichten hier ab, entsteht ein Wertungswiderspruch zum Urteil „Kommission/Frankreich"[330]. Müssen die Mitgliedstaaten in Extremfällen sogar gegen Grundfreiheitsbeeinträchtigungen durch Private einschreiten, die selbst nicht an die Grundfreiheiten gebunden sind, kann im Hinblick auf Beeinträchtigungen durch ihre öffentlichen Unternehmen, deren Verhalten sogar unmittelbar am Maßstab der Grundfreiheiten gemessen werden kann, nichts anderes gelten. Zwar hatte der Gerichtshof die Einwirkungspflichten in dem dargestellten Urteil aus Art. 10 EG hergeleitet.[331] Da Art. 86 Abs. 1 EG

327 Vgl. oben 1. Abschnitt, A., I., 1., a) (S. 52 ff.).

328 Vgl. oben 1. Abschnitt, A., II., 2 (S. 72 ff.).

329 EuGH, Rs. C-202/88, Slg. 1991, I- 1223 ff. - Frankreich/Kommission, vgl. dazu oben 1., a), aa) (S. 82 f.).

330 EuGH, Rs. C-265/95, Slg. 1997, I-6959 ff. Kommission/Frankreich, vgl. dazu oben 1., a), bb) (S. 82 f.).

331 Auch *Vandencasteele* (CDE 1979, 540, 550) sieht die mögliche Grundlage mitgliedstaatlicher Einwirkungspflichten allein in Art. 10 Abs. 1 EG, lehnt derartige Pflichten im Ergebnis jedoch ab. Vgl. ferner *Hochbaum* (Fn. 90), Art. 90 Rn. 43 mit Fn. 194. Dieser Gedanke verdient insofern Beachtung, als er deutlich macht, daß Art. 86 Abs. 1 EG wegen seines weiten Schutzzwecks nicht allein Art. 10 Abs. 2 EG konkretisiert, sondern vielmehr alle Verpflichtungen, die sich für die Mitgliedstaaten aus Art. 10 EG ergeben, auf den Bereich der eigenwirtschaftlichen Betätigung überträgt.

jedoch eine spezielle Regelung der mitgliedstaatlichen Pflichten im Bereich der eigenwirtschaftlichen Betätigung enthält, liegt es nahe, in dieser Vorschrift auch die Grundlage der mitgliedstaatlichen Einwirkungspflichten zu sehen. Eine solche Lösung bietet zudem den Vorteil, daß die Europäische Kommission zur Durchsetzung der Einwirkungspflichten auf die besonderen Befugnisse zurückgreifen kann, die ihr Art. 86 Abs. 3 EG verleiht.
Gegen die mitgliedstaatlichen Einwirkungspflichten kann schließlich nicht vorgebracht werden, daß den öffentlichen Unternehmen dadurch Verfahrensgarantien genommen würden, auf die sich ihre privaten Konkurrenten berufen könnten. Diese Argumentation übersieht nämlich, daß die Mitgliedstaaten den öffentlichen Unternehmen anders als ihren privaten Konkurrenten nicht als Hoheitsträger gegenübertreten, sondern eine Stellung innehaben, die der eines privaten Eigentümers vergleichbar ist. Letzterer ist jedoch nicht auf ein gerichtliches Vorgehen angewiesen, um Einfluß auf die Entscheidungen seines Unternehmens zu nehmen. Bedeuten Grundfreiheitsverstöße öffentlicher Unternehmen damit gleichzeitig die Nichterfüllung mitgliedstaatlicher Einwirkungspflichten, kann auch die Europäische Kommission die Grundfreiheitsbindung der öffentlichen Unternehmen zumindest mittelbar in vollem Umfang durchsetzen.

II. Konsequenzen der Einwirkungspflicht im Hinblick auf staatliche Beteiligungen an privatrechtlich organisierten Unternehmen

Die Einwirkungspflichten begrenzen die Möglichkeiten der Mitgliedstaaten, privatrechtlich organisierte Unternehmen zu gründen oder sich an solchen Unternehmen zu beteiligen. Beides ist nur möglich, wenn die Mitgliedstaaten sich ausreichende Einflußmöglichkeiten sichern, um die Beachtung des Gemeinschaftsrechts zu gewährleisten.[332] Sie können die Nichterfüllung ihrer Pflichten nicht mit dem Hinweis auf gesellschaftsrechtliche Beschränkungen ihrer Kontroll- und Einflußmöglichkeiten rechtfertigen. Für die Organisation der öffentlichen Unternehmen gilt insofern das gleiche wie für die Organisation der unmittelbaren Staatsverwaltung. Dort hatte der Europäische Gerichtshof entschieden, daß die Mitgliedstaaten verpflichtet sind, ihre Verwaltung so zu organisieren, daß die Anwendung des Gemeinschaftsrechts sichergestellt ist.[333] Schwierigkeiten in der Verwaltungsorganisation rechtfertigten keine Verstöße gegen das Gemeinschaftsrecht.[334]

---

332 *Hochbaum* (Fn. 90), Art. 90 Rn. 43 mit Fn. 195; *Deringer* (Fn. 70), S. 1.1 (1.19). Vgl. auch *Müller-Graff/Zehethner* (Fn. 1), S. 88.

333 Vgl. EuGH, Rs. C-8/88, Slg. 1990, I-2321 (2360 f.) - Deutschland/Kommission.

334 EuGH, Rs. 104/75, Slg. 1976, 613 (636) - de Peijper; Rs. C-128/89, Slg. 1990, I-3239 (3262) - Kommission/Italien.

Auf welche Art und Weise die Mitgliedstaaten ihre Einwirkungspflichten erfüllen ist wie im nationalen Recht[335] auch aus gemeinschaftsrechtlicher Sicht irrelevant. Es kommt allein auf das Ergebnis an. Zu denken ist zunächst an eine Absicherung mitgliedstaatlicher Einwirkungsrechte im Gesellschaftsvertrag. Sollte dies nicht ausreichen, was insbesondere bei einem als Aktiengesellschaft organisierten öffentlichen Unternehmen der Fall sein kann, muß die öffentliche Hand auf andere Organisationsformen ausweichen, die ihr einen ausreichenden Einfluß ermöglichen. In letzter Konsequenz kann die öffentliche Hand gezwungen sein, ganz auf privatrechtliche Organisationsformen für ihre öffentlichen Unternehmen zu verzichten.[336]
Versäumen es die Mitgliedstaaten, sich ausreichende Einflußrechte zu sichern, kann dies gemeinschaftsrechtlich deutlich effektiver sanktioniert werden als im nationalen Recht. Die Kommission kann die Mitgliedstaaten durch Richtlinien oder Entscheidungen auf der Grundlage des Art. 86 Abs. 3 EG dazu anhalten, ihre Einflußrechte zu erweitern. Leisten die Mitgliedstaaten dem nicht Folge, kann die Kommission gem. Art. 226 EG ein Vertragsverletzungsverfahren vor dem Europäischen Gerichtshof anstrengen. Dieser kann gem. Art. 228 Abs. 2 EG als ultima ratio ein Zwangsgeld gegen die Mitgliedstaaten verhängen.[337]

III. Die Durchsetzung der Einwirkungspflichten in der Bundesrepublik Deutschland

Die aus Art. 86 Abs. 1 EG abgeleiteten Einwirkungspflichten obliegen in Deutschland nicht nur dem Bund, sondern auch den Ländern und Gemeinden gegenüber ihren öffentlichen Unternehmen.[338] Die Gemeinschaft kann diese Ver-

---

335 Vgl. dazu *von Danwitz*, AöR 120 (1996), 595 (608); *Ehlers* (Fn. 37), S. 132; *Püttner*, DVBl. 1975, 353 (356).

336 Näher dazu *Spannowsky*, ZHR 160 (1996), 560 (587 ff.); *ders.*, ZGR 25 (1996), 400 (423 f.).

337 Griechenland ist im Jahre 2000 als erster Mitgliedstaat zur Zahlung eines solchen Zwangsgeldes verurteilt worden, vgl. EuGH, Rs. C-387/97, EuZW 2000, 531 ff. – Kommission/Hellenische Republik. Zur Berechnung der Höhe des festzusetzenden Zwangsgeldes vgl. *Karpenstein*, EuZW 2000, 537 f.

338 Vgl. die Nachweise in Fn. 297 und 298. Vgl. außerdem EuGH, Rs. C-8/88, Slg. 1990, I-2321 (2359) – Deutschland/Kommission, wonach es Sache aller mitgliedstaatlichen Behörden ist, seien es solche der staatlichen Zentralgewalt, eines Gliedstaats oder sonstiger Gebietskörperschaften, im Rahmen ihrer jeweiligen Zuständigkeiten die Einhaltung gemeinschaftsrechtlicher Vorschriften zu gewährleisten. Ähnlich EuGH, Rs. 9/74, Slg. 1974, 773 (779 f.) – Casagrande/Landeshauptstadt München.

pflichtung jedoch nicht unmittelbar gegenüber den Ländern oder Gemeinden durchsetzen. Sie kann nach Artt. 86 Abs. 3 oder 226 EG allein den Bund zur Verantwortung ziehen.[339]
Innerstaatlich hat der Bund jedoch die Möglichkeit, durch die Einleitung eines Bund-Länder-Streits gem. Art. 93 Abs. 1 Nr. 4 GG, §§ 13 Nr. 7, 68 ff. BVerfGG[340] oder im Wege des Bundeszwangs ein gemeinschaftsrechtskonformes Verhalten der Länder zu erzwingen,[341] da der Grundsatz der Bundestreue die Länder im Verhältnis zum Bund verpflichtet, das Gemeinschaftsrecht zu beachten, damit dieser seiner Verantwortung gegenüber der Gemeinschaft gerecht werden kann.[342] Dabei kann der Bund die Länder auch für ein Fehlverhalten der Gemein-

---

339 *Bleckmann* (Fn. 85), Rn. 1240; *Zuleeg*, NJW 2000, 2846 (2849). Vgl. auch EuGH, Rs. 77/69, Slg. 1970, 237 (243) – Kommission/Belgien; Rs. 8/70, Slg. 1970, 961 (966 f.) – Kommission/Italien.

340 *Weber*, Rechtsfragen der Durchführung des Gemeinschaftsrechts in der Bundesrepublik, 1987, S. 31; *Egger*, Der Staat 38 (1999), 449 (474); *Mögele*, BayVBl. 1989, 577 (583).

341 *Bleckmann* (Fn. 85), Rn. 1240; *Weber* (Fn. 340), S. 31 f.; *Egger*, Der Staat 38 (1999), 449 (473). Vgl. auch *Ehlers* (Fn. 39), § 3 Rn. 62; *dens.*, DVBl. 1991, 605 (611); *Zuleeg*, DVBl. 1992, 1329 (1332 f.).

342 Vgl. *Oppermann* (Fn. 104), Rn. 652; *Streinz* (Fn. 170), Rn. 472; *Bleckmann* (Fn. 85), Rn. 1240; *Mögele*, BayVBl. 1989, 577 (583); *Zuleeg*, Selbstverwaltung und Europäisches Gemeinschaftsrecht, in: *von Mutius (Hrsg.)*, Selbstverwaltung im Staat der Industriegesellschaft, Festgabe für Georg Christoph von Unruh, 1983, S. 91 (98 f.); *dens.*, DÖV 1977, 462 (466); *dens.*, Das Recht der Europäischen Gemeinschaften im innerstaatlichen Bereich, KSE 9, 1969, S. 320; *Kaiser*, Regionalpolitik im föderalen System der Bundesrepublik Deutschland und der Europäischen Gemeinschaft, in: *Lerche/Zacher/Badura (Hrsg.)*, Festschrift für Theodor Maunz, 1981, S. 169 (178); *dens.*, ZaöRV 18 (1957/58), 526 (545); *Conrad*, Formen der Vollziehung des Europäischen Gemeinschaftsrechts durch die Bundesrepublik Deutschland und Formen der Gemeinschaftsaufsicht, Diss. Bonn 1968, S. 144. Kritisch lediglich *Schwan*, Die deutschen Bundesländer im Entscheidungssystem der Europäischen Gemeinschaften, 1982, S. 160 ff.
Ausführlich *Kössinger*, Die Durchführung des Europäischen Gemeinschaftsrechts im Bundesstaat, 1989, S. 60 ff., 75 ff., der allerdings zwischen unmittelbar anwendbarem Gemeinschaftsrecht und staatengerichteten Rechtsakten der Gemeinschaft differenziert und auf den Grundsatz der Bundestreue nur zurückgreift, um die Verpflichtung der Bundesländer durch staatengerichtete Rechtsakte zu begründen. Folgt man seiner Differenzierung, müssen dem Bund die dargestellten Aufsichtsmittel jedoch erst recht für Verletzungen unmittelbar anwendbaren Gemeinschaftsrechts durch die Länder zur Verfügung stehen.

den zur Verantwortung ziehen, deren gemeinschaftsrechtskonformes Verhalten sie im Rahmen der Kommunalaufsicht durchzusetzen haben.[343]

3. Abschnitt: Grenzen der Grundfreiheitsbindung öffentlicher Unternehmen

Die Grundfreiheiten sind nicht vorbehaltlos gewährleistet. Vielmehr enthalten die Artt. 30, 39 Abs. 3 und 46 EG (ggf. i. V. m. Art. 55 EG) ausdrückliche Grundfreiheitsschranken. Daneben treten die vom Europäischen Gerichtshof als ungeschriebene Schranken entwickelten „zwingenden Erfordernisse des Allgemeininteresses“. Sofern die Voraussetzungen dieser Schranken erfüllt sind, begrenzen sie nicht nur die Grundfreiheitsbindung der Mitgliedstaaten, sondern auch die der öffentlichen Unternehmen.

Gleichwohl ist die Bedeutung dieser Ausnahmeregeln für die öffentlichen Unternehmen gering. Die öffentlichen Unternehmen werden von den Mitgliedstaaten regelmäßig zur Erreichung wirtschaftspolitischer Ziele eingesetzt.[344] Die öffentlichen Unternehmen beeinträchtigen die Grundfreiheiten vor allem dadurch, daß sie zur Förderung der einheimischen Wirtschaft ihren Bedarf bei Herstellern aus dem eigenen Mitgliedstaat decken oder bevorzugt nationale Arbeitskräfte einstellen.[345] Derartige wirtschaftspolitische Zielsetzungen rechtfertigen keine Einschränkun-

---

Aus dem Grundsatz der Bundestreue folgt umgekehrt auch, daß der Bund bei seiner Beteiligung am Rechtssetzungsprozeß der Gemeinschaft auf die Interessen der Länder Rücksicht zu nehmen hat, vgl. BVerfGE 92, 203 (234 ff.).
Allgemein zur Bedeutung des Grundsatzes der Bundestreue auf dem Gebiet der Außenbeziehungen des Bundes *Rupp*, Zum Problem der Bundestreue im Bundesstaat, in: *Eschenburg/Heuss/Zinn (Hrsg.)*, Festgabe für Carlo Schmid, 1962, S. 141 (144 f.). Vgl. auch BVerfGE 6, 309 (361 f.); *Hesse*, Der unitarische Bundesstaat, 1962, S. 10.

343 Vgl. *Seidel*, Europarechtliche Schranken der kommunalen Wirtschaftsförderung, in: *Ehlers (Hrsg.)*, Kommunale Wirtschaftsförderung, 1990, S. 145 (159 f.).Vgl. ferner *Ehlers*, Kommunale Wirtschaftsförderung und kommunale Selbstverwaltung, in: *ders. (Hrsg.)*, Kommunale Wirtschaftsförderung, 1990, S. 103 (122 f.); *Zuleeg*, Selbstverwaltung und Europäisches Gemeinschaftsrecht, in: *von Mutius (Hrsg.)*, Selbstverwaltung im Staat der Industriegesellschaft, Festgabe für Georg Christoph von Unruh, 1983, S. 91 (99).

344 Vgl. *Ehlers*, Jura 1999, 212; *Burgi*, EuR 1997, 261 (267).

345 Vgl. oben 1. Teil, 2. Abschnitt (S. 25 ff.).

gen der Grundfreiheiten.[346] Sie können weder im Rahmen der ausdrücklichen Grundfreiheitsschranken, die in den Artt. 30, 39 Abs. 3 und 46 EG (ggf. i. V. m. Art. 55 EG) enthalten sind, berücksichtigt werden,[347] noch können sie als zwingende Erfordernisse im Sinne der „Cassis de Dijon"-Rechtsprechung[348] des Europäischen Gerichtshofs anerkannt werden.[349] Andernfalls würden Einschränkungen der Grundfreiheiten mit den Schwierigkeiten gerechtfertigt, die den nationalen Volkswirtschaften durch den Abbau der Beschränkungen des innergemeinschaftlichen Wirtschaftsverkehrs entstehen, wodurch die Grundfreiheiten praktisch leerlaufen würden.[350]

Einen Ausweg könnte insofern allein Art. 86 Abs. 2 EG eröffnen, dessen Zweck darin besteht, einen Ausgleich zwischen den Interessen der Mitgliedstaaten am Einsatz ihrer öffentlichen Unternehmen als Instrument der Wirtschafts- und Fiskalpolitik und den Interessen der Gemeinschaft an der Einhaltung der Wettbewerbsregeln und der Wahrung der Einheit des Gemeinsamen Marktes zu schaffen.[351] Anders als die Artt. 30, 39 Abs. 3 und 46 EG und die zwingenden Erfordernisse erlaubt Art. 86 Abs. 2 EG Abweichungen von gemeinschaftsrechtlichen Bestimmungen aus wirtschaftlichen Gründen.[352]

---

346 Vgl. z. B. EuGH, Rs. C-158/96, Slg. 1998, I-1935 (1948) - Kohll; Rs. C-120/95, Slg. 1998, I-1831 (1884) - Decker; Rs. C-254/98, NVwZ 2000, 425 (427) - Schutzverband gegen unlauteren Wettbewerb/TK-Heimdienst Sass GmbH.

347 *Epiney*, in: *Calliess/Ruffert (Hrsg.)*, EUV/EGV, 1999, Art. 30 Rn. 13; *Brechmann*, ebda., Art. 39 Rn. 89; *Bröhmer*, ebda., Art. 46 Rn. 1.

348 EuGH, Rs. 120/78, Slg. 1979, 649 (662) – REWE/Bundesmonopolverwaltung für Branntwein.

349 *Müller-Graff* (Fn. 166), Art. 30, Rn. 204. Vgl. auch EuGH, Rs. C-353/89, Slg. 1991, I-4069 (4093) - Kommission/Niederlande.
Ausführlich zu den bisher anerkannten zwingenden Erfordernissen *Ahlfeld*, Zwingende Erfordernisse im Sinne der Cassis-Rechtsprechung des Europäischen Gerichtshofs zu Art. 30 EGV, 1997, S. 84 ff.

350 Vgl. auch *Epiney* (Fn. 347), Art. 30 Rn. 13.

351 EuGH, Rs. C-202/88, Slg. 1991, I-1223 (1263) - Frankreich/Kommission („Endgeräte-Urteil").

352 Vgl. *Lackhoff* (Fn. 83), S. 472; *Metzenthin*, Wettbewerb durch Stromimporte, 1992, S. 140. *Steindorff*, ZHR 163 (1999), 395 (426).
Mestmäcker (Fn. 104), Art. 37, 90, D. Rn. 19, spricht aus diesem Grund von einer „Sonderstellung des Art. 86 Abs. 2 EG im System der gemeinschaftsrechtlichen Vorbehalte zugunsten des öffentlichen Interesses der Mitgliedstaaten".

Einige Autoren wollen den Anwendungsbereich des Art. 86 Abs. 2 EG allerdings auf die Wettbewerbsregeln beschränken.[353] Da Adressaten des Art. 86 Abs. 2 EG allein die dort genannten Unternehmen seien, kämen nur Freistellungen von den unternehmensbezogenen Vorschriften des EG-Vertrags in Betracht.[354] Verwiesen wird außerdem auf die „Campus Oil"-Entscheidung[355] des Europäischen Gerichtshofs,[356] in der dieser ausgeführt hatte, daß Art. 86 Abs. 2 EG die Mitgliedstaaten nicht von dem Verbot befreie, zugunsten eines Unternehmens, daß sie mit einer Dienstleistung von allgemeinem wirtschaftlichen Interesse betraut haben, Maßnahmen zu ergreifen, die entgegen Art. 28 EG die Einfuhren aus anderen Mitgliedstaaten behinderten.[357]

Diese Auffassung überzeugt jedoch nicht. Die Beschränkung des Anwendungsbereichs des Art. 86 Abs. 2 EG auf die Wettbewerbsregeln ist mit dem Wortlaut der Vorschrift nicht vereinbar.[358] Möglich sind Freistellungen von sämtlichen Vorschriften des Vertrags, die Wettbewerbsregeln werden lediglich exemplarisch („insbesondere") hervorgehoben.[359]

Seinem Zweck, einen Ausgleich zwischen den Interessen der Mitgliedstaaten und der Gemeinschaft zu gewährleisten, wird Art. 86 Abs. 2 EG zudem nur gerecht, wenn auch die Mitgliedstaaten im Hinblick auf die dort genannten Unternehmen bei Vorliegen der entsprechenden Voraussetzungen von den Vorschriften des EG-Vertrags abweichen können.[360] Die Mitgliedstaaten müssen aber nicht nur von den unternehmensbezogenen Wettbewerbsvorschriften, sondern auch von den staatsbezogenen Vorschriften des EG-Vertrages abweichen können,[361] was eben-

---

353 *Hochbaum* (Fn. 90), Art. 90 Rn. 51, 66; *Jung* (Fn. 104), Art. 86 Rn. 3, 34; *Streinz* (Fn. 170), Rn. 840 f.; *Oppermann* (Fn. 104), Rn. 1057; *Heinemann* (Fn. 91), S. 62 f.; *Fesenmair* (Fn. 107), S. 222 ff.; *Wachsmann/Berrod*, RTDE 1994, 39 (52 f.); *Ehricke*, EuZW 1993, 211 (214 f.); *v. Wilmowsky*, ZHR 155 (1991), 545 (557 ff.); *Börner* (Fn. 153), S. 249 (251 f.).

354 *Hochbaum* (Fn. 90), Art. 90 Rn. 51; *Heinemann* (Fn. 91), S. 62; *Roth* (Fn. 251), 1990, S. 1313 (1322). Ähnlich *Börner* (Fn. 153), S. 249 (251 f.).

355 Rs. 72/83, Slg. 1984, 2727 ff.

356 *v. Wilmowsky*, ZHR 155 (1991), 545 (556 f.); *Roth* (Fn. 251), S. 1313 (1322).

357 EuGH, Rs. 72/83, Slg. 1984, 2727 (2747) - Campus Oil/Minister für Industrie und Energie.

358 Vgl. *Lackhoff* (Fn. 83), S. 473; *Jarass*, RIW 1993, 1 (4).

359 Vgl. *Kugelmann* (Fn. 258), S. 229.

360 Vgl. *Lackhoff* (Fn. 83), S. 471.

361 *Marenco*, CMLR 1983, 495 (519 f.).

falls dafür spricht, den Anwendungsbereich des Art. 86 Abs. 2 EG auf die Grundfreiheiten zu erstrecken.
Schließlich liefert die „Campus Oil"-Entscheidung kein überzeugendes Argument für die Beschränkung des Anwendungsbereichs des Art. 86 Abs. 2 EG auf die Wettbewerbsregeln. Die weitere Entwicklung der Rechtsprechung zeigt, daß diese Entscheidung weniger eine dezidierte Rechtsauffassung des Europäischen Gerichtshofs wiedergibt, als vielmehr das Ergebnis der Subsumtion im konkreten Fall.[362] Nachdem der Europäische Gerichtshof bereits 1991 die Anwendung des Art. 86 Abs. 2 EG auf die Grundfreiheiten nicht mehr generell ausschloß,[363] hat er in drei Entscheidungen aus dem Jahre 1997 zur Rechtfertigung der gegen Art. 31 EG verstoßenden Stromversorgungsmonopole in Italien, Frankreich und den Niederlanden ausdrücklich auf diese Vorschrift zurückgegriffen, mithin erstmals eine gegen den Grundsatz des freien Warenverkehrs verstoßende staatliche Maßnahme gem. Art. 86 Abs. 2 EG gerechtfertigt.[364] Jüngst hat der Gerichtshof entschieden, daß die Erhebung von Inlandsporto durch die Deutsche Post AG beim sog. Remailing von Kreditkartenabrechnungen aus den Niederlanden oder Dänemark nach Deutschland zulässig sei. Eine eventuelle Beeinträchtigung des freien Dienstleistungsverkehrs sei durch Art. 86 Abs. 2 EG gedeckt.[365]
Art. 86 Abs. 2 EG erlaubt damit bei Vorliegen der entsprechenden Voraussetzungen auch Abweichungen von den Grundfreiheiten.[366]

---

362 Vgl. *Lecheler/Gundel*, RdE 1998, 92 (93); *Burgi*, EuR 1997, 261 (278, Fn. 87); *Jarass*, RIW 1993, 1 (4). Kritisch zur „Campus Oil"-Entscheidung auch Generalanwalt *Cosmas* in seinen Schlußanträgen in den Verb. Rs. C. 157 bis C-160/94, Slg. 1997, I-5699 (5748 ff.) - Kommission/Niederlande. Kritisch ferner *Steindorff*, Grenzen der EG-Kompetenzen, 1990, S. 80, Fn. 222.

363 Vgl. EuGH, Rs. C-179/90, Slg. 1991, I-5889 (5930 f.) - Merci convenzionali porto di Genova.

364 Vgl. EuGH, Rs. C-157/94, Slg. 1997, I-5699 (5776 ff.) - Kommission/Niederlande; Rs. C-158/94, Slg. 1997, I-5789 (5805 ff.) - Kommission/Italien; Rs. C-159/94, Slg. 1997, I-5815 (5831 ff.) - Kommission/Frankreich.

365 EuGH, Verb. Rs. C-147 und 148/97, EuZW 2000, 281 (284) – Deutsche Post AG/GZS Gesellschaft für Zahlungssysteme mbH u. Citicorp Kartenservice GmbH.

366 So auch *von Burchard* (Fn. 104), Art. 86 EGV Rn. 54; *Randelzhofer* (Fn. 128), Art. 58 Rn. 5 (1992); *Lackhoff* (Fn. 83), S. 472; *Kugelmann* (Fn. 258), S. 229; *Steindorff*, ZHR 163 (1999), 395 (426); *Badura*, ZGR 1997, 291 (300); *Baur*, Die Elekrizitätsbinnenmarktrichtlinie, in: *Baur/Friauf*, Energierechtsreform zwischen Europarecht und kommunaler Selbstverwaltung, 1997, S. 26 (anders noch *ders.*, Der Vertrag über die Europäische Gemeinschaft und die ausschließliche Zuständigkeit von Unternehmen zur Versorgung mit Energie, in: *Due/Lutter/Schwarze (Hrsg.)*, Festschrift für Ulrich Everling, Bd. I, 1995, S. 69, 80); *Seidel*, Service public im eu-

Die praktische Bedeutung dieser Ausnahmevorschrift ist für die öffentlichen Unternehmen dennoch gering. Zunächst können nämlich nicht sämtliche öffentliche Unternehmen von der Grundfreiheitsbindung freigestellt werden, sondern Ausnahmen kommen nur für solche Unternehmen in Betracht, die mit Dienstleistungen von allgemeinem wirtschaftlichen Interesse betraut sind oder die den Charakter eines Finanzmonopols haben, wobei praktische Relevanz regelmäßig nur noch der ersten Alternative zukommt.[367] Der Begriff der Dienstleistung ist dabei zwar weiter zu verstehen als in Art. 50 EG und erfaßt auch die Herstellung oder Verteilung von Sachleistungen.[368] Von allgemeinem Interesse sind diese Leistungen jedoch nur dann, wenn sie wegen ihrer besonderen Bedeutung für die Versorgung der Bevölkerung flächendeckend ohne Rücksicht auf Rentabilitätserwägungen erbracht werden müssen.[369] Diese Voraussetzung erfüllen vor allem Aufgaben aus dem Bereich der Post und Telekommunikation[370] oder der Personenbeförderung durch Eisenbahngesellschaften[371] oder Luftverkehrsunternehmen[372].[373] Mit der

---

ropäischen Energierecht – Zur Problematik des Art. 90 Abs. 2 EG-Vertrag, in: *Baur (Hrsg.)*, Energiewirtschaft zwischen Wettbewerb und öffentlichen Aufgaben, 1997, S. 73 (88); *Dehmer*, RdE 1993, 91 (95); *Jarass*, Europäisches Energierecht, 1996, S. 86; *ders.*, RIW 1993, 1 (4); *ders.*, EuR 1986, 75 (81); *Birkenmaier*, EuR 1988, 144 (145); *Seidel*, EuR 1988, 129 (142); *Everling*, BB 1958, 857 (859). Vgl. auch die Schlußanträge des GA *Fennelly* in der Rs. C-70/95, Slg. 1997, I-3395 (3415 f.) - Sodemare.

367 Vgl. *Hochbaum* (Fn. 90), Art. 90 Rn. 61.

368 *Hochbaum* (Fn. 90), Art. 90 Rn. 52; *Jungbluth* (Fn. 142), Art. 90 Rn. 37; *Schollmeier/Krimphove* (Fn. 293), Rn. 1980; *Müller-Graff/Zehetner* (Fn. 1), S. 143; *Lukes*, DB 1987, 1925 (1926); *Vygen* (Fn. 111), S. 104.

369 Vgl. EuGH, Rs. 66/86, Slg. 1989, 803 (853) – Ahmed Saeed Flugreisen u.a./Zentrale zur Bekämpfung unlauteren Wettbewerbs; EuG, Rs. T-106/95, Slg. 1997, II-229 (255) – FSSA u.a./Kommission; *Jung* (Fn. 104), Art. 86 Rn. 38; *Pernice* (Fn. 104), Art. 90 Rn. 36 (1994). Vgl. auch EuGH, Rs. C-179/90, Slg. 1991, I-5889 (5931) – Merci convenzionali Porto di Genova, wo der Gerichtshof ausführt, daß sich das allgemeine wirtschaftliche Interesse im Sinne des Art. 86 Abs. 2 EG vom Interesse an anderen Tätigkeiten des Wirtschaftslebens unterscheiden müsse.

370 EuGH, Rs. C-18/88, Slg. 1991, I-5941 (5979) - GB-Inno-BM; Rs. C-320/91, Slg. 1993, I-2533 (2568) – Corbeau; Verb. Rs. C-147 und 148/97, EuZW 2000, 281 (284) – Deutsche Post AG/GZS Gesellschaft für Zahlungssysteme mbH u. Citicorp Kartenservice GmbH.

371 Entscheidung 94/199/EG der Kommission vom 21.12.1993, ABlEG 1994 Nr. L 55/52 (56) - Hafen von Rodby.

372 EuGH, Rs. 66/86, Slg. 1989, 803 (853) - Ahmed Saeed Flugreisen/Zentrale zur Bekämpfung unlauteren Wettbewerbs.

Wahrnehmung dieser Aufgaben müssen die Unternehmen durch einen Hoheitsakt betraut worden sein,[374] der den erforderlichen Rückbezug zu den zur Durchsetzung derartiger Aufgaben berufenen Mitgliedstaaten herstellt.[375]
Die Freistellung muß außerdem erforderlich sein, um die Erfüllung der den Unternehmen übertragenen Aufgabe unter wirtschaftlich tragbaren Bedingungen zu gewährleisten.[376] Gerechtfertigt werden können beispielsweise Einschränkungen der Niederlassungs- oder Dienstleistungsfreiheit durch die Einräumung einer Monopolstellung, wenn die Zulassung von Konkurrenten dazu führen würde, daß diese sich auf rentable Tätigkeitsbereiche konzentrieren könnten und den betrauten Unternehmen dadurch die Möglichkeit eines Ausgleichs zwischen rentablen und unrentablen Tätigkeitsbereichen nehmen würden.[377] Anerkannt haben Kommission und Gerichtshof dies bis zum 1. Januar 1998[378] im Sprachtelefondienst[379]

---

373 Vgl. auch die Übersichten bei *Hochbaum* (Fn. 90), Art. 90 Rn. 52 f.; *Jungbluth* (Fn. 142), Art. 90 Rn. 37; *Kadelbach* (Fn. 235), S. 355 f. Vgl. ferner die Beispiele bei *Hartwig/Manthey/Hartwig*, VW 2001, 997 (999 f.).

374 EuGH, Rs. 127/73, Slg. 1974, 313 (318) – BRT/SABAM und Fonior. Vgl. auch EuGH, Rs. 172/80, Slg. 1981, 2021 (2030) – Züchner/Bayerische Vereinsbank; Rs. 66/86, Slg. 1989, 803 (853) – Ahmed Saeed Flugreisen u.a./Zentrale zur Bekämpfung unlauteren Wettbewerbs; Ehricke, EuZW 1998, 741 (744 f.); *Lecheler*, RdE 1996, 212 (217). Vgl. auch *Nicolaysen* (Fn. 70), S. 276; *Markert*, EuZW 2000, 427 (433 f.).

375 *Burgi*, EuR 1997, 261 (275),

376 Vgl. EuGH, Rs. C-320/91, Slg. 1993, I-2533 (2569) - Corbeau; Rs. C-157/94, Slg. 1997, I-5699 (5780, 5784) - Kommission/Niederlande; Rs. C-158/94, Slg. 1997, I-5789 (5809) - Kommission/Italien; Rs. C-159/94, Slg. 1997, I-5815 (5844) - Kommission/Frankreich. Vgl. zu diesen Urteilen *Ehricke*, EuZW 1998, 741 ff. Vgl. ferner *Britz*, DVBl. 2000, 1641 (1645).

377 EuGH, Rs. 320/91, Slg. 1993, I-2533 (2568 f.) - Corbeau.

378 Zu diesem Termin ist der Telekommunikationsmarkt vollständig liberalisiert worden, vgl. Rn. 2, 4-6 der Begründungserwägungen sowie Art. 1 Ziff. 2 der Richtlinie 96/19/EG der Kommission vom 13. März 1996 zur Änderung der Richtlinie 90/338/EWG hinsichtlich der Einführung des vollständigen Wettbewerbs auf den Telekommunikationsmärkten, ABlEG 1996 Nr. L 74/13.

379 Vgl. Rn. 18 der Begründungserwägungen der Richtlinie 90/388/EWG der Kommission vom 28. Juni 1990 über den Wettbewerb auf dem Markt für Telekommunikationsdienste, ABlEG 1990 Nr. L192/10.

und über dieses Datum hinaus im Basispostdienst[380], der auch unter den Bedingungen des Binnenmarktes nicht vollständig liberalisiert werden soll.[381]
Die Bevorzugung von Produkten oder Arbeitnehmern aufgrund ihrer Nationalität ist hingegen nicht von Art. 86 Abs. 2 EG gedeckt. Derartige Beeinträchtigungen der Warenverkehrsfreiheit bzw. der Arbeitnehmerfreizügigkeit sind nicht erforderlich, um die Erfüllung der ihnen übertragenen Aufgabe unter wirtschaftlich tragbaren Bedingungen zu gewährleisten.[382] Wirtschaftliche Erwägungen treten bei derartigen Maßnahmen vielmehr in den Hintergrund. Diskriminierungen ausländischer Produkte oder Arbeitskräfte sind außerdem nicht mit dem Interesse der Gemeinschaft an der Entwicklung des Handelsverkehrs vereinbar, welches im Rahmen des Art. 86 Abs. 2 S. 2 EG als Korrektiv zu berücksichtigen ist.[383]
Zusammenfassend läßt sich damit festhalten, daß theoretisch sowohl die geschriebenen Grundfreiheitsschranken und die zwingenden Erfordernisse des Allgemeininteresses als auch der Art. 86 Abs. 2 EG die Grundfreiheitsbindung der öffentlichen Unternehmen begrenzen können. Da die Voraussetzungen dieser Ausnahmebestimmungen in den typischen Fällen einer Grundfreiheitsbeeinträchtigung durch öffentliche Unternehmen, nämlich der Bevorzugung von Lieferanten oder Arbeitskräften aus dem eigenen Mitgliedstaat, aber nicht vorliegen, ist ihre praktische Relevanz gering.

4. Abschnitt: Rechtsschutz gegen Grundfreiheitsverletzungen durch öffentliche Unternehmen

Lassen sich Grundfreiheitsbeeinträchtigungen durch öffentliche Unternehmen nicht auf informellem Wege etwa durch entsprechende Hinweise an die Unternehmensleitung oder den mitgliedstaatlichen Träger beseitigen, stellt sich die Frage nach der gerichtlichen Durchsetzbarkeit der Grundfreiheiten. Zu erörtern sind die Rechtsschutzmöglichkeiten des Einzelnen (A.) und die Möglichkeiten, die den Gemeinschaftsorganen oder anderen Mitgliedstaaten zur Durchsetzung der Grundfreiheitsbindung öffentlicher Unternehmen offenstehen (B.).

---

380 EuGH, Rs. C-320/91, Slg. 1993, I-2553 (2569) - Corbeau.

381 Vgl. dazu zusammenfassend *Basedow*, EuZW 1996, 143 ff.

382 Vgl. auch *Seidel* (Fn. 366), S. 73 (88); *Jarass*, RIW 1993, 1 (4).

383 Vgl. *Grill* (Fn. 147), Art. 86 Rn. 28.

A. Rechtsschutzmöglichkeiten des Einzelnen

Die nachfolgende Darstellung konzentriert sich exemplarisch auf die Rechtsschutzmöglichkeiten, die dem Einzelnen in der Bundesrepublik Deutschland gegen Grundfreiheitsbeeinträchtigungen durch öffentliche Unternehmen zur Verfügung stehen.
Zu unterscheiden ist zwischen Grundfreiheitsbeeinträchtigungen durch deutsche öffentliche Unternehmen (I.) und Grundfreiheitsbeeinträchtigungen durch ausländische öffentliche Unternehmen, die in der Bundesrepublik Deutschland tätig sind (II.).

I. Rechtsschutz gegen deutsche öffentliche Unternehmen

Da die Grundfreiheiten unmittelbar anwendbar sind,[384] kann der Einzelne, der sich gegen ein grundfreiheitswidriges Verhalten eines öffentlichen Unternehmens wehren will, die Bindung der deutschen öffentlichen Unternehmen ohne weiteres vor den Gerichten der Bundesrepublik durchsetzen. Es stellt sich allein die Frage, ob gem. § 13 GVG die Zivilgerichte zuständig sind oder ob gem. § 40 Abs. 1 S. 1 VwGO der Rechtsweg zu den Verwaltungsgerichten eröffnet ist. Da Streitigkeiten über die Grundfreiheitsbindung öffentlicher Unternehmen unzweifelhaft nichtverfassungsrechtlicher Art sind,[385] hängt die Eröffnung des Verwaltungsrechtswegs davon ab, ob diese Streitigkeiten als öffentlich-rechtlich anzusehen sind. Bei der Abgrenzung zwischen öffentlich-rechtlichen und privatrechtlichen Streitigkeiten gelten bei Sachverhalten mit Gemeinschaftsrechtsbezug die im nationalen Recht entwickelten Abgrenzungskriterien.[386] Stellt man daher auf die streitentscheiden-

---

384 So ausdrücklich EuGH, Rs. 74/76, Slg. 1977, 557 (576) – Ianelli/Meroni (Warenverkehrsfreiheit); Rs. 48/75, Slg. 1976, 497 (511) – Royer (Arbeitnehmerfreizügigkeit); Rs. 2/74, Slg. 1974, 631 (652) – Reyners/Belgien (Niederlassungsfreiheit); Rs. 33/74, Slg. 1974, 1299 (1311) – van Binsbergen/Bedrijfsvereniging Metaalnijverheid (Dienstleistungsfreiheit). Begründet hat der EuGH die unmittelbare Anwendbarkeit mit der hinreichend klaren Fassung der Grundfreiheiten, die nach dem Ende der Übergangszeit die eigentlich zur Verwirklichung der Grundfreiheiten vorgesehenen Richtlinien entbehrlich erscheinen lasse.
Grundlegend zur unmittelbaren Anwendbarkeit des Gemeinschaftsrechts EuGH, Rs. 26/62, Slg. 1963, 1 (24 ff.) - Van Gend & Loos/Niederländische Finanzverwaltung.

385 Näher zu diesem Merkmal *Ehlers* (Fn. 286), § 40 Rn. 137 ff. (1996).

386 *Burgi*, Verwaltungsprozeß und Europarecht, 1996, S. 64. Vgl. auch *dens.*, DVBl. 1995, 772 (778); *Ehlers*, Die Europäisierung des Verwaltungsprozeßrechts, 1999, S. 37; *Rengeling/Middeke/Gellermann*, Rechtsschutz in der Europäischen Union, 1994, Rn. 1070; *Erichsen/Frenz*, Jura 1995, 422 (424).

den Normen ab, ist in rein grundfreiheitsbezogenen Streitigkeiten der Rechtsweg zu den Verwaltungsgerichten eröffnet, da die Grundfreiheiten als staatsbezogene Vorschriften in entsprechender Anwendung der modifizierten Subjektstheorie dem öffentlichen Recht zuzuordnen sind.[387] Dem steht nicht entgegen, daß die Grundfreiheiten auch den privatrechtlich handelnden Staat binden.[388] Für ihre Zuordnung zum öffentlichen Recht reicht es nämlich aus, daß sie den Staat auch in seiner Eigenschaft als Hoheitsträger binden.[389]
Der Rechtsweg zu den Zivilgerichten ist dagegen eröffnet, wenn der Kern der Streitigkeit beim Wettbewerbsrecht liegt und die Grundfreiheitsbindung der öffentlichen Unternehmen lediglich als Nebenfrage zu erörtern ist.[390] Da § 17 Abs. 2 GVG sie verpflichtet, den Rechtsstreit unter allen in Betracht kommenden Gesichtspunkten zu entscheiden, müssen sich die Zivilgerichte in einem solchen Fall auch zur Grundfreiheitsbindung der öffentlichen Unternehmen äußern.

Haben die zur Entscheidung über die Grundfreiheitsbindung der öffentlichen Unternehmen berufenen deutschen Gerichte Zweifel über die Auslegung dieser gemeinschaftsrechtlichen Vorschriften, können sie gem. Art. 234 Abs. 2 EG dem Europäischen Gerichtshof ihre Fragen zur Vorabentscheidung vorlegen. Letztinstanzliche Gerichte sind gem. Art. 234 Abs. 3 EG zur Vorlage verpflichtet.

II. Rechtsschutz gegen ausländische öffentliche Unternehmen

Schwieriger zu beantworten ist die Frage, ob die deutschen Gerichte auch Rechtsschutz gegen Grundfreiheitsbeeinträchtigungen durch ausländische öffentliche Unternehmen gewähren können, die in der Bundesrepublik Deutschland tätig sind. In diesen Fällen sind zunächst das Vorliegen der deutschen Gerichtsgewalt und die internationale Zuständigkeit deutscher Gerichte zu prüfen (1.). Liegen diese Voraussetzungen vor, ergeben sich im Hinblick auf die Abgrenzung zwischen Zivil- und Verwaltungsrechtsweg keine Unterschiede zu Verfahren gegen deutsche öffentliche Unternehmen. Näher untersucht werden muß jedoch, ob die

---

387 Vgl. auch *Ehlers* (Fn. 286), § 40 Rn. 23; *Feldmüller*, Die Rechtsstellung fremder Staaten und sonstiger juristischer Personen des ausländischen öffentlichen Rechts im deutschen Verwaltungsprozeß, 1999, S. 110.

388 Vgl. oben 1. Abschnitt, A., II., 3. (S. 75).

389 Vgl. für die deutschen Grundrechte *Ehlers* (Fn. 286), § 40 Rn. 230.

390 Vgl. BGHZ 66, 229 (232 ff.); 67, 81 (84 ff.); 121, 126 (128 ff.); *Schmidt-Aßmann* (Fn. 15), 1. Abschn. Rn. 121. Krit. *Ehlers* (Fn. 286), § 40 Rn. 286 ff. (1996); *Schliesky*, Öffentliches Wettbewerbsrecht, 1997, S. 461 ff.; *ders.*, DÖV 1994, 114 ff.; *Brohm*, NJW 1994, 281 (288 f.).

deutschen Gerichte bei Klagen gegen ausländische öffentliche Unternehmen die Grundfreiheiten als Entscheidungsmaßstab heranziehen dürfen (2.).

1. Deutsche Gerichtsbarkeit und internationale Zuständigkeit

Klagt der Benachteiligte gegen ein ausländisches öffentliches Unternehmen, könnte ein entsprechender Rechtsschutzantrag zunächst daran scheitern, daß die deutsche Gerichtsgewalt nicht gegeben ist oder die deutschen Gerichte nicht international zuständig sind.[391] Eine Prüfung dieser Voraussetzungen erübrigt sich nur dann, wenn Beklagte nicht das ausländische Stammhaus, sondern eine rechtlich selbständige Tochter ist, die in eigenem Namen gehandelt hat, da es in dieser Konstellation an einem Auslandsbezug des Falles fehlt.

Der deutschen Gerichtsgewalt unterliegen grundsätzlich alle natürlichen und juristischen Personen innerhalb des Staatsgebiets der Bundesrepublik, es sei denn, ihnen kommt ausnahmsweise Immunität zu.[392] Die heute im Völkerrecht herrschende Auffassung, wonach fremden Staaten Immunitätsschutz nur für ihr hoheitliches, nicht aber für ihr privatrechtliches Handeln zukommt,[393] gilt entsprechend für die rechtlich oder zumindest organisatorisch verselbständigten öffentlichen Unternehmen fremder Staaten.[394] Bei der Abgrenzung zwischen hoheitlichem und privatrechtlichem Handeln kommt es allein auf die Rechtsnatur des staatlichen Handelns oder des entstandenen Rechtsverhältnisses an, nicht auf den mit der Handlung verfolgten Zweck.[395] Da die öffentlichen Unternehmen privatrechtlich auftreten, kommt ihnen trotz der Tatsache, daß ihr Handeln regelmäßig der Durchsetzung öffentlicher Zwecke dient, keine Immunität zu.[396] Damit ist die deutsche Gerichtsgewalt gegeben.

In der Sache entscheiden dürfen die deutschen Gerichte jedoch nur dann, wenn sie auch international zuständig sind. Die Regeln über die internationale Zuständig-

---

391 Näher zur Unterscheidung zwischen deutscher Gerichtsgewalt und internationaler Zuständigkeit *Ehlers* (Fn. 286), Vorb § 40 Rn. 25 (1996); *Feldmüller* (Fn. 387), S. 32 f., 74 f.

392 *Ehlers* (Fn. 386), S. 7. Vgl. auch die §§ 18 ff. GVG.

393 Vgl. statt vieler *Doehring*, Völkerrecht, 1999, Rn. 661; *Hailbronner*, in: *Graf Vitzthum (Hrsg.)*, Völkerrecht, 1997, 3. Abschn. Rn. 76; *Ehlers* (Fn. 386), S. 7 f.

394 Vgl. *Doehring* (Fn. 393), Rn. 664. Vgl. auch BVerfGE 64, 1 (22). Einen Überblick über die Rechtsprechung zu dieser Frage in den Mitgliedstaaten der Europäischen Gemeinschaft und den Vereinigten Staaten gibt *Esser*, RIW 1984, 577 ff.

395 *Ehlers* (Fn. 286), Vorb § 40 Rn. 43 (1996).

396 *Fischer/von Hoffmann*, Staatsunternehmen im Völkerrecht und im Internationalen Privatrecht, 1984, S. 44.

keit bestimmen, ob ein Staat, dem nach völkerrechtlichen, auch innerstaatlich geltenden Grundsätzen Gerichtsgewalt zukommt, in Fällen mit Auslandsbezug zum Streitentscheid berufen ist oder ob staatlicher Gerichtssschutz verweigert werden muß.[397] Vorrangig zu prüfen ist die internationale Zuständigkeit aufgrund völkerrechtlicher Übereinkommen.[398] Besondere Bedeutung kommt insofern dem Übereinkommen über die gerichtliche Zuständigkeit und die Vollstreckung gerichtlicher Urteile in Zivil- und Handelssachen vom 27. Juli 1968 (EuGVÜ)[399] zu. Dieses Abkommen regelt die Entscheidungszuständigkeit der Gerichte der Vertragsstaaten in Zivil- und Handelssachen, ohne daß es auf die Art der Gerichtsbarkeit ankommt.[400] Ob eine Streitigkeit als Zivil- und Handelssache einzustufen ist, bestimmt sich autonom nach dem EuGVÜ, nicht nach nationalem Recht.[401] Ausgenommen vom Anwendungsbereich des EuGVÜ sind Streitigkeiten im Zusammenhang mit der Ausübung hoheitlicher Befugnisse.[402] Die wirtschaftlichen Betätigungen des Staates sind dagegen stets als Zivil- und Handelssachen einzustufen, auch wenn der Staat sich öffentlich-rechtlicher Handlungsformen bedient hat.[403] In den hier interessierenden Fällen richtet sich die Bestimmung der internationalen Zuständigkeit deutscher Gerichte damit nach dem EuGVÜ.
Art. 2 Abs. 1 i. V. m. Art. 53 Abs. 1 EuGVÜ bestimmt, daß ausländische öffentliche Unternehmen grundsätzlich vor den Gerichten ihres eigenen Mitgliedstaates verklagt werden müssen. Dieser Grundsatz gilt jedoch nur insoweit, als die Unter-

---

397 Näher zur internationalen Zuständigkeit deutscher Gerichte *Ehlers* (Fn. 286), Vorb § 40 Rn. 52 ff.; *ders.* (Fn. 386), S. 31 ff. Ausführlich *Feldmüller* (Fn. 387), S. 74 ff.

398 *Geimer*, Internationales Zivilprozeßrecht, 3. Aufl. 1997, Rn. 1874; *Ehlers* (Fn. 386), S. 31; *Feldmüller* (Fn. 387), S. 79.

399 BGBl. 1972 II, S. 773. Für den deutschen Rechtsanwender gilt das EuGVÜ im Verhältnis zu Dänemark, Spanien, den Niederlanden, Österreich, Finnland und Schweden in der Fassung des 4. Beitrittsübereinkommens (vgl. BGBl. 1998 II, S. 1411), daß jedoch keine sachlichen Änderungen zur Fassung des 3. Beitrittsübereinkommens (vgl. BGBl. 1994 II, S. 518) enthält, in der das EuGVÜ im Verhältnis zu den übrigen Vertragsstaaten gilt. Zum Stand der Ratifikation des EuGVÜ vgl. *Dietze/Schnichels*, EuZW 1999, 549. Zu den Vertragsstaaten des EuGVÜ siehe *Hüßtege*, in: *Thomas/Putzo*, ZPO, 22. Aufl. 1999, Vorb EuGVÜ Rn. 1.

400 Ausgenommen ist gem. Art. 1 Abs. 2 Nr. 4 EuGVÜ lediglich die Schiedsgerichtsbarkeit.

401 EuGH, Rs. 29/76, Slg. 1976, 1541 (1550) - LTU/Eurocontrol; Rs. 814/79, Slg. 1980, 3807 (3819) - Niederlande/Rüffer; Rs. C-172/91, Slg. 1993, I-1963 (1996) - Sonntag.

402 EuGH, Rs. 29/76, Slg. 1976, 1541 (1551) - LTU/Eurocontrol.

403 *Ehlers* (Fn. 286), Vorb § 40 Rn. 56; *Feldmüller* (Fn. 387), S. 80.

nehmen ihre Geschäfte von ihrem ausländischen Stammsitz aus abwickeln. Gründen sie dagegen in der Bundesrepublik eine Zweigniederlassung, Agentur oder sonstige Niederlassung, können über Klagen „aus dem Betrieb" der Niederlassung gem. Art. 5 Nr. 5 EuGVÜ die deutschen Gerichte entscheiden. Dadurch soll denjenigen, die in einer Rechtsbeziehung zu einer solchen Niederlassung stehen, die Durchsetzung ihrer Rechte erleichtert werden.[404] Der Begriff der Niederlassung, zu dem die Begriffe Zweigniederlassung und Agentur Unterbegriffe bilden, ist autonom zu bestimmen und weit auszulegen.[405] Eine Niederlassung ist dadurch gekennzeichnet, daß sie der Aufsicht und Leitung des Stammhauses unterliegt, über eine hinreichende materielle und personelle Ausstattung verfügt, um Geschäfte mit Dritten zu betreiben, und als Außenstelle eines ausländischen Stammhauses hervortritt.[406] Unter den Begriff „aus dem Betrieb" fallen unter anderem alle Rechtsstreitigkeiten, in denen es um vertragliche und außervertragliche Rechte und Pflichten in bezug auf die Führung der Niederlassung geht, insbesondere auch Streitigkeiten im Hinblick auf die Einstellung von Personal durch die Niederlassung.[407]

2. Kontrolle des Unternehmenshandelns am Maßstab der Grundfreiheiten

Dürfen die deutschen Gerichte daher gem. Art. 5 Nr. 5 EuGVÜ regelmäßig über Klagen gegen in der Bundesrepublik tätige ausländische öffentliche Unternehmen entscheiden, ist weiter zu untersuchen, ob sie dabei die Grundfreiheiten als Entscheidungsmaßstab zugrundelegen dürfen. Für eine Anwendung der Grundfreiheiten spricht, daß diese gemeinschaftsweit unmittelbar gelten[408] und deshalb anders als ausländisches öffentliches Recht keines innerstaatlichen Rechtsanwendungsbefehls bedürfen, um von den deutschen Gerichten bei ihrer Entscheidung berücksichtigt zu werden.[409] Bedenken könnten deshalb bestehen, weil man in der Feststellung einer Grundfreiheitsbeeinträchtigung durch ein ausländisches öffentliches Unternehmen gleichzeitig die Feststellung einer Vertragsverletzung durch den hinter dem beklagten Unternehmen stehenden Mitgliedstaat sehen könnte. Eine

---

404 Vgl. *Schlosser*, EuGVÜ, 1996, Art. 5 Rn. 23.

405 *Geimer/Schütze*, Europäisches Zivilverfahrensrecht, 1997, Art. 5 Rn. 229.

406 *Hüßstege* (Fn. 399), Art. 5 EuGVÜ Rn. 15.

407 EuGH, Rs. 33/78, Slg. 1978, 2183 (2194) - Somafer/Saar Ferngas.

408 Vgl. die Nachweise in Fn. 384.

409 Ausführlich zu den Voraussetzungen der Anwendung ausländischen öffentlichen Rechts durch die deutschen Verwaltungsgerichte *Feldmüller* (Fn. 387), S. 303 ff. Vgl. ferner *Ehlers* (Fn. 386), S. 33; *Meng*, Extraterritoriale Jurisdiktion im öffentlichen Wirtschaftsrecht, 1994, S. 286 f.

solche Feststellung dürfen die deutschen Gerichte nicht treffen, da über Vertragsverletzungen anderer Mitgliedstaaten gem. Artt. 226 f. EG allein der Europäische Gerichtshof zu entscheiden hat.
Im Ergebnis greifen diese Bedenken jedoch nicht durch. Zwar folgt die unmittelbare Grundfreiheitsbindung der öffentlichen Unternehmen nach der hier vertretenen Auffassung aus ihrer Nähe zu den Mitgliedstaaten, die es rechtfertigt, ihr Handeln funktional als staatliches Handeln zu verstehen.[410] Gleichzeitig ist aber zwischen der Vertragsverletzung des öffentlichen Unternehmens und der ihres mitgliedstaatlichen Trägers zu unterscheiden. Erstere liegt in einem unmittelbaren Verstoß gegen die Grundfreiheiten, meist in Form einer Diskriminierung ausländischer Produkte oder Arbeitskräfte, letztere in der Nichterfüllung der mitgliedstaatlichen Einwirkungspflicht.
Die Artt. 226 f. EG verbieten es lediglich, daß die deutschen Gerichte darüber entscheiden, ob die anderen Mitgliedstaaten ihre Einwirkungspflichten erfüllt haben. Ein entsprechender Rechtsschutzantrag würde im übrigen bereits am Fehlen der deutschen Gerichtsgewalt scheitern, da den Mitgliedstaaten insofern Immunität zukommt. Die unterlassene Einflußnahme stellt einen politischen Akt dar, der anders als das Handeln der Unternehmen nach außen nicht mehr als Handelsgeschäft qualifiziert werden kann, für das kein Immunitätsschutz bestünde.[411]
Der Feststellung einer unmittelbaren Grundfreiheitsverletzung durch die ausländischen öffentlichen Unternehmen durch die deutschen Gerichte stehen die Artt. 226 f. EG nicht entgegen. Ein gegenteiliges Ergebnis wäre nicht mit den Anforderungen vereinbar, die der Europäische Gerichtshofs an die Durchsetzbarkeit gemeinschaftsrechtlicher Vorschriften vor den nationalen Gerichten stellt. Der Gerichtshof fordert vor allem eine effektive Durchsetzung des Gemeinschaftsrechts.[412] Jedes staatliche Gericht, das im Rahmen seiner Zuständigkeit die Normen des Gemeinschaftsrechts anzuwenden hat, ist gehalten, die volle Wirksamkeit dieser Normen sicherzustellen.[413] Auch wenn die bisher entschiedenen Fälle allein die Pflichten der Gerichte im Hinblick auf die Durchsetzung des Gemeinschaftsrechts gegenüber ihrem eigenen Mitgliedstaat betrafen, erlaubt es die dem Effektivitätsgebot innewohnende Dynamik,[414] dieses Gebot in den hier interessie-

---

410 Vgl. oben 1. Abschnitt, A., II., 2. (S. 72 ff.).

411 Vgl. oben 1. (S. 99 f.). Siehe auch *Ehlers* (Fn. 386), S. 34, Fn. 157.

412 Vgl. EuGH, Rs. 33/76, Slg. 1976, 1989 (1998) - Rewe/Landwirschaftskammer Saarland; Rs. 106/77, Slg. 1978, 629 (644) - Staatliche Finanzverwaltung/Simmenthal; Rs. 222/86, Slg. 1987, 4087 (4117) - Unectef/Heylens. Vgl. auch *Jarass*, DVBl. 1995, 954 (955).

413 EuGH, Rs. 106/77, Slg. 1978, 629 (645) - Staatliche Finanzverwaltung/Simmenthal. Vgl. auch *Jarass*, DVBl. 1995, 954 (955).

414 Vgl. *Schmidt-Aßmann*, DVBl. 1993, 924 (931).

renden Fällen anzuwenden. Kommt es im Zuge der Liberalisierung der Märkte verstärkt zu grenzüberschreitenden Tätigkeiten öffentlicher Unternehmen, muß die effektive Durchsetzung der Grundfreiheitsbindung dieser Unternehmen weiterhin gewährleistet sein. Wenn über Grundfreiheitsverletzungen durch ausländische öffentliche Unternehmen aber nur die Gerichte des Herkunftslandes entscheiden dürften, würde dies dem Benachteiligten die Durchsetzung seiner Rechte wesentlich erschweren.[415] Probleme würden in diesem Fall nicht nur die fremde Gerichtssprache und der im Ausland häufig grundlegend andere Verfahrensablauf bereiten. Auch die Suche nach einem geeigneten Anwalt, die größere räumliche Distanz sowie höhere Gerichts- und Anwaltsgebühren könnten den Benachteiligten davon abhalten, Rechtsschutz vor ausländischen Gerichten zu suchen.[416] Bei einem Verfahren vor einem deutschen Gericht stellen sich derartige Probleme nicht. Aus diesem Grund gebietet es das Effektivitätsprinzip, daß die deutschen Gerichte ihrer Entscheidung über Klagen gegen ausländische öffentliche Unternehmen die Grundfreiheiten zugrunde legen dürfen.

B. Durchsetzung der Grundfreiheitsbindung durch die Gemeinschaftsorgane oder andere Mitgliedstaaten

Die Möglichkeiten der Gemeinschaftsorgane, die Grundfreiheitsbindung öffentlicher Unternehmen durchzusetzen, sind bereits im Rahmen der Ausführungen über die Pflichten der Mitgliedstaaten in bezug auf ihre öffentlichen Unternehmen angesprochen worden.[417]

Gem. Art. 211 EG obliegt die Durchsetzung des Gemeinschaftsrechts der Europäischen Kommission. Die Grundfreiheitsbindung der öffentlichen Unternehmen kann die Kommission allerdings nur mittelbar durchsetzen. Sie ist auf ein Vorgehen gegen die Mitgliedstaaten verwiesen, die verpflichtet sind, ein gemeinschaftsrechtskonformes Verhalten ihrer Unternehmen sicherzustellen.[418] Mit der Möglichkeit, besondere Richtlinien oder Entscheidungen an die Mitgliedstaaten zu richten, sind der Kommission durch Art. 86 Abs. 3 EG jedoch besondere Befugnisse verliehen worden, um die Beachtung der Grundfreiheiten im Bereich der eigenwirtschaftlichen Betätigung schnell und effektiv durchzusetzen. Daneben kann die Kommission ein Vertragsverletzungsverfahren gem. Art. 226 EG einleiten, das im Regelfall aber langwieriger und daher weniger attraktiv als ein Vorgehen auf der Grundlage des Art. 86 Abs. 3 EG ist.

---

415 Vgl. Ehlers (Fn. 386), S. 13.

416 Vgl. Ehlers (Fn. 386), S. 13 f.

417 Vgl. oben 2. Abschnitt (S. 77 ff.).

418 Vgl. oben 2. Abschnitt, B., I., 2. (S. 84 ff.).

Die Möglichkeit, ein Vertragsverletzungsverfahren einzuleiten, steht gem. Art. 227 EG daneben den Mitgliedstaaten offen. Dadurch können auch sie mittelbar die Grundfreiheitsbindung der öffentlichen Unternehmen eines anderen Mitgliedstaats durchzusetzen.

5. Teil: Der Schutz öffentlicher Unternehmen durch die Grundfreiheiten

Steht das Gemeinschaftsrecht einer eigenwirtschaftlichen Betätigung der Mitgliedstaaten grundsätzlich nicht entgegen,[419] dürfen den öffentlichen Unternehmen nicht nur Pflichten auferlegt werden, sondern ihnen müssen auch die gleichen Rechte gewährt werden wie ihren privaten Konkurrenten.[420] Daraus folgt, daß Berechtigte der Grundfreiheiten neben natürlichen Personen und privaten Gesellschaften auch die öffentlichen Unternehmen sind (1. Abschnitt). Fraglich ist allein, in welchem Umfang die Grundfreiheiten den öffentlichen Unternehmen Rechte gewähren (2. Abschnitt). Kurz ist außerdem auf die Rechtsschutzmöglichkeiten einzugehen, die den öffentlichen Unternehmen zur Durchsetzung ihrer Rechte offenstehen (3. Abschnitt).

1. Abschnitt: Öffentliche Unternehmen als Berechtigte der Grundfreiheiten

Die Grundfreiheitsberechtigung öffentlicher Unternehmen wird von niemandem bestritten. Die Literatur verzichtet meist auf eine eingehendere dogmatische Begründung und begnügt sich mit dem knappen Hinweis, die öffentlichen Unternehmen kämen ebenso in den Genuß der Grundfreiheiten wie ihre privaten Konkurrenten.[421] Vertiefte Ausführungen finden sich allein bei *Burgi*,[422] der die Grundfreiheitsberechtigung der öffentlichen Unternehmen aus Art. 86 Abs. 2 Satz 1, 1. Halbsatz EG herleiten will. Indem Art. 86 EG in seinen ersten beiden Absätzen zwischen dem öffentlichen Unternehmen und seinem (mitgliedstaatlichen) Träger differenziere, erkenne er den von dem jeweiligen Mitgliedstaat gewählten Modus der Aufgabenwahrnehmung durch eine verselbständigte Einheit an. Für die EG und die anderen Mitgliedstaaten habe dies zur Folge, daß die Grundfreiheitsrechte des Gemeinsamen Marktes als Grundlage subjektiver Positionen dieser verselbständigten Einheiten zum Kreis der primärrechtlichen Vorschriften gehör-

---

419 Vgl. *Seidel* (Fn. 295), S. 1393 (1398); *Beutler/Bieber/Pipkorn/Streil* (Fn. 87), S. 363; *Müller-Graff/Zehetner* (Fn. 1), S. 31. Vgl. außerdem die Ausführungen im 2. Teil dieser Arbeit (S. 28 ff.).

420 Vgl. auch *Bleckmann* (Fn. 85), Rn. 1612; *Burgi*, EuR 1997, 261 (286).

421 Vgl. *Rengeling*, Grundrechtsschutz in der Europäischen Gemeinschaft, 1993, S. 201; *Scholz/Langer* (Fn. 231), S. 121; *Badura*, ZGR 1997, 291 (299); *Hellermann* (Fn. 70), S. 277 (281); *Ehlermann*, ZögU 15 (1992), 377 (379); *Ehlers*, JZ 1990, 1089 (1095, Fn. 64); *Junker*, ZGR 1990, 249 (277 f.). Vgl. auch *Seidel* (Fn. 117), S. 343 (353 f.).

422 EuR 1997, 261 (285 ff.).

ten, auf die in Art. 86 Abs. 2 Satz 1, 1. Halbsatz EG verwiesen werde.[423] Erfülle das Verhalten eines öffentlichen Unternehmens den Tatbestand eines der Grundfreiheitsrechte, dann ergebe sich aus Art. 86 Abs. 2 Satz 1, 1. Halbsatz EG die Berechtigung des Unternehmens, sich auf die betreffenden Rechte zu berufen.[424]
Nach der hier vertretenen Auffassung ist Art. 86 Abs. 2 EG aber als eine Norm zu verstehen, die unter bestimmten Voraussetzungen von der Beachtung gemeinschaftsrechtlicher Pflichten dispensiert.[425] Dagegen lassen sich weder Bindung, noch Schutz öffentlicher Unternehmen durch die Grundfreiheiten aus dieser Vorschrift ableiten. Die bereits dargelegten Einwände, die gegen eine Ableitung der Grundfreiheits*bindung* aus Art. 86 Abs. 2 EG sprechen, gelten entsprechend für die Ableitung einer Grundfreiheits*berechtigung*. Adressaten des Art. 86 Abs. 2 EG sind nämlich nicht die öffentlichen Unternehmen im Sinne des Art. 86 Abs. 1 EG, um deren Grundfreiheitsberechtigung es hier geht, sondern nur die Unternehmen, die mit Dienstleistungen von allgemeinem wirtschaftlichen Interesse betraut sind, unabhängig davon, ob sie in öffentlicher oder privater Trägerschaft stehen. Ferner entspricht allein ein Verständnis des Art. 86 Abs. 2 EG als Freistellungsnorm Sinn und Zweck der Vorschrift.[426] Hinzu kommt, daß Art. 86 Abs. 2, S. 1, 1. Halbsatz EG nicht isoliert ausgelegt werden darf. Betrachtet man Art. 86 Abs. 2 S. 1 EG insgesamt, wird ebenfalls deutlich, daß er nicht die Grundlage des Grundfreiheitsschutzes öffentlicher Unternehmen bilden kann. Bei einer solchen Interpretation des Art. 86 Abs. 2 S. 1 EG würde nämlich dessen zweiter Halbsatz keinen Sinn machen, da der Grundfreiheitsschutz niemals die Erfüllung einer im Allgemeininteresse liegenden Aufgabe verhindern kann.
Die Auffassung *Burgis* ist schließlich deshalb abzulehnen, weil es keines Rückgriffs auf Art. 86 Abs. 2 S. 1, 1. Halbsatz EG bedarf, um die Grundfreiheitsberechtigung öffentlicher Unternehmen zu begründen. Sie folgt vielmehr unmittelbar aus den Grundfreiheitsvorschriften. Deren Anwendungsbereich ist eröffnet, sobald die öffentlichen Unternehmen im Ausland tätig werden wollen.[427] Welche

---

423 *Burgi*, EuR 1997, 261 (286).

424 *Burgi*, EuR 1997, 261 (286 f.).

425 Vgl. oben 4. Teil, 1. Abschnitt, A., II., 1. (S. 70 ff.).

426 Vgl. die Argumentation oben im 4. Teil, 1. Abschnitt, A., II., 1. (S. 70 ff.).

427 Der Europäische Gerichtshof hat in ständiger Rechtsprechung entschieden, daß rein interne Sachverhalte, die keinen Bezug zu einem der im Gemeinschaftsrecht geregelten Sachverhalte aufweisen, nicht in den Anwendungsbereich der Grundfreiheiten fallen. Vgl. für die Arbeitnehmerfreizügigkeit EuGH, Rs. C-415/93, Slg. 1995, I-4921 (5067) – Bosman; Verb. Rs. C-64/96 und C-65/96, Slg. 1997, 3171 (3188 ff.) – Uecker und Jacquet jew. m.w.N.; für die Niederlassungsfreiheit EuGH, Rs. 204/87, Slg. 1988, 2029 (2039) – Strafverfahren gegen Bekaert; Verb. Rs. C-54/88, C.91/88 und C-14/89, Slg. 1990, I-3537 (3549) – Nino; für die Dienstleistungsfrei-

Grundfreiheit tatbestandlich einschlägig ist, hängt davon ab, in welcher Form die öffentlichen Unternehmen sich grenzüberschreitend engagieren. An den Grenzen des personellen Schutzbereichs scheitert die Berufung der öffentlichen Unternehmen auf die Grundfreiheiten jedoch in keinem Fall. Sofern die jeweils einschlägige Grundfreiheit überhaupt zwischen sachlichem und personellem Schutzbereich unterscheidet, sind die öffentlichen Unternehmen ausdrücklich in den Kreis der Berechtigten einbezogen.

A. Warenverkehrsfreiheit

Bei der Warenverkehrsfreiheit fehlt im Wortlaut der Artt. 28 f. EG eine ausdrückliche Unterscheidung zwischen sachlichem und persönlichem Schutzbereich. Die Vorschriften verbieten ohne Ansehung des Betroffenen[428] sämtliche Ein- bzw. Ausfuhrbeschränkungen sowie alle Maßnahmen gleicher Wirkung[429].

---

heit EuGH, Rs. 52/79, Slg. 1980, 833 (855) – Debauve; Rs. C-134/95, Slg. 1997, I-195 (210) - USSL N° 47 Di Biella; Verb. Rs. C-51-96 und C-191/97, EuZW 2000, 371 (375) - Deliège. Allein für die Warenverkehrsfreiheit war lange Zeit unsicher, ob der EuGH auch hier einen grenzüberschreitenden Bezug fordert (Vgl. etwa *Dörr*, RabelsZ 54 [1990], 677 ff.) Aus der Entscheidung Keck und Mithouard (Verb. Rs. C-267/91 und C-268/91, Slg. 1993, I-6097, 6131) geht nunmehr jedoch eindeutig hervor, daß die Warenverkehrsfreiheit nur einschlägig ist, wenn der Sachverhalt einen grenzüberschreitenden Bezug aufweist. Vgl. ferner EuGH, Verb. Rs. C-401/92 und C-402/92, Slg. 1994, 2199 (2233) – Tankstation 'T Heuske und Boermans. Siehe hierzu auch *Jarass*, EuR 1995, 202 (205). Daß das Erfordernis eines grenzüberschreitenden Bezuges auch für die Warenverkehrsfreiheit gilt, läßt sich außerdem zwanglos aus der Formulierung der Artt. 28 und 29 EG folgern, die von Verboten **zwischen den Mitgliedstaaten** sprechen.

428 Vgl. auch *Ehlers*, Jura 2001, 266 (271). Lediglich *Kingreen* (Fn. 47), S. 79 f., fordert aus systematischen Erwägungen eine Einschränkung des Adressatenkreises der Warenverkehrsfreiheit auf die Staatsangehörigen der Mitgliedstaaten. Ebenso *Kingreen/Störmer*, EuR 1998, 263 (274 f.).
Diese Auffassung widerspricht jedoch bereits dem Wortlaut des Art. 28 EG, der anders als die Artt. 39, 43 und 49 EG keine Einschränkung des Adressatenkreises vornimmt. Ferner fehlt es an einer dem Art. 48 EG entsprechenden Regelung für Gesellschaften, die als solche keine Staatsangehörigkeit besitzen, gleichwohl aber in den Genuß der Warenverkehrsfreiheit kommen müssen. Schließlich ist diese Auffassung nicht mit Art. 24 EG zu vereinbaren, wonach Drittlandswaren wie Gemeinschaftswaren zu behandeln sind, wenn sie in einem Mitgliedstaat die Einfuhrformalitäten erfüllt haben. Dies muß unabhängig davon gelten, ob Gemeinschaftsangehörige oder Drittstaatsangehörige mit den entsprechenden Waren handeln wollen.

429 Zum Begriff der „Maßnahmen gleicher Wirkung“ vgl. den Nachweis in Fn. 164.

Den Schutz der Warenverkehrsfreiheit genießen also auch die öffentlichen Unternehmen, sofern sie grenzüberschreitend mit Waren handeln.[430] Der Begriff der „Ware“ umfaßt im Kern Erzeugnisse, die einen Geldwert haben und Gegenstand von Handelsgeschäften sein können.[431] Im Regelfall handelt es sich um körperliche Gegenstände.[432] Dem Warenbegriff unterfallen damit zum Beispiel gewerbliche und landwirtschaftliche Erzeugnisse, Kulturgüter mit kommerziellem Wert,[433] Druckerzeugnisse,[434] Tonträger und Filmmaterialien[435] oder aber Videokassetten.[436]

Der Europäische Gerichtshof unterstellt daneben die Lieferung von Strom der Warenverkehrsfreiheit.[437] Insofern käme zwar auch eine Zuordnung zur Dienstleistungsfreiheit in Betracht, da Strom schwerlich als körperlicher Gegenstand angesehen werden kann. Für die Kunden steht jedoch nicht die in der Lieferung liegende Dienstleistung im Vordergrund, sondern es kommt ihnen allein darauf an, über das Verbrauchsgut Strom ähnlich wie über Wasser oder Gas verfügen zu

---

430 Vgl. auch *Bleckmann* (Fn. 85), Rn. 756.

431 EuGH, Rs. 7/68, Slg. 1968, 633 (642) - Kommission/Italien; Rs. C-324/93, Slg. 1995, I-563 (604) - Evans/Medical und Macfarlan Smith.

432 *Matthies/von Borries*, in: Grabitz/Hilf (Hrsg.), EUV/EGV, Altbd. I, Art. 30 Rn. 44 (1996).

433 EuGH, Rs. 7/68, Slg. 1968, 633 (642) - Kommission/Italien;

434 Vgl. *Sparr*, Kulturhoheit und EWG-Vertrag, 1991, S. 99 ff.

435 *Matthies/von Borries* (Fn. 432), Art. 30 Rn. 44 (1996); *Müller-Graff* (Fn. 166), Art. 30 Rn. 275.

436 Zu einem Sonderfall des zeitlich begrenzten Verwertungsverbotes eines Filmwerkes durch Verbreitung von Videokassetten vgl. EuGH, Verb. 60 und 61/84, Slg. 1985, 2605 ff. - Cinéthèque/Fédération nationale des cinémas français.

437 EuGH, Rs. C-393/92, Slg. 1994, I-1477 (1516) - Almelo; vgl. auch schon EuGH, Rs.6/64, Slg. 1964, 1253 (1276) - Costa/ENEL. Ebenso *Britz*, DVBl. 2000, 1641 (1645, Fn. 34); *Roth* (Fn. 175), E. I., Rn. 9 (1993); *Matthies/von Borries* (Fn. 432), Art. 30, Rn. 44 (1996); *Müller-Graff* (Fn. 166), Art. 30 Rn. 276; *Schütze*, Europäischer Stromverbund und EG-Recht, 1992, S. 151 f. Vgl. ferner schon *Schöne*, Dienstleistungsfreiheit in der EG und deutsche Wirtschaftsaufsicht, 1989, S. 58 f. m.w.N. zum seinerzeitigen Meinungsstand; *Ehlermann*, Die rechtlichen Instrumentarien zur Verwirklichung eines Gemeinsamen Marktes, in: *Lukes (Hrsg.)*, Ein EWG-Binnenmarkt für Elektrizität - Realität oder Utopie, 1988, S. 28 (38); *Everling*, Der Binnenmarkt nach der Rechtsprechung des Gerichtshofs der Europäischen Gemeinschaften, ebda., S. 132 (142); *Schweitzer*, Der grenzüberschreitende Stromverbund in Europa, 1984, S. 157.

können.[438] Unter dem Schutz der Warenverkehrsfreiheit stehen damit die öffentlichen Energieversorger, wenn sie bei der grenzüberschreitenden Lieferung von Wasser, Gas oder Strom durch einen Grundfreiheitsverpflichteten behindert werden. Da hierzu ihre öffentlichen Konkurrenzunternehmen in den anderen Mitgliedstaaten zählen,[439] können die grenzüberschreitend tätigen Energieversorger deren Weigerung, ihre Netze zur Durchleitung zur Verfügung zu stellen, unter Berufung auf die Warenverkehrsfreiheit angreifen.[440]
Schließlich sind sämtliche Abfälle nach der Rechtsprechung des Europä-ischen Gerichtshofs als Waren zu qualifizieren.[441] Die Folge ist, daß sich die öffentlichen Entsorgungsunternehmen unabhängig davon, ob sie die Abfälle wiederverwerten oder endgültig entsorgen wollen, auf die Warenverkehrsfreiheit berufen können, wenn die Wiederverwertung oder Entsorgung in einem anderen Mitgliedstaat erfolgen soll. Einen Handelswert haben zwar eigentlich nur wiederverwertbare Abfälle, denen aus diesem Grund ein Geldwert zukommt. Der Gerichtshof verzichtet jedoch auf eine Unterscheidung zwischen wiederverwertbaren und nichtwiederverwertbaren Abfällen, da diese von ungewissen und veränderlichen Kriterien abhänge und in der Praxis sehr schwierig sei.[442]

---

438 Vgl. *Schöne* (Fn. 437), S. 58.

439 Vgl. oben 4. Teil, 1. Abschnitt, A., II., 3. (S. 75).

440 In Deutschland gilt insofern gem. §§ 5, 6 Abs. 1 EnWG das System des verhandelten Netzzugangs, wonach die Betreiber von Energieversorgungsnetzen ihre Netze anderen Unternehmen für Durchleitungen zu den gleichen Bedingungen zur Verfügung stellen müssen, die für Leistungen innerhalb ihres Unternehmens oder gegenüber verbundenen oder assoziierten Unternehmen in vergleichbaren Fällen in Rechnung gestellt werden. Elektrizitätslieferungen aus dem Ausland stehen jedoch gem. Art. 4 § 2 des Gesetzes zur Neuregelung des Energiewirtschaftsrechts (BGBl. 1998 I, S. 730) bis zum 31.12.2006 unter dem Vorbehalt der Reziprozität. Elektrizitätsversorgungsunternehmen können den „Netzzugang für Elektrizität, die aus dem Ausland geliefert werden soll, ablehnen, soweit der zu beliefernde Abnehmer dort nicht ebenfalls durch Dritte beliefert werden könnte." Näher dazu *Klemm*, EuZW 2000, 69 ff.
Ausführlich zur Reform des Energiewirtschaftsrechts *Büdenbender*, JZ 1999, 62 ff.; *ders.*, RdE 1999, 1 ff.; *Cronenberg*, RdE 1998, 85 ff.; *Kühne/Scholtka*, NJW 1998, 1902 ff.; *Salje*, NVwZ 1998, 916 ff.

441 EuGH, Rs. C-2/90, Slg. 1992, I-4431(4478) – Kommission/Belgien. Für eine umfassende Subsumtion von Abfällen unter den Warenbegriff z.B. auch *Pernice*, NVwZ 1990, 414 (416 f.); *Friedrich*, UPR 1988, 4 (8 f.). Differenzierend *v. Wilmowsky*, Abfallwirtschaft im Binnenmarkt, 1990, S. 76 ff., 90. Zum Abfallbegriff im europäischen Recht vgl. ferner *Versteyl*, EuZW 2000, 585 ff.

442 EuGH, Rs. C-2/90, Slg. 1992, I-4431(4478) – Kommission/Belgien. *Tostmann* (EuZW 1992, 579) zieht aus dieser Entscheidung die Konsequenz, daß es für die

B. Arbeitnehmerfreizügigkeit

Die Artt. 39 ff. EG schützen nach traditioneller, dem Wortlaut der Vorschriften verhafteter Auslegung nur natürliche, nicht aber juristische Personen.[443] Danach könnten sich die öffentlichen Unternehmen nicht auf die Arbeitnehmerfreizügigkeit berufen.

In einer neueren Entscheidung hat der Europäische Gerichtshof jedoch auch eine Kapitalgesellschaft dem Schutz des Art. 39 EG unterstellt und dies damit begründet, daß sich der Vorschrift kein Hinweis entnehmen lasse, daß sich nicht auch andere Personen, insbesondere Arbeitgeber, auf sie berufen könnten.[444] Ausgehend von dieser Rechtsprechung, der insbesondere deshalb zuzustimmen ist, weil sie eine effektive Durchsetzung der Arbeitnehmerfreizügigkeit fördert, können sich auch die öffentlichen Unternehmen auf die Grundfreiheit berufen, wenn sie beispielsweise bei der Einstellung neuer Arbeitskräfte behindert werden.

C. Niederlassungsfreiheit

Bei der Niederlassungsfreiheit ist anders als bei der Warenverkehrsfreiheit zwischen sachlichem und personellem Anwendungsbereich zu unterscheiden.

Der sachliche Schutzbereich ist betroffen, wenn die öffentlichen Unternehmen im Ausland einen festen Standort errichten wollen, um ihre Leistungen in dem entsprechenden Land zukünftig von dort aus zu erbringen. Art. 43 Abs. 1 S. 1 EG schützt die Errichtung einer primären Niederlassung[445] in einem anderen Mitgliedstaat, also die Verlegung des Hauptsitzes eines Unternehmens von einem Mitgliedstaat in einen anderen. Da dies für die öffentlichen Unternehmen jedoch nicht in Betracht kommt, ist für sie allein die Errichtung einer sekundären Niederlassung in einem anderen Mitgliedstaat interessant, die durch Art. 43 Abs. 1 S. 2 EG geschützt wird. Diese Vorschrift ermöglicht den öffentlichen Unternehmen sowohl die Gründung rechtlich selbständiger Tochterunternehmen in einem ande-

---

gemeinschaftsrechtliche Definition des Warenbegriffs auf das Merkmal eines Handelswertes nicht mehr ankomme.

443 *Troberg* (Fn. 85), Art. 52 Rn. 23; *Kingreen* (Fn. 47), S. 81; *Jarass*, EuR 1995, 202 (208).
Zum gemeinschaftsrechtlichen Arbeitnehmerbegriff vgl. EuGH, Slg. 1986, 2121 (2144) – Lawrie-Blum/Land Baden-Württemberg; Slg. 1996, I-3089 (3121) – Asscher.

444 EuGH, Rs. C-450/96, Slg. 1998, I-2521 (2545) - Clean Car Autoservice. Kritisch zu dieser Entscheidung *Kingreen* (Fn. 47), S. 81.

445 Zur Terminologie vgl. *Troberg* (Fn. 85), Art. 52 Rn. 20.

ren Mitgliedstaat, als auch die Einrichtung rechtlich abhängiger, unselbständiger Betriebsteile, die der EG-Vertrag mit den Begriffen „Agentur" und „Zweigniederlassung" umschreibt.[446]
Der personelle Schutzbereich der Niederlassungsfreiheit ist gem. Art. 43 EG auf die Staatsangehörigen der Mitgliedstaaten begrenzt. Da Gesellschaften aber keine Staatsangehörigkeit besitzen, stellt Art. 48 Abs. 1 EG verschiedene Kriterien auf, die anstelle der Staatsangehörigkeit die Zugehörigkeit einer Gesellschaft zur Rechtsordnung eines Mitgliedstaats bestimmen.[447] Sind Gesellschaften nach dem Recht eines Mitgliedstaats gegründet worden und haben sie ihren satzungsmäßigen Sitz, ihre Hauptverwaltung oder ihre Hauptniederlassung innerhalb der Gemeinschaft, können sie sich ebenso wie die Staatsangehörigen der Mitgliedstaaten auf die Niederlassungsfreiheit berufen.[448] Als Gesellschaften im Sinne des Art. 48 EG gelten gem. dessen Absatz 2 die Gesellschaften des bürgerlichen und des Handelsrechts einschließlich der Genossenschaften und die sonstigen juristischen Personen des öffentlichen und privaten Rechts, sofern sie einen Erwerbszweck verfolgen. Dieser Definition unterfallen sämtliche Organisationsformen öffentlicher Unternehmen.[449] Umfaßt sind auch die rechtlich unselbständigen Regie- und Eigenbetriebe.[450] Als juristische Personen des öffentlichen Rechts sind in bezug auf die von diesen Betrieben ausgeübten Tätigkeiten die Mitgliedstaaten bzw. deren Untergliederungen anzusehen, da der Begriff der juristischen Person des

446 Ausführlich zu den möglichen Formen sekundärer Niederlassung *Troberg* (Fn. 85), Art. 52 Rn. 15 ff.

447 Vgl. EuGH, Rs. 270/83, Slg. 1986, 273 (304) - Kommission/Frankreich; Rs. C-330/91, Slg. 1993, 4017 (4043) - Commerzbank; Rs. C-264/96, Slg. 1998, I-4695 (4721) - ICI; Rs. C-212/97, Slg. 1999, I-1459 (1491) - Centros; Rs. C-200/98, EuZW 2000, 112 (114) – X AB, Y AB/Riksskatevorket. Vgl. auch schon *Ipsen* (Fn. 101), § 35 Rn. 6 (S. 664).

448 Auf die Staatsangehörigkeit der Gesellschafter kommt es dagegen nicht an, vgl. *Ahlt* (Fn. 47), S. 109. A.A. lediglich *Bleckmann*, WiVerw 1987, 119 (120), der die Voraussetzungen des Art. 48 EG unter Rückgriff auf die Kontrolltheorie um die Staatsangehörigkeit der Gesellschafter ergänzen will. Vgl. jetzt aber *dens.* (Fn. 85), Rn. 1617. Sehr deutlich dagegen auch *Bischoff*, in: *Constantinesco/Jacqué/Kovar/Simon (Hrsg.)*, CEE, 1992, Art. 58 Rn. 17, der meint, daß das Gemeinschaftsrecht „wahrhaft allergisch" auf die Kontrolltheorie reagiere.

449 Vgl. *Deipenbrock*, Die Deutsche Bundespost auf dem Europäischen Binnenmarkt, 1991, S. 63 f. Anders nur *Scholz/Aulehner*, Archiv PT 1993, 103 (121), die davon ausgehen, daß eine privatrechtliche Organisationsform vorausgesetzt werde. Dagegen *Hellermann* (Fn. 70), S. 277 (281, Fn. 16).

450 *Roth* (Fn. 175), E. I. Rn. 55 (1993). Vgl. auch *Bröhmer*, in: *Calliess/Ruffert (Hrsg.)*, EUV/EGV, 1999, Art. 48 Rn. 3.

öffentlichen Rechts sich nicht auf Personalkörperschaften beschränkt, sondern auch Gebietskörperschaften umfaßt.[451]

Fraglich ist lediglich, ob die öffentlichen Unternehmen einen Erwerbszweck im Sinne des Art. 48 Abs. 2 EG verfolgen, da ihnen nach deutschem Recht ein reines Gewinnstreben verboten ist.[452] Jedoch folgt gerade aus der Erwähnung der Genossenschaften und juristischen Personen des öffentlichen Rechts, daß der Begriff des Erwerbszwecks nicht im Sinne einer Gewinnerzielungsabsicht ausgelegt werden darf.[453] Ausreichend ist vielmehr jede Teilnahme am Wirtschaftsleben durch das Angebot entgeltlicher Tätigkeiten.[454] Diese Voraussetzung erfüllen auch die öffentlichen Unternehmen, die mithin als Gesellschaften im Sinne des Art. 48 EG gelten. Da sie ferner die Kriterien des Art. 48 Abs. 1 EG unproblematisch erfüllen, umfaßt der personelle Schutzbereich der Niederlassungsfreiheit neben natürlichen Personen und privaten Gesellschaften auch die öffentlichen Unternehmen.

D. Dienstleistungsfreiheit

Das gleiche gilt für die Dienstleistungsfreiheit. Der in Art. 55 EG enthaltene Verweis auf Art. 48 EG stellt klar, daß im Hinblick auf die Erstreckung des personel-

---

451 *Huth* (Fn. 66), S. 308. Vgl. auch *Bleckmann* (Fn. 85), Rn. 1611.

452 Vgl. nur *Ehlers*, Jura 1999, 212 (213); *dens.*, JZ 1990, 1089 (1091).

453 *Müller-Huschke*, in: *Schwarze (Hrsg.),* EU-Kommentar, 2000, Art. 48 EGV Rn. 5.

454 *Bröhmer* (Fn. 450), Art. 48 Rn. 2; *Scheuer*, in: *Lenz (Hrsg.)*, EGV, 2. Aufl. 1999, Art. 48 Rn. 1; *Troberg* (Fn. 85), Art. 58 Rn. 4; *Bischoff* (Fn. 448), Art. 58 Rn. 11; *Randelzhofer* (Fn. 128), Art. 58 Rn. 7 (1992); *Oppermann* (Fn. 104), Rn. 1586; *Bleckmann* (Fn. 85), Rn. 1616; *Lackhoff* (Fn. 83), S. 191; *Schnichels*, Reichweite der Niederlassungsfreiheit, 1995, S. 54; *Huth* (Fn. 66), S. 309; *Everling*, Das Niederlassungsrecht im Gemeinsamen Markt, 1963, S. 33 f.; *Scholz/Aulehner*, Archiv PT 1993, 103 (121); *Ehlermann*, ZögU 15 (1992, 377 (379); *Schwartz*, ELR 1986, 7 (11 f.). Vgl. auch *Hailbronner/Nachbaur*, Niederlassungs- und Dienstleistungsfreiheit im Binnenmarkt 1992, 1992, S. 16; *Zimmermann*, Die Sparkassen in der EWG, 1973, S. 29 f.
Generalanwalt *Fenelly* unterscheidet in seinen Schlußanträgen in der Rs. C-70/95, Slg. 1997-3395 (3406) - Sodemare u.a., zwischen Gesellschaften, die „keinen Gewinn anstreben“ und solchen, die „kaufmännisch“ arbeiten. Ob dies einen engeren Ansatz darstellt, bleibt unklar, da auch nicht auf Gewinnerzielung ausgerichtete Unternehmen kaufmännisch arbeiten können. Der Europäische Gerichtshof hat diese Unterscheidung in seinem Urteil (S. 3432) nicht aufgegriffen, sondern allein die Formulierung des Art. 48 Abs. 2 EG wiederholt, wonach Gesellschaften, die keinen Erwerbszweck verfolgten, nicht unter den Schutz der Niederlassungsfreiheit fielen.

len Schutzbereichs der Dienstleistungsfreiheit auf Gesellschaften keine Unterschiede zur Niederlassungsfreiheit bestehen.

Sachlich ist die Dienstleistungsfreiheit in Abgrenzung zur Niederlassungsfreiheit einschlägig, wenn es den öffentlichen Unternehmen nicht um die dauerhafte Errichtung eines festen Standorts in einem anderen Mitgliedstaat geht, von dem aus sie künftig ihre Leistungen erbringen wollen, sondern sie allein ihre Leistungen grenzüberschreitend anbieten wollen.[455] Bei der Abgrenzung zur Warenverkehrsfreiheit kommt es darauf an, ob es um den Handel mit körperlichen Gegenständen oder um Erzeugnisse unternehmerischer Tätigkeit geht, deren Substanz unsichtbar bleibt. Bei einer Dienstleistung im Sinne der Artt. 49 ff. EG steht regelmäßig der Einsatz bestimmter Fähigkeiten oder die Vermarktung eines besonderen „know how" im Vordergrund.[456] Auf die Dienstleistungsfreiheit können sich die öffentlichen Unternehmen beipielsweise dann berufen, wenn sie ihre Kenntnisse bei der Projektierung und dem Betrieb von Energieversorgungsnetzen und -anlagen in anderen Mitgliedstaaten anbieten wollen.[457] Aber auch die Vermarktung von Software durch öffentliche Unternehmen unterfällt der Dienstleistungsfreiheit, da trotz der Verkörperung der Programme auf Datenträgern die geistige Leistung der Programmentwicklung weiterhin im Vordergrund steht.[458]

E. Kapitalverkehrsfreiheit

Bei der Kapitalverkehrsfreiheit gem. Art. 56 Abs. 1 fehlt es wie bei der Warenverkehrsfreiheit im Wortlaut der Vorschrift an einer Unterscheidung zwischen sachlichem und personellem Schutzbereich. Ohne Ansehung des Betroffenen schützt Art. 56 Abs. 1 EG jede Form einseitiger Wertübertragung, die zur Vermögensanlage im Ausland erfolgt.[459] Sind öffentliche Unternehmen an einer derartigen Kapitalanlage interessiert, können auch sie sich auf die Kapitalverkehrsfreiheit berufen.

Geht es allerdings um die Beteiligung an einem ausländischen Unternehmen, ist die Kapitalverkehrsfreiheit von der Niederlassungsfreiheit abzugrenzen. Es kommt darauf an, ob die Beteiligung zum Zwecke unternehmerischer Tätigkeit

---

455 Zur Abgrenzung zwischen Dienstleistungsfreiheit und Niederlassungsfreiheit vgl. *Troberg* (Fn. 85), Art. 52 Rn. 3 ff.

456 *Troberg* (Fn. 85), Art. 60 Rn. 1.

457 Vgl. zu diesen und weiteren Beispielen *Otting* (Fn. 11), S. 47 ff.; *Ehlers*, DVBl. 1998, 497 (498).

458 Vgl. auch *Müller- Graff* (Fn. 166), Art. 30 Rn. 275.

459 *Kiemel*, in: *von der Groeben/Thiesing/Ehlermann (Hrsg.)*, EUV/EGV, Bd. 1, 5. Aufl. 1997, Art. 73b Rn. 1; *Streinz* (Fn. 170), Rn. 764.

erworben wurde oder als reine Kapitalanlage. Im ersten Fall unterliegt der Kapitaltransfer den Vorschriften über die Niederlassungsfreiheit, im zweiten Fall ist er allein anhand der Vorschriften über die Kapitalverkehrsfreiheit zu beurteilen.[460]

F. Zahlungsverkehrsfreiheit

Eine Unterscheidung zwischen sachlichem und personellem Anwendungsbereich fehlt schließlich bei der Zahlungsverkehrsfreiheit. Wollen die öffentlichen Unternehmen durch die Zahlung von Geldmitteln eine Gegenleistung im Rahmen von Geschäften aus dem Bereich des Produkt- oder Personenverkehrs erbringen,[461] sind auch sie durch Art. 56 Abs. 2 EG geschützt.

2. Abschnitt: Der Umfang des grundfreiheitlichen Schutzes öffentlicher Unternehmen

Legt man die Grundfreiheiten mit der Rechtsprechung des Europäischen Gerichtshofs[462] und der herrschenden Literatur[463] als Beschränkungsverbote aus, sind

---

460 *Streinz* (Fn. 170), Rn. 766.

461 Zum sachlichen Anwendungsbereich der Zahlungsverkehrsfreiheit in Abgrenzung zur Kapitalverkehrsfreiheit vgl. *Kiemel* (Fn. 459), Art. 73b Rn. 1.

462 Vgl. EuGH, Rs. 8/74, Slg. 1974, 837, 852 - Dassonville (Warenverkehrsfreiheit); Rs. C-415/93, Slg. 1995, I-4165 (5068 ff.) - Bosman ; Rs. C-176/96, EuZW 2000, 375 (378) - Lehtonen (Arbeitnehmerfreizügigkeit); Rs. C-19/92, Slg. 1993, I-1663 (1697) - Kraus; Rs. C-55/94, Slg. 1995, I-4921 (4197 f.) - Gebhard (Niederlassungsfreiheit); Rs. 33/74, Slg. 1974, 1291 (1309) - van Binsbergen/Bedrijfsvereniging Metaalnijverheid; Rs. C-76/90, Slg. 1991, I-4221 (4243) – Säger (Dienstleistungsfreiheit).

463 Vgl. *Streinz* (Fn. 170), Rn. 671 f.; *Ehlers* (Fn. 39), § 3 Rn. 17; *dens.* NVwZ 1990, 810 (811); *Schweitzer/Hummer* (Fn. 181), Rn. 1075; *Lackhoff* (Fn. 83), S. 381; *dens.*, Deutsches Wirtschaftsverwaltungsrecht und die Grundfreiheiten des Art. 30, 34, 48, 52 und 59 EGV, 1994, S. 67 ff., 73 f., 100; *Schnichels* (Fn. 454), S. 116 f.; *Jarass*, EuR 2000, 705 (710) (anders noch *ders.*, EuR 1995, 202, 216 ff.); *Wernsmann*, EuR 1999, 754 (755); *Eberhartinger*, EWS 1997, 43 (44 ff., 51); *Ehlers/Lackhoff*, JZ 1996, 467 (467 f.); *Behrens*, EuR 1992, 145 (148 ff.); *Bleckmann*, DVBl. 1986, 69 (72 ff.).
Eine Mindermeinung plädiert dagegen für eine Rückbesinnung auf das klassische gleichheitsrechtliche Verständnis der Grundfreiheiten, vgl. *Kingreen* (Fn. 47), S. 84 ff., 115 ff.; *Kingreen/Störmer*, EuR 1998, 263 (287 f.); *Schroeder*, EuGRZ 1994, 373 (380); *Marenco/Banks*, ELR 15 (1990), 224 (239 ff.); *Marenco*, CDE 1984, 291 ff.

die öffentlichen Unternehmen bei einer Tätigkeit im Ausland vor jeglicher Form von Behinderung geschützt, die von einem Grundfreiheitsverpflichteten ausgeht und sich nicht gemeinschaftsrechtlich rechtfertigen läßt. Dies gilt auch für unterschiedslos geltende Regelungen, die In- und Ausländer in gleicher Weise treffen.
Fraglich ist jedoch, ob die Grundfreiheiten den öffentlichen Unternehmen nur Marktzugangsrechte im Aufnahmestaat sichern (A.), oder ihnen darüber hinausgehend auch Marktaustrittsrechte gegenüber ihrem eigenen Mitgliedstaat sichern (B.).

A. Marktzugangsrechte im Aufnahmestaat

Die Grundfreiheiten gewähren den öffentlichen Unternehmen unzweifelhaft den Marktzugang in einem anderen Mitgliedstaat. Da es an der im Herkunftsland bestehenden Nähebeziehung zwischen öffentlichem Unternehmen und staatlichem Träger fehlt, befinden sich die öffentlichen Unternehmen im Verhältnis zum Aufnahmestaat in der gleichen Situation wie ihre privaten Konkurrenten und sind ebenso schutzbedürftig. Behindert der Aufnahmestaat die Tätigkeit der öffentlichen Unternehmen auf seinem Staatsgebiet, können sie gegen diese Behinderungen unter Berufung auf die Grundfreiheiten vorgehen. Dem steht nicht entgegen, daß die öffentlichen Unternehmen gleichzeitig Adressaten der Grundfreiheiten sind.[464] Die Frage der grundfreiheitlichen Bindung der öffentlichen Unternehmen betrifft allein das Verhältnis der öffentlichen Unternehmen zu ihren privaten Konkurrenten, während die Frage des Schutzes sich auf ihr Verhältnis zum Aufnahmestaat bezieht.[465]

B. Keine Marktaustrittsrechte gegenüber dem eigenen Mitgliedstaat

Schwieriger zu beantworten ist die Frage, ob die Grundfreiheiten den öffentlichen Unternehmen Marktaustrittsrechte aus ihrem Herkunftsstaat gewähren. Dies wäre nur dann der Fall, wenn die öffentlichen Unternehmen sich auch ihrem eigenen Mitgliedstaat gegenüber auf die Grundfreiheiten berufen könnten.
Besondere Aktualität gewinnt diese Frage vor dem Hintergrund der in Deutschland geführten Diskussion über die Fortgeltung des Örtlich-keitsprinzips für kommunale Unternehmen.[466] Könnten diese Unternehmen sich ihrem eigenen

---

464 Vgl. oben 4. Teil, 1. Abschnitt, C (S. 76 f.).

465 Vgl. auch *Burgi*, EuR 1997, 261 (284).

466 Für eine grundsätzliche Fortgeltung des Örtlichkeitsprinzips *Kühling*, NJW 2001, 177 (179 f., 182); *Heintzen*, NVwZ 2000, 743 (743 f.); *Hösch*, DÖV 2000, 393 (403); *Grawert*, Zuständigkeitsgrenzen der Kommunalwirtschaft, in: *Grupp/Ronel-*

Mitgliedstaat gegenüber auf die Grundfreiheiten berufen, stünde das Örtlichkeitsprinzip, welches den Tätigkeitsbereich der kommunalen Unternehmen auf das Gebiet ihrer Trägergemeinde beschränkt und damit auch einer Tätigkeit in anderen Mitgliedstaaten entgegensteht, nicht nur nach nationalem Recht, sondern auch gemeinschaftsrechtlich auf dem Prüfstand. Aber auch Vorschriften wie der neue § 107 Abs. 4 GO NW[467], die zu einer gewissen Lockerung des Örtlichkeitsprinzips führen, unterlägen einer Überprüfung am Maßstab der Grundfreiheiten, da sie ein Auslandsengagement kommunaler Unternehmen nach wie vor von einer Genehmigung abhängig machen.[468]

Für private Unternehmen steht seit der „Daily Mail“-Entscheidung[469] des Europäischen Gerichtshofs fest, daß sie sich bei einem Marktaustritt auch ihrem eigenen Mitgliedstaat gegenüber auf die Grundfreiheiten berufen können. Der Gerichtshof führte im Hinblick auf die Niederlassungsfreiheit aus, daß die in den Artt. 43 ff. EG gewährten Rechte sinnentleert wären, wenn der eigene Mitgliedstaat es einem Unternehmen verbieten könnte auszuwandern, um sich in einem anderen Mitgliedstaat niederzulassen.[470] Ähnlich hat der Gerichtshof im Hinblick auf die

---

lenfitsch (Hrsg.), Planung – Recht – Rechtsschutz, Festschrift für Willi Blümel, 1999, S. 119 (129, 131 f.); *Ehlers*, DVBl. 1998, 497 (504); *Held*, Kommunalwirtschaftliche Betätigung – begrenzt auf das Örtlichkeitsprinzip, in: *Henneke (Hrsg.)*, Optimale Aufgabenerfüllung im Kreisgebiet, 1998, S. 181 (188 f.); *ders.*, WiVerw 1998, 264 (266, 280 f.). Dagegen *Wieland*, NWVBl. 2000, 246 (248); *ders.*, Kommunalwirtschaftliche Betätigung unter veränderten Rahmenbedingungen, in: *Henneke (Hrsg.)*, Optimale Aufgabenerfüllung im Kreisgebiet, 1998, S. 193 (196 ff.); *Moraing*, WiVerw 1998, 233 (243 ff.).

467 Zur Reform des Gemeindewirtschaftsrechts in Nordrhein-Westfalen vgl. *Ehlers*, NWVBl. 2000, 1 ff.

468 Vgl. EuGH, Rs. 130/80, Slg. 1981, 527 (537) - Keldermann, wonach ein Genehmigungserfordernis selbst dann ein unzulässiges Hemmnis im Sinne des Art. 28 EG darstellen kann, wenn auf die Genehmigung ein Anspruch besteht. Vgl. auch EuGH, Rs. C-473/98, EuZW 2000, 638 (640) – Kemikalieinspektionen/Toolex Alpha AB; Rs. C-355/98, EuZW 2000, 344 (346) – Kommission/Belgien; Rs. C-43/93, Slg. 1994, I-3803 (3824) – Vander Elst; Rs. C-76/90, Slg. 1991, I-4221 (4243) – Säger; Rs. 157/79, Slg. 1980, 2171 (2186) – Pieck.

469 Rs. 81/87, Slg. 1988, 5483 ff. - The Queen/Treasury and Commissioners of Inland Revenue, ex parte Daily Mail and General Trust PLC.

470 EuGH, Rs. 81/87, Slg. 1988, 5483 (5510) - The Queen/Treasury and Commissioners of Inland Revenue, ex parte Daily Mail and General Trust PLC.
Troberg (Fn. 85), Art. 52 Rn. 66, begrüßt die Entscheidung des EuGH, merkt aber an, daß dessen Auslegung eine analoge Anwendung der Niederlassungsfreiheit auf einen Tatbestand darstelle, der vom Wortlaut des Art. 43 EG nicht direkt erfaßt werde.

Dienstleistungsfreiheit entschieden. Er stellte fest, daß ein Unternehmen sich auch gegenüber dem Staat, in dem es seinen Sitz habe, auf die Dienstleistungsfreiheit berufen könne, sofern der Leistungsempfänger in einem anderen Mitgliedstaat ansässig sei.[471]
Ob diese Entscheidungen sich auf die öffentlichen Unternehmen übertragen lassen, erscheint allerdings zweifelhaft. Ein Urteil des Gerichtshofs zu dieser Frage steht bisher aus. Auszuwerten sind aber die einschlägigen Beiträge in der Literatur (I.), bevor die eigene Auffassung dargestellt werden kann (II.).

I. Die in der Literatur vertretenen Auffassungen

Die allgemeine grundfreiheitliche Literatur hat sich mit der hier untersuchten Problematik bisher nur am Rande beschäftigt. Den öffentlichen Unternehmen werden dabei regelmäßig keine Marktaustrittsrechte gegenüber ihrem eigenen Mitgliedstaat zugestanden. Begründet wird diese Auffassung mit dem knappen Hinweis, territoriale Begrenzungen des Tätigkeitsbereichs der wirtschaftlich tätigen öffentlichen Hand durch das innerstaatliche Recht beschränkten zwar die sekundäre Niederlassungsfreiheit, seien aber von der Organisationsgewalt des Staates gedeckt.[472] Teilweise wird ergänzend ausgeführt, daß es sich insofern um zulässige umgekehrte Diskriminierungen handele.[473]
Ausführlicher untersucht worden ist das Problem der Marktaustrittsrechte öffentlicher Unternehmen am Beispiel möglicher Auslandstätigkeiten der deutschen kommunalen Sparkassen. Die Arbeiten von *Manuel Gimple*[474] auf der einen und *Klaus Stern* und *Michael Nierhaus*[475] auf der anderen Seite beschäftigen sich mit der Vereinbarkeit des Regionalprinzips der deutschen kommunalen Sparkassen[476]

---

471 EuGH, Rs. C-384/93, Slg. 1995, I-1141 (1176) - Alpine Investments; Rs. C-381/93, Slg. 1994, I-5145 (5168) - Kommission/Frankreich; Rs. C-379/92, Slg. 1994, I-3453 (3501) - Peralta; Rs. C-18/93, Slg. 1994, I-1783 (1822) - Corsica Ferries.

472 *Roth* (Fn. 175), E. I. Rn. 55 (1993). Vgl. auch *Müller-Huschke* (Fn. 453), Art. 48 EGV Rn. 4.

473 *Troberg* (Fn. 85), Art. 58 Rn. 3.

474 *Gimple*, Das Regionalprinzip der deutschen kommunalen Sparkassen bei der Zweigstellenerrichtung im EG-Ausland, 1990.

475 *Stern/Nierhaus*, Regionalprinzip und Sparkassenhoheit im europäischen Bankbinnenmarkt, 1992.

476 Vgl. z. B. § 1 Abs. 2 SpkG NW.
Zur Situation in den übrigen EG-Ländern vgl. *Ellgering*, WM 1992, 131; *Meyer-Horn*, Sparkasse 1989, 15 (21).

mit der Niederlassungsfreiheit. *Raphael Lohmiller*[477] untersucht in seiner kürzlich erschienenen Arbeit, inwieweit das aus § 3 Abs. 4 S. 3 SpkVO NW[478] ableitbare Verbot eines Beteiligungserwerbs kommunaler Sparkassen an Unternehmen mit ausländischem Sitz mit der Kapitalverkehrsfreiheit vereinbar ist.
Während nach Auffassung *Gimples* das Regionalprinzip gegen die Niederlassungsfreiheit verstößt, da die Grundfreiheiten auch vor gesetzlichen Regelungen schützen, durch die der eigene Mitgliedstaat die öffentlichen Unternehmen an einem grenzüberschreitenden Tätigwerden hindert (1.), sehen *Stern* und *Nierhaus* in derartigen Regelungen keinen Verstoß gegen die Grundfreiheiten, da sie Akte der Staatsorganisation darstellten, die von der Gemeinschaft zu respektieren seien (2.). Nach Ansicht *Lohmillers* können sich die kommunalen Sparkassen auch ihrem eigenen Mitgliedstaat gegenüber auf die Grundfreiheiten berufen, jedoch könnten Marktaustrittsverbote unter bestimmten Voraussetzungen durch zwingende Allgemeininteressen gerechtfertigt werden (3.).

1. Anerkennung von Marktaustrittsrechten

Gimple sieht im Regionalprinzip der deutschen kommunalen Sparkassen, welches ihnen die Errichtung von Zweigstellen in anderen Mitgliedstaaten der EG verbietet, einen Verstoß gegen die Niederlassungsfreiheit des EG-Vertrags.[479] Die Niederlassungsfreiheit enthalte nicht nur das Verbot diskriminierender Beschränkungen gegenüber Kreditinstituten aus anderen Mitgliedstaaten, sondern auch ein Freizügigkeitsgebot gegenüber dem Herkunftsstaat hinsichtlich seines eigenen Kreditwesens. Vom nationalen Gesetzgeber sei daher zu fordern, daß er alle rechtlichen Beschränkungen aufhebe, welche die Kreditinstitute des eigenen Landes daran hinderten, freizügig in den anderen Mitgliedstaaten Bankgeschäfte zu tätigen.[480]
Einer Grenze unterliege das Freizügigkeitsgebot im Hinblick auf die kommunalen Sparkassen zwar insofern, als auch im Gemeinschaftsrecht der Grundsatz anerkannt sei, daß es dem einzelnen Rechtssubjekt überlassen bleiben müsse, ob es ein ihm gewährtes Recht in Anspruch nehmen wolle oder nicht.[481] Bei den kommunalen Sparkassen stehe diese Entscheidung den Gemeinden zu, die aufgrund ihrer

---

477 *Lohmiller*, Kapitalbeteiligungsgesellschaften der Sparkassen, 2000.

478 Verordnung zur Änderung der Verordnung zur Regelung des Geschäftsrechts und des Betriebes der Sparkassen in Nordrhein-Westfalen (Sparkassenverordnung) vom 21.06.1999, GV NW 1999, S. 411.

479 *Gimple* (Fn. 474), S. 115.

480 *Gimple* (Fn. 474), S. 114.

481 *Gimple* (Fn. 474), S. 144.

unmittelbaren Einflußmöglichkeiten als Anstaltsherrn dem Eigentümer einer privaten Gesellschaft vergleichbar seien.[482] Die kommunalen Gewährträger als „Eigentümer" ihres Sparkasseninstituts dürften diesen durch Einzelmaßnahmen oder die Satzung ein europaweites Tätigwerden untersagen.[483]

Landesgesetzliche Regelungen wie das Regionalprinzip, durch die sämtlichen Sparkassen eines Bundeslandes ein gemeinschaftsweites Engagement untersagt werde, seien dagegen unzulässig.[484] In dieser Konstellation ginge es nicht um eine Selbstbeschränkung kraft „Eigentums", da der Landesgesetzgeber, dem nur mittelbare Einwirkungsmöglichkeiten auf die Sparkassen zukämen, nicht das nach Gemeinschaftsrecht maßgebliche Rechtssubjekt für die Willensäußerung kommunaler Sparkassen sei.[485] Außerdem unterliege der Grundsatz, daß die Ausübung subjektiver Rechte im Gemeinschaftsrecht in das freie Belieben des Rechtsträgers gestellt sei, insofern einer Grenze, als die Marktfreiheiten zuallererst den in der Präambel und den Artt. 2 und 3 EG verankerten Allgemeininteressen dienen sollten.[486] Landesgesetzliche Regelungen wie das Regionalprinzip, die eine Nichtausübung der Grundfreiheiten gesetzlich festschrieben, überschritten diese Grenze ebenso wie ein ausdrücklicher Grundfreiheitsverzicht im Sinne einer Aufgabe dieser Rechte und seien daher unzulässig. Es bestehe ein Interesse der Gemeinschaft an der Grundfreiheitsausübung durch jedermann, d. h. um die Ziele des Vertrages optimal zu verwirklichen, sei es erforderlich, daß die Angehörigen der einzelnen Mitgliedstaaten zumindest die potentielle Möglichkeit haben müßten, die sich ihnen aus den Freiheiten des Gemeinsamen Marktes bietenden Rechte ausschöpfen zu können.[487]

Schließlich führt *Gimple* aus, daß ein europaweites Tätigwerden durch Selbstverwaltungsträger auch nicht ohne Parallele wäre. Denn bereits die Verordnung Nr. 1408/71[488] ordne für die Träger der sozialen Sicherheit in den Mitgliedstaaten eine grenzüberschreitende Zusammenarbeit an. Damit mache das Gemeinschafts-

482 Vgl. *Gimple* (Fn. 474), S. 153 f.

483 *Gimple* (Fn. 474), S. 156.

484 Vgl. *Gimple* (Fn. 474), S. 156.

485 Vgl. *Gimple* (Fn. 474), S. 153 f.

486 *Gimple* (Fn. 474), S. 153.

487 Vgl. *Gimple* (Fn. 474), S. 146 ff., insbes. S. 151 f., der seine Ausführungen mit Grundsatzfragen zum Charakter der Grundfreiheiten als Grundrechte und zu den allgemeinen Grundrechtslehren (Grundrechtsverzicht, Grundrechtsausübungsverzicht) verbindet.

488 Verordnung Nr. 1408/71/EWG vom 14. Juni 1971 zur Anwendung der Systeme der sozialen Sicherheit auf Arbeitnehmer und deren Familien, die innerhalb der Gemeinschaft zu- und abwandern, ABlEG 1971 Nr. L 149/2.

recht Selbstverwaltungsträger international handlungsfähig und lasse es sogar zu, daß diese die Souveränitätshülle anderer Mitgliedstaaten durchstößen und dort hoheitliche Tätigkeiten ausübten. Damit vervollständige sich das Bild des Bruchs mit der herkömmlichen Beschränkung der Hoheitsgewalt auf das eigene Territorium.[489]

2. Ablehnung von Marktaustrittsrechten

Stern und *Nierhaus* stimmen *Gimple* insofern zu, als auch sie in dem freiwilligen Verzicht der kommunalen Gewährträger auf das Marktaustrittsrecht ebensowenig einen Verstoß gegen die Niederlassungsfreiheit sehen wie bei freiwilligen Selbstbeschränkungen privater Banken.[490]

Ihrer Ansicht nach kann aber auch das landesgesetzlich verankerte Regionalprinzip nicht mit der Niederlassungsfreiheit des Art. 43 EG in Konflikt geraten.[491] Die Festlegung der Organisation, Verfassung und Gewährträgerstruktur der Sparkassen falle unter die ausschließliche Gesetzgebungsbefugnis der Bundesländer und ihre Organisationsgewalt für den Bereich der mittelbaren Staatsverwaltung.[492] Auch die Entscheidung, Sparkassen nur in kommunaler Bindung nach Maßgabe des Regionalprinzips zuzulassen, ihnen die Organisationsform der kommunalen Anstalt des öffentlichen Rechts zu geben und sie unter Beibehaltung des kommunalrechtlichen Bankbetriebsverbots mit einem spezifisch öffentlich-rechtlichen Auftrag zu betrauen, der ihnen von den Errichtungskörperschaften verliehen werde, sei Ausfluß der Landeshoheit und des Selbstorganisationsrechts.[493] Dieses Selbstorganisationsrecht werde thematisch vom Recht der freien Niederlassung gar nicht erfaßt, weil insoweit Souveränitätsrechte und Nationalstaatsvorbehalte der Mitgliedstaaten und ihrer Untergliederungen in Rede stünden, die als Teil der mitgliedstaatlichen Verwaltungshoheit und Kernbereich staatlicher Souveränität vom EG-Vertrag respektiert würden.[494] Sparkassen seien als kommunalwirtschaftliche Konkurrenzunternehmen zur privaten Bankwirtschaft rechtlich existent und legitimiert nur in ihrer doppelten kompetenzrechtlichen Anbindung an den Staat

489 *Gimple* (Fn. 474), S. 156.

490 Vgl. *Stern/Nierhaus* (Fn. 475), S. 185 ff., 189.

491 *Stern/Nierhaus* (Fn. 475), S. 211.

492 *Stern/Nierhaus* (Fn. 475), S. 195 ff., 210.

493 *Stern/Nierhaus* (Fn. 475), S. 210. Vgl. auch *Nierhaus*, Regionalprinzip und Sparkassenhoheit im europäischen Bankenbinnenmarkt, in: *Ipsen (Hrsg.)*, Sparkassen im Wandel, 1993, S. 65 (89 f.).

494 *Stern/Nierhaus* (Fn. 475), S. 208 f., 211. Vgl. auch *Claussen*, Teilprivatisierung kommunaler Sparkassen?, 1990, S. 163.

und die kommunalen Gewährträger. Wegen ihrer kommunalen Bindung (Regionalprinzip) und Integration seien die öffentlich-rechtlichen Sparkassen gar nicht in der Lage, von der Niederlassungsfreiheit Gebrauch zu machen.[495]

3. Zwingende Erfordernisse als Grenzen von Marktaustrittsrechten

Lohmiller sieht in dem aus § 3 Abs. 4 S. 3 SpkVO NW folgenden Verbot des Erwerbs von Beteiligungen an Unternehmen mit Sitz im Ausland durch kommunale Sparkassen eine Beeinträchtigung der durch Art. 56 Abs. 1 EG geschützten Kapitalverkehrsfreiheit.[496] Ebenso wie *Gimple* geht er also davon aus, daß die Grundfreiheiten den kommunalen Sparkassen auch Schutz vor Regelungen gewähren, durch die ihr eigener Mitgliedstaat ihrem Auslandsengagement Grenzen setzt. Anders als *Gimple*, der gerade das Regionalprinzip für grundfreiheitswidrig hält, vertritt *Lohmiller* jedoch die Auffassung, dieses Prinzip könne als immanente Schranke Beschränkungen der Kapitalverkehrsfreiheit rechtfertigen.[497] Das Regionalprinzip gewährleiste eine flächendeckende geld- und kreditwirtschaftliche Versorgung und leiste damit einen Beitrag zu einer möglichst gleichmäßigen wirtschaftlichen Entwicklung, die auch strukturschwache Regionen berücksichtige, mit der Folge, daß die Umsetzung dieses Prinzips im Allgemeininteresse liege.[498] Eine die Grundfreiheiten im Allgemeininteresse beschränkende Regelung stehe jedoch unter dem Vorbehalt der Verhältnismäßigkeit. § 3 Abs. 4 S. 3 SpkVO NW sei daher insoweit nicht mit Art. 56 Abs. 1 EG vereinbar, als er die Beteiligung an Unternehmen mit Sitz in einem anderen Mitgliedstaat auch dann nicht erlaube, wenn das Beteiligungsunternehmen ausschließlich im Satzungsgebiet der Sparkasse tätig sei. Da eine solche Beteiligung einen positiven Beitrag zur wirtschaftlichen Entwicklung im Satzungsgebiet leisten könne, sei das Verbot zur Durchsetzung des Regionalprinzips nicht geeignet und damit unverhältnismäßig.[499] Dagegen sei § 3 Abs. 4 S. 3 SpkVO NW insoweit europarechtskonform, als er einen Beteiligungserwerb verbiete, wenn das Beteiligungsunternehmen nicht ausschließlich im Satzungsgebiet tätig sei. Derartige Beteiligungen könnten zu einer Aufweichung oder gar Preisgabe des Regionalprinzips führen und damit in

---

495 *Stern/Nierhaus*, (Fn. 475), S. 196, 206, 211. Vgl. auch *Nierhaus* (Fn. 493), S. 65 (86). Siehe ferner *Lanzke*, Regionalprinzip und Sparkassenhoheit im Europäischen Binnenmarkt, in: *Ipsen (Hrsg.)*, Sparkassen im Wandel, 1993, S. 93 (99).

496 *Lohmiller* (Fn. 477), S. 124 f..

497 *Lohmiller* (Fn. 477), S. 128.

498 *Lohmiller* (Fn. 477), S. 128, 132.

499 Vgl. *Lohmiller* (Fn. 477), S. 133 f..

Aufweichung oder gar Preisgabe des Regionalprinzips führen und damit in letzter Konsequenz auch die kommunale Anbindung der Sparkassen in Frage stellen.[500]

II. Eigene Auffassung

1. Keine Beschränkung der Grundfreiheiten durch Staatsorganisationsakte

Das Gemeinschaftsrecht bietet keinen Schutz vor Selbstdiskrimierungen.[501] Als subjektive Rechte können die Grundfreiheiten nach dem freien Belieben des jeweiligen Rechtsträgers ausgeübt werden.[502] Aus Art. 295 EG folgt, daß dies auch für die Mitgliedstaaten gilt, wenn sie mittels öffentlicher Unternehmen am Wirtschaftsleben teilnehmen. Würden die Mitgliedstaaten als Eigentümer öffentlicher Unternehmen anders behandelt als die Eigentümer privater Unternehmen, läge hierin ein Verstoß gegen den Grundsatz der Gleichbehandlung öffentlichen und privaten Eigentums.[503]

Ausgehend von dieser Prämisse wird das Recht des Gewährträgers, den Tätigkeitsbereich seines öffentlichen Unternehmens territorial zu begrenzen, von niemandem in Zweifel gezogen.[504] Umstritten ist dagegen, ob auch eine dem Gewährträger übergeordnete staatliche Einheit dem gemeinschaftsweiten Engagement eines öffentlichen Unternehmens Grenzen setzen darf.

Es wäre allerdings zu kurz gegriffen, die Zulässigkeit derartiger Regelungen allein damit zu begründen, daß es sich um zulässige umgekehrte Diskriminierungen handele.[505] Der Marktaustrittswunsch eines Grundfreiheitsberechtigten genügt, um den für die Eröffnung des Anwendungsbereichs der Grundfreiheiten erforderlichen grenzüberschreitenden Bezug zu begründen.[506]

Es kommt daher entscheidend darauf an, wen das Gemeinschaftsrecht bei der eigenwirtschaftlichen Betätigung der Mitgliedstaaten als Rechtsträger der Grundfreiheiten ansieht. Gesetzliche Regelungen wie das Regionalprinzip der Sparkassen oder der § 3 Abs. 4 S. 3 SpkVO NW stellten nur dann eine rechtfertigungsbedürftige Beschränkung der Grundfreiheiten dar, wenn das Gemeinschaftsrecht

---

500 Vgl. *Lohmiller* (Fn. 477), S. 129 f..

501 Vgl. z. B. *Troberg* (Fn. 85), Art. 58 Rn. 3; *Meyer-Horn*, Sparkasse 1989, 15 (21).

502 Vgl. den Nachweis in Fn. 481 sowie *Bleckmann*, WiVerw 1987, 119 (129).

503 Vgl. dazu oben 2. Teil, 1. Abschnitt, A. (S. 28 ff.).

504 Vgl. neben den Nachweisen in den Fn. 483 und 490 auch *Meyer-Horn*, Sparkasse 1989, 15 (21).

505 So aber *Troberg*, vgl. den Nachweis in Fn. 473.

506 Vgl. die Nachweise in den Fn. 469 bis 471. Vgl. auch *Leible*, NZG 1999, 300.

unmittelbar die kommunalen Sparkassen bzw. die Gemeinden als deren Gewährträger berechtigen würde. Nur in diesem Fall befänden sie sich in einer grundfreiheitstypischen Gefährdungslage[507], die der Stellung einer natürlichen Person zum Verhältnis zu den Mitgliedstaaten entspräche.[508]
Das Gemeinschaftsrechtsrecht betrachtet sämtliche Mitgliedstaaten jedoch jeweils als Einheit.[509] Die Bundesrepublik als einziger vollausgebildeter Bundesstaat in der Europäischen Gemeinschaft[510] hat insofern keinen anderen Status als die übrigen Mitgliedstaaten.[511] Auch sie wird nach außen hin als Einheit verpflichtet und berechtigt.[512]
Vor diesem Hintergrund vermögen weder die von *Gimple* für die kommunalen Sparkassen vorgeschlagene Differenzierung zwischen den kommunalen Gewährträgern und den Bundesländern als übergeordneten staatlichen Einheiten[513] noch der Lösungsansatz *Lohmillers*[514] zu überzeugen. Betrachtet das Gemeinschaftsrecht die Mitgliedstaaten nämlich als Einheit, hat sie deren Organisationshoheit zu respektieren.[515] Rechtsträger der Grundfreiheiten sind aus Sicht des Gemein-

507 Dieser Terminus entstammt der deutschen Diskussion um die Grundrechtsberechtigung juristischer Personen des öffentlichen Rechts, vgl. BVerfGE 45, 63 (79); 61, 82 (103 ff.).

508 Vgl. *Kingreen* (Fn. 47), S. 80 f.

509 *Fischer* (Fn. 167), § 10 Rn. 1 (S. 203). Vgl. auch *Wieland/Hellermann*, Der Schutz des Selbstverwaltungsrechts der Kommunen gegenüber Einschränkungen ihrer wirtschaftlichen Betätigung im nationalen und europäischen Recht, 1995, S. 118; *Jarass* (Fn. 224), S. 78.

510 Vgl. *Oppermann* (Fn. 104), Rn. 204.

511 *Rudolf*, Die Bundesländer und die europäische Einigung, in: *Merten (Hrsg.)*, Föderalismus und Europäische Gemeinschaften, 1990, S. 263 (265); *Egger*, Der Staat 38 (1999), 449 (451, 466).

512 Vgl. *Oppermann* (Fn. 104), Rn. 651; *Kössinger* (Fn. 342), S. 35 f.; *Kaiser*, DÖV 1961, 653 (655).

513 Vgl. die Nachweise in den Fn. 484 f.

514 Vgl. die Nachweise in den Fn. 496 ff.

515 Vgl. *Ipsen* (Fn. 101), § 20 Rn. 59 (S. 444); *Bünten*, Staatsgewalt und Gemeinschaftshoheit bei der innerstaatlichen Durchführung des Rechts der Europäischen Gemeinschaften durch die Mitgliedstaaten, 1977, S. 126, 143, 174; *Egger*, Der Staat 38 (1999), 449 (451); *Stern*, Sparkasse 1997, 397 (399); *Badura,* Die Organisations- und Personalhoheit des Mitgliedstaates in der Europäischen Union, in: *Due/Lutter/Schwarze (Hrsg.)*, Festschrift für Ulrich Everling, Bd. I, 1995, S. 33 (35, 45); *Hailbronner*, NJW 1991, 593 (597); *Däubler*, DVBl. 1966, 660 (664); *Götz*, JZ 1963, 265 (267). Vgl. ferner *Hösch*, DÖV 2000, 393 (406); *Stein*, Europäische In-

schaftsrechts zunächst nur die Mitgliedstaaten an sich.[516] Die Zuweisung der Grundfreiheiten an bestimmte innerstaatliche Einheiten erfolgt erst durch das nationale Verfassungs- und Gesetzesrecht.[517] Nur im Rahmen dieser Zuweisung sind die öffentlichen Unternehmen Rechtsträger der Grundfreiheiten. Gesetzliche Regelungen, die den Tätigkeitsbereich öffentlicher Unternehmen näher festlegen, beschränken nicht deren Rechte, sondern bestimmen überhaupt erst den Umfang, in dem sie Träger von Rechten sind.[518]
Ob diese Regelungen vom Gewährträger eines öffentlichen Unternehmens oder einer übergeordneten staatlichen Einheit erlassen worden sind, ist aufgrund des Einheitsgedankens ebenfalls irrelevant. Selbst wenn gesetzliche Regelungen das Recht der Gemeinden zur eigenwirtschaftlichen Betätigung in einer Weise einschränkten, welche die Garantie der kommunalen Selbstverwaltung verletzt, würde dies zwar gegen Art. 28 Abs. 2 GG verstoßen, wäre gemeinschaftsrechtlich aber nicht zu beanstanden.

Gesetzliche Regelungen, die ein grenzüberschreitendes Tätigwerden öffentlicher Unternehmen generell verbieten, stellen entgegen *Gimple*[519] ferner keinen unzulässigen Dauerverzicht auf die Grundfreiheiten dar. Neben dem bereits vorgebrachten Einwand, daß den öffentlichen Unternehmen durch derartige Regelungen

---

tegration und nationale Reservate, in: *Merten (Hrsg.)*, Föderalismus und Europäische Gemeinschaften, 1990, S. 91 (98 ff.).

516 A. A. *Nagel* (Fn. 70), S. 47 ff., 53, dessen Argumentation sich allerdings nicht auf die Grundfreiheiten bezieht, sondern auf den allgemeinen Gleichbehandlungsgrundsatz des Gemeinschaftsrechts. Öffentliche Unternehmen müßten die gleichen Chancen haben wie ihre privaten Konkurrenten. Hinderten gesetzliche Vorschriften sie daran, sich im Wettbewerb mit privaten Unternehmen zu entfalten, würden sie unzulässig diskriminiert und könnten ggf. sogar Schadensersatzansprüche gegenüber ihrem eigenen Mitgliedstaat geltend machen.

517 Insofern gilt nichts anderes als für die Bestimmung der zur Ausführung gemeinschaftsrechtlicher Verpflichtungen zuständigen Behörden, die sich ebenfalls aus dem nationalen Recht ergibt, vgl. EuGH, Verb. Rs. 51 - 54/71, Slg. 1971, 1107 (1116) - International Fruit Company/Produktschap Groenten; *Bünten* (Fn. 515), S. 126; *Birke*, Die deutschen Bundesländer in den Europäischen Gemeinschaften, 1973, S. 118 f.; *Zuleeg*, Das Recht der Europäischen Gemeinschaften im innerstaatlichen Bereich, KSE 9, 1969, S. 312; *Egger*, Der Staat 38 (1999), 449 (455); *Scheuing*, DÖV 1975, 145 (148); *Rengeling*, EuR 1974, 216 (226 ff.); *Holch*, EuR 1967, 217 (224 f.); *Bülow*, Das Verhältnis des Rechts der europäischen Gemeinschaften zum nationalen Recht, in: *Bullerstedt/Steindorff (Hrsg.)*, Aktuelle Fragen des Europäischen Gemeinschaftsrechts, 1965, S. 28 (56 f.).

518 Vgl. auch BVerfGE 61, 82 (101).

519 Vgl. den Nachweis in Fn. 487.

überhaupt erst gewisse Rechte zugewiesen werden, lassen *Gimples* Ausführungen an dieser Stelle jegliche Differenzierung zwischen dem Staat als Verpflichtetem und dem Staat als Berechtigtem der Grundfreiheiten vermissen. Wenn er ausführt, der Staat habe die Interessen, welche die Freiheiten schützten, durch positives Handeln zu fördern, zumindest aber nicht zu behindern, so trifft dies zwar auf das Verhältnis zwischen Staat und Privaten zu, denen gegenüber der Staat Verpflichteter der Grundfreiheiten ist. Ist der Staat jedoch im Rahmen seiner eigenwirtschaftlichen Betätigung selbst Berechtigter der Grundfreiheiten, können diese Überlegungen keine Gültigkeit beanspruchen, da sie allein auf die Funktion der Grundfreiheiten als Konstituierungsnormen des Gemeinsamen Marktes abstellen. Die Grundfreiheiten dürfen jedoch nicht auf diese objektiv-rechtliche Komponente reduziert werden.[520] Der Gemeinsame Markt ist nicht um seiner selbst willen gewährleistet, sondern für die Marktteilnehmer, denen die freie Entscheidung überlassen bleiben muß, ob sie von ihm profitieren wollen oder nicht. Die Grundfreiheiten sind keine Grundpflichten. Auch dann, wenn sie die Mitgliedstaaten in den Kreis der Berechtigten einbeziehen, dürfen die Grundfreiheiten nicht ihren subjektiv-rechtlichen Charakter verlieren.

Keinen Aussagewert im Hinblick auf das hier zu behandelnde Problem hat schließlich die von *Gimple* angesprochene Verordnung Nr. 1408/71.[521] Selbst wenn man die Tätigkeit der Sozialversicherungsträger nach der hier vertretenen Auffassung als wirtschaftliche Tätigkeit qualifiziert,[522] liefert die Existenz einer Verordnung, die in diesem Bereich eine grenzüberschreitende Zusammenarbeit anordnet, noch kein Argument für generelle Marktaustrittsrechte öffentlicher Unternehmen gegenüber ihrem eigenen Mitgliedstaat.

Es bleibt damit bei dem Ergebnis, daß die Grundfreiheiten den öffentlichen Unternehmen keine Marktaustrittsrechte gegenüber ihrem eigenen Mitgliedstaat gewähren. Die Einbeziehung der öffentlichen Unternehmen in den personellen Schutzbereich der Grundfreiheiten verliert dadurch gleichwohl nicht ihren Sinn. Die Besonderheit der Grundfreiheiten besteht gerade darin, daß sie anders als die nationalen Grundrechte nicht nur im Verhältnis zu eigenen Staat, sondern im Verhältnis zu sämtlichen Mitgliedstaaten der Europäischen Gemeinschaft wirken. Ihre Bedeutung liegt für die öffentlichen Unternehmen in dem Schutz vor Beeinträchtigungen durch den Aufnahmestaat,[523] wenn sie mit dem Willen ihres eigenen Mitgliedstaats grenzüberschreitend tätig werden.

---

520 Vgl. auch *Ehlers* (Fn. 386), S. 49; *Kingreen/Störmer*, EuR 263 (289).

521 Vgl. den Nachweis in den Fn. 488 f.

522 Vgl. oben 3. Teil, 1. Abschnitt, C., III. (S. 42 f.).

523 Vgl. dazu oben A. (S. 115).

2. Rechtfertigung von Beschränkungen durch den Schutz des Staates vor finanziellen Verlusten

Geht man entgegen der hier vertretenen Auffassung davon aus, daß gesetzliche Regelungen wie das Regionalprinzip eine Beschränkung der Grundfreiheiten - in diesem Fall der Niederlassungsfreiheit - darstellen, ist weiter zu untersuchen, ob eine solche Regelung gemeinschaftsrechtlich gerechtfertigt werden kann.[524]
Durch das Verbot eines Auslandsengagements öffentlicher Unternehmens will sich die öffentliche Hand vor allem davor schützen, aus den damit einhergehenden, oftmals nicht kontrollierbaren finanziellen Risiken in Anspruch genommen zu werden.[525] Im Falle kommunaler Unternehmen trifft dieses Risiko nicht nur die Gemeinden als Gewährträger, sondern auch die Länder, die gegebenenfalls für Verbindlichkeiten der Kommune einspringen müssen.[526]
In Betracht kommt insofern eine Rechtfertigung aus zwingenden Gründen des Allgemeininteresses. Der Schutz des Staates vor finanziellen Verlusten ist vergleichbar mit dem Schutz des finanziellen Gleichgewichts der Systeme der sozialen Sicherheit, den der Europäische Gerichtshof in zwei Entscheidungen zu den zwingenden Erfordernissen des Allgemeininteresses gezählt hat.[527] Ebenso wie die Verluste der Sozialversicherungsträger von der Solidargemeinschaft der Ver-

---

524 Eine solche Rechtfertigung scheint *Troberg* (Fn. 85, Vorb Art. 52 bis 58, Rn. 9) in den Fällen zu fordern, in denen ein Mitgliedstaat einem Unternehmen, das erst durch eine Nationalisierung zu einem öffentlichen Unternehmen geworden ist, eine grenzüberschreitende Tätigkeit verbieten will. Diese Ausführungen stehen jedoch im Widerspruch zu seinen Aussagen im Hinblick auf die gemeinschaftsrechtliche Zulässigkeit gesetzlicher Regelungen wie dem Regionalprinzip, die er nicht als Beschränkungen der Niederlassungsfreiheit, sondern als satzunsgmäßige Selbstbeschränkungen oder (zulässige) umgekehrte Diskriminierungen ansieht, vgl. insoweit den Nachweis in Fn. 473.

525 Vgl. *Held*, WiVerw 1998, 265 (285).

526 Vgl. *Ehlers*, DVBl. 1998, 497 (507). Vgl. auch BVerfGE 89, 144 (154), wonach es die „Gewährleistungspflicht" dem Land gebietet, die Zahlungsunfähigkeit öffentlich-rechtlicher Rundfunkanstalten abzuwehren. „Notfalls muß das Land für die Verbindlichkeiten der Rundfunkanstalten einstehen." Ferner BGH, DÖV 1977, 529 f. Siehe auch *Stern/Nierhaus* (Fn. 475), S. 193.
Allgemein zur Gewährträgerhaftung der Bundesländer gegenüber den Kommunen *Schwarz*, Staatsgarantie für kommunale Verbindlichkeiten bei „faktischem Konkurs der Kommunen", 1998; *ders.*, ZG 1997, 349 (359 ff.). Zum Aufgaben- und Finanzverbund der Kommunen und der Länder vgl. außerdem *Grawert*, Die Kommunen im Länderfinanzausgleich, 1989, S. 30, 39.

527 EuGH, Rs. C-158/96, Slg. 1998, I-1935 (1948) - Kohll; Rs. C-120/98, Slg. 1998, I-1831 (1884) – Decker.

sicherten getragen werden müssen, tragen die Verluste öffentlicher Unternehmen im Endeffekt die Steuerzahler.
Die zwingenden Erfordernisse als ungeschriebene Grundfreiheitsschranken stehen jedoch unter dem Vorbehalt der Verhältnismäßigkeit.[528] Zulässig sind nur solche Beschränkungen, die zur Erreichung des angestrebten Zwecks geeignet, erforderlich und angemessen sind.[529] Sieht man entgegen der hier vertretenen Auffassung im Regionalprinzip der Sparkassen eine Beschränkung der Niederlassungsfreiheit, scheidet eine gemeinschaftsrechtliche Rechtfertigung mangels Erforderlichkeit aus, da das Regionalprinzip ein Auslandsengagement kommunaler Sparkassen generell verbietet.[530] Ein ausreichender Schutz vor den finanziellen Risiken einer Auslandstätigkeit könnte nämlich auch durch eine Prüfung im jeweiligen Einzelfall gewährleistet werden, die insofern ein milderes Mittel darstellen würde.
Gerechtfertigt werden können dagegen Regelungen wie der neue § 107 Abs. 4 GO NW, wenn die dort geforderte Genehmigung, deren Voraussetzungen das Gesetz nicht nennt, dazu dienen soll, eine Prüfung der finanziellen Risiken eines Auslandsengagements sicherzustellen, und sie erteilt wird, wenn diese Risiken tragbar sind.

3. Abschnitt: Rechtsschutz öffentlicher Unternehmen gegen Grundfreiheitsbeeinträchtigungen durch den Aufnahmestaat

Rechtsschutz gegen Grundfreiheitsbeeinträchtigungen durch den Aufnahmestaat gewähren dessen Gerichte.
In der Bundesrepublik Deutschland sind insofern regelmäßig die Verwaltungsgerichte zuständig, da Streitigkeit im Hinblick auf die Grundfreiheiten als öffentlich-rechtliche Streitigkeiten im Sinne von § 40 Abs. 1 S. 1 VwGO zu qualifizieren sind.[531] Ausländische öffentliche Unternehmen sind in verwaltungsgerichtlichen Verfahren nach § 61 Nr. 1 VwGO beteiligtenfähig, wenn sie nach ihrem Heimat-

---

528 Vgl. zuletzt EuGH, Rs. C-423/98, EuZW 2000, 632 (633) – Alfredo Albore.

529 EuGH, Rs. 265/87, Slg. 1989, 2237 (2269) – Schräder/Hauptzollamt Gronau; Rs. C-55/94, Slg. 1995, I-4165 (4197 f.) – Gebhard. Der EuGH spricht die Dreistufigkeit der Verhältnismäßigkeitsprüfung allerdings selten so deutlich aus wie in diesen Urteilen. Der Schwerpunkt liegt für ihn regelmäßig auf der Verhältnismäßigkeitsprüfung, vgl. Rs. C-17/93, Slg. 1994, I-3537 (3559) – van de Veldt. Eine dreistufige Prüfung entspricht jedoch der herrschenden Meinung im gemeinschaftsrechtlichen Schrifftum, vgl. *Geiger* (Fn. 95), Art. 30 Rn. 15; *Kingreen* (Fn. 47), S. 169; *Jarass*, EuR 1995, 202 (225 f.); *Schilling*, EuR 1994, 50 (53).

530 A.A. *Lohmiller* (Fn. 477), S. 129 f., 132.

531 Vgl. oben 4. Teil, 4. Abschnitt, A., I. (S. 97 ff.).

recht rechtsfähig sind.[532] Dies gilt für die Unternehmen der Mitgliedstaaten der Europäischen Gemeinschaft unabhängig davon, ob sie öffentlich-rechtlich oder privatrechtlich organisiert sind, denn Art. 2 des Übereinkommens vom 29.2.1968 über die gegenseitige Anerkennung von Gesellschaften und juristischen Personen[533] verpflichtet die Bundesrepublik zur Anerkennung sämtlicher juristischer Personen, deren Gegenstand darin besteht, als Haupt- oder Nebenzweck eine normalerweise entgeltliche, wirtschaftliche Tätigkeit auszuüben.[534]
Rechtlich unselbständige öffentliche Unternehmen sind dagegen nicht selbst beteiligtenfähig. Klagen kann in diesen Fällen jedoch ihr mitgliedstaatlicher Träger, da auch fremde Staaten sowie Gliedstaaten und sonstige Gebietskörperschaften beteiligtenfähig sind.[535]

---

532 *Feldmüller* (Fn. 387), S. 121. Vgl. auch *Ehlers* (Fn. 386), S. 43.

533 Die Bundesrepublik Deutschland hat dieses Übereinkommen durch Gesetz vom 18.5.1972 (BGBl. 1972 II, S. 369) ratifiziert.

534 Vgl. auch *Riedl*, in: *Obermayer*, VwVfG, 3. Aufl. 1999, § 11 Rn. 8 f.

535 *Feldmüller* (Fn. 387), S. 121.

6. Teil: Zusammenfassung und Schluß

Die Ergebnisse der Arbeit lassen sich in folgenden Thesen zusammenfassen:

1. Aufgrund des in Art. 295 EG zum Ausdruck kommenden Grundsatzes der eigentumspolitischen Neutralität des EG-Vertrages dürfen die Mitgliedstaaten sich mittels öffentlicher Unternehmen eigenwirtschaftlich betätigen.

2. Der gemeinschaftsrechtliche Begriff des öffentlichen Unternehmens umfaßt jede wirtschaftlich tätige Einheit, auf deren Verhalten die Mitgliedstaaten beherrschenden Einfluß ausüben können, ohne auf hoheitliche Handlungsinstrumente zurückgreifen zu müssen.

3. Die öffentlichen Unternehmen sind unmittelbare Verpflichtungsadressaten der Grundfreiheiten. Zwar enthält der EG-Vertrag keine Norm, welche die öffentlichen Unternehmen expressis verbis an die Grundfreiheiten bindet. Um einen umfassenden Grundfreiheitsschutz zu gewährleisten, ist der Begriff des „Mitgliedstaates" im Hinblick auf die Grundfreiheitsadressaten jedoch in einem funktionalen Sinne auszulegen. Er umfaßt sämtliche Einrichtungen, auf deren Verhalten die Mitgliedstaaten beherrschenden Einfluß ausüben können.
   Zu den Verpflichtungsadressaten der Grundfreiheiten gehören daher auch staatlich beherrschte gemischt-wirtschaftliche Unternehmen, die dem weiten gemeinschaftsrechtlichen Begriff des „öffentlichen Unternehmens" unterfallen.

4. Die Grundfreiheitsbindung öffentlicher Unternehmen endet nicht an der nationalen Grenze, sondern bleibt bei einer Tätigkeit im Ausland fortbestehen.

5. Anders als der individuell Beeinträchtigte kann die Europäische Kommission die Grundfreiheitsbindung der öffentlichen Unternehmen nur mittelbar im Wege eines Vorgehens gegen den mitgliedstaatlichen Träger durchsetzen. Diesem ist es jedoch nicht nur verboten, sein Unternehmen für eine Grundfreiheitsverletzung zu instrumentalisieren. Art. 86 Abs. 1 EG verpflichtet ihn daneben, sein Unternehmen zu beaufsichtigen und gegen Grundfreiheitsverstöße einzuschreiten, die auf eine autonome Entscheidung seines Unternehmens zurückgehen.
   Um diese Einwirkungspflichten erfüllen zu können, dürfen die Mitgliedstaaten sich nur dann an privatrechtlich organisierten Unternehmen beteili-

gen oder solche Unternehmen gründen, wenn sie sich ausreichende Einflußmöglichkeiten sichern.
In der Bundesrepublik Deutschland obliegen die Einwirkungspflichten nicht nur dem Bund, sondern auch den Ländern und Gemeinden. Kommen letztere ihren Pflichten nicht nach, kann der Bund im Wege des Bundeszwanges ein gemeinschaftsrechtskonformes Verhalten erzwingen.

6. Sowohl die geschriebenen Grundfreiheitsschranken und die zwingenden Erfordernisse des Allgemeininteresses als auch der Art. 86 Abs. 2 EG begrenzen die Grundfreiheitsbindung der öffentlichen Unternehmen. Die Bevorzugung nationaler Produkte oder Arbeitskräfte durch öffentliche Unternehmen vermögen sie jedoch nicht zu rechtfertigen.

7. Rechtsschutz gegen Grundfreiheitsbeeinträchtigungen durch öffentliche Unternehmen gewähren in Deutschland regelmäßig die Verwaltungsgerichte.
Sie dürfen dabei auch über Grundfreiheitsverletzungen durch ausländische öffentliche Unternehmen entscheiden, wenn diese ihre Geschäfte von einer Niederlassung im Inland aus abwickeln.

8. Sofern sie grenzüberschreitend tätig werden, sind die öffentlichen Unternehmen nicht mehr nur Verpflichtungsadressaten der Grundfreiheiten, sondern gehören auch zu deren Berechtigten.

9. Der grundfreiheitliche Schutz öffentlicher Unternehmen beschränkt sich jedoch auf Marktzugangsrechte im Aufnahmestaat.
Marktaustrittsrechte gegenüber dem eigenen Mitgliedstaat gewährend die Grundfreiheiten den öffentlichen Unternehmen dagegen nicht. Das Gemeinschaftsrecht betrachtet die Mitgliedstaaten als Einheit. Rechtsträger der Grundfreiheiten sind aus Sicht des Gemeinschaftsrechts zunächst nur die Mitgliedstaaten an sich. Die Zuweisung der Grundfreiheiten an bestimmte innerstaatliche Einheiten erfolgt erst durch das nationale Recht. Gesetzliche Regelungen, die den Tätigkeitsbereich öffentlicher Unternehmen begrenzen, stellen daher keine Beschränkungen der Grundfreiheiten dar, sondern bestimmen erst überhaupt erst den Umfang, in dem die öffentlichen Unternehmen Rechtsträger der Grundfreiheiten sind.

10. Rechtsschutz gegen Grundfreiheitsbeeinträchtigungen durch den Aufnahmestaat gewähren dessen Gerichte.

Literatur

Ahlfeld, Martin, Zwingende Erfordernisse im Sinne der Cassis-Rechtsprechung des Europäischen Gerichtshofs zu Art. 30 EGV, Baden-Baden 1997, zugl. Diss. Göttingen 1996

Ahlt, Michael, Europarecht, 2. Auflage, München 1996

Arndt, Hans-Wolfgang, Common Carrier bei Strom und Gas – Zur nationalstaatlichen und europarechtlichen Zulässigkeit von Durchleitungsverpflichtungen, RIW 1989, Beil. 7 zu Heft 10, 1 ff.

Bach, Albrecht, Wettbewerbsrechtliche Schranken für staatliche Maßnahmen nach europäischem Gemeinschaftsrecht, Tübingen 1992, zugl. Diss. Tübingen 1991

Badura, Peter, Das öffentliche Unternehmen im europäischen Binnenmarkt, ZGR 1997, 291

ders., Die Organisations- und Personalhoheit des Mitgliedstaates in der Europäischen Union, in: Due, Ole / Lutter, Marcus / Schwarze, Jürgen (Hrsg.), Festschrift für Ulrich Everling, Band 1, Baden-Baden 1995, S. 33 ff.

Bahlmann, Kai, Der Grundrechtsschutz in der Europäischen Gemeinschaft – Wege der Verwirklichung, EuR 1982, 1 ff.

Bartosch, Andreas, Neue Transparenzpflichten – eine kritische Analyse des Kommissionsentwurfs einer neuen Transparenzrichtlinie, EuZW 2000, 333 ff.

Basedow, Jürgen, Ansätze zur europäischen Regulierung der Postdienste, EuZW 1996, 143 ff.

ders., Von der deutschen zur europäischen Wirtschaftsverfassung, Walter Eucken Institut – Vorträge und Aufsätze, Band 137, Tübingen 1992

Bauer, Günter, Wettbewerbsbeschränkungen durch Staaten, München 1990, zugl. Diss. Erlangen-Nürnberg 1989

Baur, Jürgen F., Die Elektrizitätsbinnenmarktrichtlinie, in: ders. / Friauf, Karl, Energierechtsreform zwischen Europarecht und kommunaler Selbstverwaltung, Veröffentlichungen des Instituts für Energierecht an der Universität zu Köln, Band 84, Köln 1997

ders., Der Vertrag über die Europäische Gemeinschaft und die ausschließliche Zuständigkeit von Unternehmen zur Versorgung mit Energie, in: Due, Ole / Lutter, Marcus / Schwarze, Jürgen (Hrsg.), Festschrift für Ulrich Everling, Band I, Baden-Baden 1995, S. 69 ff.

Becker, Ulrich, Das Verbot tarifärer und nichttarifärer Hemmnisse des EU-Warenverkehrs, JA 1997, 65 ff.

Behrens, Peter, Die Konvergenz der wirtschaftlichen Freiheiten im europäischen Gemeinschaftsrecht, EuR 1992, 145 ff.

ders., Niederlassungsfreiheit und Internationales Gesellschaftsrecht, RabelsZ 52 (1988), 498 ff.

Bellamy, Christopher / Child, Graham D., Common Market Law of Competition, 4. Auflage, London 1993

Benesch, Rudolf, Die Kompetenzen der EG-Kommission nach Art. 90 Abs. 3 EWG-V, Köln 1993, zugl. Diss. Münster 1993

Berg, Werner, Neue Entscheidungen des EuGH zur Anwendung des EG-Kartellrechts im Bereich der sozialen Sicherheit, EuZW 2000, 170 ff.

ders., Die wirtschaftliche Betätigung des Staates als Verfassungsproblem, GewArch 1990, 225 ff.

Beutler, Bengt / Bieber, Roland / Pipkorn, Jörn / Streil, Jochen, Die Europäische Union, 4. Auflage, Baden-Baden 1993

Bieback, Karl-Jürgen, Die Kranken- und Pflegeversicherung im Wettbewerbsrecht der EG, EWS 1999, 361 ff.

Birke, Hans Eberhard, Die deutschen Bundesländer in den Europäischen Gemeinschaften, Berlin 1973

Birkenmaier, Dieter, Gemeinsamer Markt, nationales Interesse und Art. 90 EWGV, EuR 1988, 144 ff.

Bleckmann, Albert (Hrsg.), Europarecht, 6. Auflage, Köln 1997

ders., Zur Dogmatik des Niederlassungsrechts im EWG-Vertrag, WiVerw 1987, 119 ff.

ders., Die Personenverkehrsfreiheit im Recht der EG, DVBl. 1986, 69 ff.

ders., Zu den Auslegungsmethoden des Europäischen Gerichtshofs, NJW 1982, 1177 ff.

Börner, Bodo, Rechtsfragen zu Art. 90 EWGV, in: ders., Studien zum Deutschen und Europäischen Wirtschaftsrecht, Köln 1973, S. 249 ff.

ders., Die fünfte Freiheit des Gemeinsamen Marktes: Der freie Zahlungsverkehr, in: Hallstein, Walter / Schlochauer, Hans-Jürgen (Hrsg.), Zur Integration Europas, Festschrift für Carl Friedrich Ophüls, Karlsruhe 1965, S. 19 ff.

Boutard-Labarde, Marie-Chantal, Droit communautaire, La Semaine juridique 1993, I. Doctrine 3702, 373 ff.

Britz, Gabriele, Staatliche Förderung gemeinwirtschaftlicher Dienstleistungen in liberalisierten Märkten und Europäisches Wettbewerbsrecht, DVBl. 2000, 1641 ff.

dies., Die Mitwirkung Privater an der Wahrnehmung öffentlicher Aufgaben durch Einrichtungen des öffentlichen Rechts, Verw Arch 2000, 418 ff.

dies., Örtliche Energieversorgung nach nationalem und europäischem Recht, Baden-Baden 1994, zugl. Diss. Frankfurt am Main 1993/94

Brohm, Wilfried, Wirtschaftstätigkeit der öffentlichen Hand und Wettbewerb, NJW 1994, 281 ff.

Büdenbender, Ulrich, Energierecht nach der Energierechtsreform, JZ 1999, 62 ff.

ders., Durchleitung elektrischer Energie nach der Energierechtsreform, RdE 1999, 1 ff.

Büchner, Wolfgang, Die rechtliche Gestaltung kommunaler öffentlicher Unternehmen, Frankfurt am Main 1982

Buck, Carsten, Über die Auslegungsmethoden des Gerichtshofs der EG, Frankfurt am Main 1998, zugl. Diss. Münster 1997

Bülow, Erich, Das Verhältnis des Rechts der europäischen Gemeinschaften zum nationalen Recht, in: Ballerstedt, Kurt / Steindorff, Ernst (Hrsg.), Aktuelle Fragen des Europäischen Gemeinschaftsrechts, Stuttgart 1965, S. 28 ff.

Bundesministerium der Finanzen (Hrsg.), Beteiligungsbericht 1999, Bonn 1999

Bünten, Wilfried, Staatsgewalt und Gemeinschaftshoheit bei der innerstaatlichen Durchführung des Rechts der Europäischen Gemeinschaften durch die Mitgliedstaaten, Berlin 1977

Burchard, Friedrich von, Die Kompetenzen der EG-Kommission nach Art. 90 III EWGV, EuZW 1991, 339 ff.

Burghardt, Günter, Die Eigentumsordnung in den Mitgliedstaaten und der EWG-Vertrag - Zur Auslegung von Art. 222 EWGV, Hamburg 1969, zugl. Diss. Hamburg 1969

Burgi, Martin, Mitgliedstaatliche Garantenpflicht statt unmittelbare Drittwirkung der Grundfreiheiten, EWS 1999, 327 ff.

ders., Die öffentlichen Unternehmen im Gefüge des primären Gemeinschaftsrechts, EuR 1997, 261 ff.

ders., Verwaltungsprozeß und Europarecht, München 1996

ders., Freier Personenverkehr in Europa und nationale Verwaltung, JuS 1996, 958 ff.

ders., Deutsche Verwaltungsgerichte als Gemeinschaftsrechtsgerichte, DVBl. 1995, 772 ff.

Calliess, Christian / Ruffert, Matthias (Hrsg.), Kommentar des Vertrages über die Europäische Union und des Vertrages zur Gründung der Europäischen Gemeinschaft, Neuwied 1999

Capelli, Fausto, Nationalisierungen im Gemeinsamen Markt, RIW 1983, 313 ff.

Caspar, Johannes, Das europäische Tabakwerbeverbot und das Gemeinschaftsrecht, EuZW 2000, 237 ff.

Celestine, Patrick / Felsner, Marcus, Öffentliche Unternehmen, Privatisierung und service public in Frankreich, RIW 1997, S. 105 ff.

Claussen, Bernd, Teilprivatisierung kommunaler Sparkassen? Ökonomische und rechtliche Rahmenbedingungen für eine Beteiligung Privater an den kommunalen Sparkassen, Baden-Baden 1990, zugl. Diss. Kiel 1989

Conrad, Friedrich Wilhelm, Formen der Vollziehung des Europäischen Gemeinschaftsrechts durch die Bundesrepublik Deutschland und Formen der Gemeinschaftsaufsicht, Diss. Bonn 1968

Constantinesco, Vlad / Jacqué, Jean-Paul / Kovar, Robert / Simon, Denys (Hrsg.), Traité instituant la CEE, Commentaire article par article, Paris 1992

Cronauge, Ulrich, Kommunale Unternehmen, 3. Auflage, Berlin 1997

Cronenberg, Martin, Das neue Energiewirtschaftsrecht, RdE 1998, 85 ff.

Curtin, Deidre, The Province of Government: Delimiting the Direct Effect of Directives in the Common Law Context, ELR 1990, 195 ff.

Cutts, John W., Europäische Privatisierungswellen, Sparkasse 1996, 17 ff.

Danwitz, Thomas von, Vom Verwaltungsprivat- zum Verwaltungsgesellschaftsrecht - Zu Begründung und Reichweite öffentlich-rechtlicher Ingerenzen in der mittelbaren Kommunalverwaltung, AöR 120 (1996), 595 ff.

Dauses, Manfred (Hrsg.), Handbuch des EU-Wirtschaftsrechts, Loseblatt, Stand: 8. Ergänzungslieferung November 1999, München

Deckert, Martina R. / Schroeder, Werner, Öffentliche Unternehmen und EG-Beihilferecht, EuR 1998, 291 ff.

Dehmer, Rudolf, Gesetzliche Monopole in der Stromversorgung und EG-Recht, RdE 1993, 91 ff.

Deipenbrock, Gudula, Die Deutsche Bundespost auf dem Europäischen Binnenmarkt, Baden-Baden 1991

Deringer, Arved, Rapport général, in: Fédération internationale pour le droit européen [FIDE] (Hrsg.), L'égalité de traitement des entreprises publiques et privées, Rapports du 8me Congrès, Kopenhagen 1978, S. 1.1 ff.

Dietze, Jan / Schnichels, Dominik, Die aktuelle Rechtsprechung des EuGH zum EuGVÜ, EuZW 1999, 549 ff.

Doehring, Karl, Völkerrecht, Heidelberg 1999

Dörr, Oliver, Die Warenverkehrsfreiheit nach Art. 30 EWGV - doch bloß ein Diskriminierungsverbot?, RabelsZ 54 (1990), 677 ff.

Ebenroth, Carsten Thomas, Neue Ansätze zur Warenverkehrsfreiheit im Binnenmarkt der Europäischen Union, in: Erdmann, Willi / Gloy, Wolfgang / Herber, Rolf (Hrsg.), Festschrift für Henning Piper, München 1996, S. 133 ff.

Eberhartinger, Michael, Konvergenz und Neustrukturierung der Grundfreiheiten, EWS 1997, 43 ff.

Eckert, Tilman, Die Befugnisse der EG-Kommission gem. Art. 90 III EWGV und ihre Grenzen, Diss. München 1992

Egger, Alexander, Bundesstaat und EU-Recht: Verfassungsrechtliche Probleme der Durchführung, Der Staat 38 (1999), 449 ff.

ders., Die rechtlichen Instrumentarien zur Verwirklichung eines Gemeinsamen Marktes, in: Lukes, Rudolf (Hrsg.), Ein EWG-Binnenmarkt für Elektrizität - Realität oder Utopie, Köln 1988, S. 28 ff.

ders., Das Verbot der Maßnahmen gleicher Wirkung in der Rechtsprechung des Gerichtshofs, in: Stödter, Rolf / Thieme, Werner (Hrsg.), Hamburg – Deutschland – Europa, Festschrift für Hans Peter Ipsen, 1977, S. 579

Ehlers, Dirk, Die Grundfreiheiten des Europäischen Gemeinschaftsrechts – Teil I, Jura 2001, 266 ff.

ders., Das neue Kommunalwirtschaftsrecht in Nordrhein-Westfalen, NWVBl. 2000, 1 ff.

ders., Die Europäisierung des Verwaltungsprozeßrechts, Köln 1999

ders., Die Zulässigkeit einer eigenwirtschaftlichen Betätigung der öffentlichen Hand, Jura 1999, 212 ff.

ders., Zum rechtlichen Rahmen der Kommunalwirtschaft, NLT 1999, 17 ff.

ders., Rechtsprobleme der Kommunalwirtschaft, DVBl. 1998, 497 ff.

ders., Interkommunale Zusammenarbeit in Gesellschaftsform, DVBl. 1997, 137 ff.

ders., Die Einwirkungen des Rechts der Europäischen Gemeinschaften auf das Verwaltungsrecht, DVBl. 1991, 605 ff.

ders., Das Wirtschaftsverwaltungsrecht im europäischen Binnenmarkt, NVwZ 1990, 810 ff.

ders., Die wirtschaftliche Betätigung der öffentlichen Hand in der Bundesrepublik Deutschland, JZ 1990, 1089 ff.

ders., Kommunale Wirtschaftsförderung und kommunale Selbstverwaltung, in: ders. (Hrsg.), Kommunale Wirtschaftsförderung, Köln 1990, S. 103 ff.

ders., Verwaltung in Privatrechtsform, Berlin 1984

Ehricke, Ulrich, Zur Konzeption von Art. 37 I und Art. 90 II EGV, EuZW 1998, 741 ff.

ders., Art. 90 EWGV – eine Neubetrachtung, EuZW 1993, 211 ff.

Eichenhofer, Eberhard, Das Arbeitsvermittlungsmonopol der Bundesanstalt für Arbeit und des EG-Recht, NJW 1991, 2857 ff.

Elbing, Gunther, Zur Anwendbarkeit der Grundrechte bei Sachverhalten mit Auslandsbezug, Berlin 1992, zugl. Diss. München 1991

Ellgering, Ingo, Anmerkungen zum sparkassentypischen Regionalprinzip im europäischen Binnenmarkt, WM 1992, 131

Emmerich, Volker, Kartellrecht, 8. Auflage, München 1999

ders., Die deutsche Versorgungswirtschaft in der Wettbewerbsordnung der Europäischen Gemeinschaft, in: Erdmann, Willi / Mees, Hans-Kurt / Piper, Henning / Teplitzky, Otto / Hefermehl, Wolfgang / Ulmer, Peter (Hrsg.), Festschrift für Otto-Friedrich Frhr. v. Gamm, Köln 1990, S. 581 ff.

ders., Die kommunalen Versorgungsunternehmen zwischen Wirtschaft und Verwaltung, Frankfurt am Main 1970

Emmert, Frank, Europarecht, München 1996

Epiney, Astrid, Umgekehrte Diskriminierungen, Köln 1995

Erichsen, Hans-Uwe (Hrsg.), Allgemeines Verwaltungsrecht, 11. Auflage, Berlin 1998

ders., Kommunalrecht Nordrhein-Westfalen, 2. Auflage, Siegburg 1997
Erichsen, Hans-Uwe / Frenz, Walter, Gemeinschaftsrecht vor deutschen Gerichten, Jura 1995, 422 ff.
Esser, Rainer, Zur Immunität rechtlich selbständiger Staatsunternehmen, RIW 1984, 577 ff.
Everling, Ulrich, Der Binnenmarkt in der Rechtsprechung des Gerichtshofs der Europäischen Gemeinschaften, in: Lukes, Rudolf (Hrsg.), Ein EWG-Binnenmarkt für Elektrizität - Realität oder Utopie, Köln 1988, S. 132 ff.
ders., Eigentumsordung und Wirtschaftsordnung in der Europäischen Gemeinschaft, in: Baur, Fritz / Esser, Josef / Kübler, Friedrich / Steindorff, Ernst (Hrsg.), Funktionswandel der Privatrechtsinstitutionen, Festschrift für Ludwig Raiser, Tübingen 1974, S. 379 ff.
ders., Das Niederlassungsrecht im Gemeinsamen Markt, Berlin 1963
ders., Einzelheiten der Regelung der selbständigen beruflichen Tätigkeiten im Gemeinsamen Markt, BB 1958, 857 ff.

Feldmüller, Christian, Die Rechtsstellung fremder Staaten und sonstiger juristischer Personen des ausländischen öffentlichen Rechts im deutschen Verwaltungsprozeß, Berlin 1999, zugl. Diss. Münster 1998
Fesenmair, Joseph, Öffentliche Dienstleistungsmonopole im europäischen Recht - Eine juristisch-ökonomische Analyse unter besonderer Berücksichtigung der Theorie der natürlichen Monopole, Berlin 1996, zugl. Diss. Berlin 1995
Fischer, Hans-Georg, Europarecht, 2. Auflage, München 1997
Fischer, Peter / von Hoffmann, Bernd, Staatsunternehmen im Völkerrecht und im internationalen Privatrecht, Berichte der Deutschen Gesellschaft für Völkerrecht, Heft 25, Heidelberg 1984
Friedrich, Helmut Martin, Rechtsprobleme der nationalen, völkerrechtlichen und europarechtlichen Regelungen der grenzüberschreitenden Abfallverbringung, UPR 1988, 4 ff.
Frömke, Peter, Die Stellung der Kreditinstitute im Wettbewerbsrecht der Europäischen Wirtschaftsgemeinschaft nach Art. 90 Abs. 2 EWGV, Baden-Baden 1987, zugl. Diss. Göttingen 1986

Geiger, Rudolf, EU-Vertrag / EG-Vertrag, 3. Auflage, München 2000
Geimer, Reinhold, Internationales Zivilprozeßrecht, 3. Auflage, Köln 1997
Geimer, Reinhold / Schütze, Rolf A., Europäisches Zivilverfahrensrecht, München 1997
Giesen, Richard, Die Vorgaben des EG-Vertrages für das Internationale Sozialrecht, Köln 1999
Gimple, Manuel, Das Regionalprinzip der deutschen kommunalen Sparkassen bei der Zweigstellenerrichtung im EG-Ausland, Konstanz 1990, zugl. Diss. Konstanz 1990

Goldman, Berthold / Lyon-Caen, Antoine / Vogel, Louis, Droit commercial européen, 5. Auflage, Paris 1994
Götz, Volkmar, Europäisches Gemeinschaftsrecht und deutsches Recht, JZ 1963, 265 ff.
Grabitz, Eberhard / Hilf, Meinhard (Hrsg.), Kommentar zur Europäischen Union, Loseblatt, München
Band I, EUV/EGV (Amsterdamer Fassung), Stand: 15. Ergänzungslieferung Januar 2000
Altband I, EUV, Art. 1 – 136a EGV (Maastrichter Fassung), Stand: 14. Ergänzungslieferung Oktober 1999
Altband II, Art. 137 – 248 EGV (Maastrichter Fassung), EWGV (Römische Fassung), Stand: 14. Ergänzungslieferung Oktober 1999
Graf Vitzthum, Wolfgang (Hrsg.), Völkerrecht, 1997
Gramlich, Ludwig, Grundfreiheiten contra Grundrechte im Gemeinschaftsrecht, DÖV 1996, 801 ff.
Grawert, Rolf, Zuständigkeitsgrenzen der Kommunalwirtschaft, in: Grupp, Klaus / Ronellenfitsch, Michael (Hrsg.), Planung – Recht – Rechtsschutz, Festschrift für Willi Blümel, Berlin 1999, S. 119 ff.
ders., Die Kommunen im Länderfinanzausgleich, Berlin 1989
Groeben, Hans von der, Die Entwicklung der EWG und ihre Auswirkungen auf die Wirtschaftsverfassung in den Mitgliedstaaten, in: Die öffentlichen Unternehmen in der zweiten Stufe des Gemeinsamen Marktes, Schriftenreihe der Gesellschaft für öffentliche Wirtschaft, Band 11, Berlin 1965, S. 19 ff.
Groeben, Hans von der / Thiesing, Jochen / Ehlermann, Claus-Dieter (Hrsg.), Kommentar zum EU/EG-Vertrag
Band 1, Art. A-F EUV, Art. 1-84 EGV, 5. Auflage, Baden- Baden 1997,
Band 2/II, Art. 88-102 EGV, 5. Auflage, Baden-Baden 1999,
Band 5, Art. 210-248 EGV, Art. H-S EUV, 5. Auflage, Baden-Baden 1997
Gundersen, Fr. Fr., Die staatlichen Handelsmonopole und die EWG, ZHR 139 (1975), 1 ff.
Gusy, Christoph, Die wirtschaftliche Betätigung des Staates, JA 1995, 166 ff., 253 ff.
Gyselen, Luc, Anti-Competitive State Measures under the EC Treaty: Towards a Substantive Legality Standard, ELR 1993, Competion Law Checklist, CC 55 ff.

Hailbronner, Kay, Rechtsstellung und Tätigkeitsbereich der öffentlich-rechtlichen Pflicht- und Monopolversicherungsanstalten in der Europäischen Gemeinschaft, Baden-Baden 1991
ders., Öffentliche Unternehmen im Binnenmarkt – Dienstleistungsmonopole und Gemeinschaftsrecht, NJW 1991, 593 ff.

Hailbronner, Kay / Klein, Eckart / Magiera, Siegfried / Müller-Graff, Peter-Christian, Handkommentar zum Vertrag über die Europäische Union (EUV/EGV), Loseblatt, Stand: 7. Ergänzungslieferung November 1998, Köln

Hailbronner, Kay / Nachbaur, Andreas, Niederlassungs- und Dienstleistungsfreiheit im Binnenmarkt 1992, Linz 1992

Hallstein, Walter, Die echten Probleme der europäischen Integration, Kieler Vorträge gehalten im Institut für Weltwirtschaft an der Universität Kiel, Neue Folge 37, Kiel 1965

Heinemann, Andreas, Grenzen staatlicher Monopole im EG-Vertrag, München 1996, zugl. Diss. München 1994/95

Heintzen, Markus, Zur Tätigkeit kommunaler (Energieversorgungs-) Unternehmen außerhalb der kommunalen Gebietsgrenzen, NVwZ 2000, 743 ff.

Heinze, Meinhard, Europarechtliche Rahmenbedingungen der deutschen Sozialversicherung, BG 1995, 89 ff.

Held, Friedrich Wilhelm, Kommunalwirtschaftliche Betätigung – begrenzt auf das Örtlichkeitsprinzip, in: Henneke, Hans-Günter (Hrsg.), Optimale Aufgabenerfüllung im Kreisgebiet, Stuttgart 1998, S. 181 ff.

ders., Ist das kommunale Wirtschaftsrecht noch zeitgemäß? - Zugleich ein Beitrag zur wirtschaftlichen und nichtwirtschaftlichen Betätigung der Gemeinden, WiVerw 1998, 265 ff.

Hellermann, Johannes, Der Staat als Akteur auf ausländischen Märkten, in: Grawert, Rolf / Schlink, Bernhard / Wahl, Rainer / Wieland, Joachim (Hrsg.), Offene Staatlichkeit, Festschrift für Ernst-Wolfgang Böckenförde, Berlin 1995, S. 277 ff.

Herdegen, Matthias, Europarecht, 2. Auflage, München 1999

ders., Die vom Bundesrat angestrebte Festschreibung der Privilegien öffentlich-rechtlicher Kreditinstitute: Gefahr für die EG-Wettbewerbsordnung, WM 1997, 1130 ff.

Hesse, Konrad, Der unitarische Bundesstaat, Karlsruhe 1962

Hilf, Meinhard / Pache, Eckhard, Das Bosman-Urteil des EuGH, NJW 1996, 1169 ff.

Hirsch, Etienne, Die französischen Planungsmethoden und ihre Ausdehnung auf den Gemeinsamen Markt, Berlin 1962

Hirsch, Günter, Der EuGH im Spannungsverhältnis zwischen Gemeinschaftsrecht und nationalem Recht, NJW 2000, 1817 ff.

Hobe, Stephan / Tietje, Christian, Europäische Grundrechte auch für Profisportler (EuGH, NJW 1996, 505), JuS 1996, 486 ff.

Hofmann, Rainer, Grundrechte und grenzüberschreitende Sachverhalte, Berlin 1994

Holch, Georg, Der deutsche Bundesrat zur Rechtssetzung der EWG, EuR 1967, 217 ff.

Hösch, Ulrich, Öffentlicher Zweck und wirtschaftliche Betätigung der Kommunen, DÖV 2000, 393 ff.
Huber, Peter M., Konkurrenzschutz im Verwaltungsrecht, Tübingen 1991
Hufen, Friedhelm, Verwaltungsprozeßrecht, 2. Auflage, München 1998
Huth, Klaus-Dieter, Die Sonderstellung der öffentlichen Hand in den Europäischen Gemeinschaften, Hamburg 1965, zugl. Diss. Hamburg 1964

Immenga, Ulrich / Mestmäcker, Ernst-Joachim, EG-Wettbewerbsrecht, Band II, München 1997
Immenga, Ulrich / Rudo, Joachim, Die Beurteilung von Gewährträgerhaftung und Anstaltslast der Sparkassen und Landesbanken nach dem EU-Beihilfenrecht, Baden-Baden 1997
Imping, Andreas, Ausländer-Quote und Ablösesumme im Profi-Fußball, EWS 1996, 193 ff.
Ipsen, Hans Peter, Europäisches Gemeinschaftsrecht, Tübingen 1972
Ipsen, Hans Peter / Nicolaysen, Gert, Öffentliche Unternehmen im Gemeinsamen Markt, NJW 1962, 2336 ff.
Isensee, Josef, Soziale Sicherheit im europäischen Markt, VSSR 1996, 169 ff.

Jaensch, Michael, Die unmittelbare Drittwirkung der Grundfreiheiten, Baden-Baden 1997, zugl. Diss. Bonn 1996
Janson, Bernd, Rechtsformen öffentlicher Unternehmen in der Europä-ischen Gemeinschaft, Baden-Baden 1980
Jarass, Hans D., Elemente einer Dogmatik der Grundfreiheiten II, EuR 2000, 705 ff.
ders. (Hrsg.), Wirtschaftsverwaltungsrecht, 3. Auflage, Neuwied 1997
ders., Europäisches Energierecht, Berlin 1996
ders., Die Grundfreiheiten als Grundgleichheiten, in: Due, Ole / Lutter, Marcus / Schwarze, Jürgen (Hrsg.), Festschrift für Ulrich Everling, Band I, Baden-Baden 1995, S. 593 ff.
ders., Elemente einer Dogmatik der Grundfreiheiten, EuR 1995, 202 ff.
ders., Konflikte zwischen EG-Recht und nationalem Recht vor den Gerichten der Mitgliedstaaten, DVBl. 1995, 954 ff.
ders., Grundfragen der innerstaatlichen Bedeutung des EG-Rechts, Köln 1994
ders., Die Niederlassungsfreiheit in der Europäischen Gemeinschaft, RIW 1993, 1 ff.
ders., EG-Recht und nationales Rundfunkrecht – Zugleich ein Beitrag zur Reichweite der Dienstleistungsfreiheit, EuR 1986, 75 ff.
Jarass, Hans D. / Pieroth, Bodo, Grundgesetz, 5. Auflage, München 2000
Jarvis, Malcolm A., Case Law, European Court of Justice, Case C-265/95, Commission v. French Republic, Comments, CMLR 1998, 1377 ff.

Junker, Abbo, Das internationale Unternehmensrecht des öffentlichen Unternehmens, ZGR 1990, 249 ff.

Kadelbach, Stefan, Allgemeines Verwaltungsrecht unter europäischem Einfluß, Tübingen 1999

Kaiser, Gerhard, Zur Ableitung des Verfassungsprinzips des „bundesfreundlichen Verhaltens“ aus dem Begriffs des Bundesstaates, DÖV 1961, 653 ff.

Kaiser, Joseph H., Regionalpolitik im föderalen System der Bundesrepublik Deutschland und der Europäischen Gemeinschaft, in: Lerche, Peter / Zacher, Hans / Badura, Peter (Hrsg.), Festschrift für Theodor Maunz, München 1981, S. 169 ff.

ders., Die Erfüllung der völkerrechtlichen Verträge des Bundes durch die Länder, ZaöRV 18 (1957/58), 526 ff.

Kandler, Jakob, Die Bedeutung der Vollendung des EG-Binnenmarkts für öffentliche Unternehmen, ZögU 12 (1989), 18 ff.

Karpenstein, Ulrich, Anmerkung zum Urteil des EuGH vom 4.7.2000 – Kommission/Hellenische Republik, EuZW 2000, 537 f.

Kilian, Wolfgang, Europäisches Wirtschaftsrecht, München 1996

Kingreen, Thorsten, Die Struktur der Grundfreiheiten des Europäischen Gemeinschaftsrechts, Berlin 1999

Kingreen, Thorsten / Störmer, Rainer, Die subjektiv-öffentlichen Rechte des primären Gemeinschaftsrechts, EuR 1998, 263 ff.

Klein, Hans, Die Teilnahme des Staates am wirtschaftlichen Wettbewerb, Stuttgart 1968

Klemm, Andreas, Strom aus dem Ausland – Ein Beitrag zu Art. 4 § 2 des Gesetzes zur Neuregelung des Energiewirtschaftsrechts, EuZW 2000, 69 ff.

Kluth, Winfried, Grenzen kommunaler Wettbewerbsteilnahme, Köln 1988, zugl. Diss. Münster 1987

Koenig, Christian / Kühling, Jürgen, Mitgliedstaatliche Kulturförderung und gemeinschaftliche Beihilfekontrolle durch die EG-Kommission, EuZW 2000, 197 ff.

Kort, Michael, Schranken der Dienstleistungsfreiheit im europäischen Recht, JZ 1996, 32 ff.

Kössinger, Winfried, Die Durchführung des Europäischen Gemeinschaftsrechts im Bundesstaat: Bund/Länder-Verhältnis und Europäisches Gemeinschaftsrecht, Berlin 1989, zugl. Diss. München 1988

Kovar, Robert, Droit communautaire et service public: esprit d'orthodoxie ou pensée laïcisée, RTDE 1996, 215 ff., 493 ff.

Kruse, Eberhard, Kommunale Sparkassen im Blickfeld des europäischen Beihilferechts, NVwZ 2000, 721 ff.

Kugelmann, Dieter, Der Rundfunk und die Dienstleistungsfreiheit des EWG-Vertrages, Berlin 1991, zugl. Diss. Mainz 1991

Kühling, Jürgen, Verfassungs- und kommunalrechtliche Probleme grenzüberschreitender Wirtschaftsbetätigung der Gemeinden, NJW 2001, 177 ff.

ders., Staatliche Handlungspflichten zur Sicherung der Grundfreiheiten, NJW 1999, 403 ff.

Kühne, Gunther, Anmerkung zum Beschluß der 3. Kammer des 1. Senats des BVerfG vom 16. Mai 1989, JZ 1990, 335 f.

Kühne, Gunther / Scholtka, Boris, Das neue Energiewirtschaftsrecht, NJW 1998, 1902 ff.

Kuhnt, Dietmar, Strommarkt und Dienstleistungsfreiheit, ET 1989, 254 ff.

Kummer, Heinz Joachim / Giesberts, Ludwig, Rechtsfragen der Privatisierung kommunaler Abfallentsorgung und Abwasserbeseitigung, NVwZ 1996, 1166 ff.

Küsters, Hanns Jürgen, Die Gründung der Europäischen Wirtschaftsgemeinschaft, Baden-Baden 1982, zugl. Diss. Köln 1981/82

Lackhoff, Klaus, Die Niederlassungsfreiheit des EGV – nur ein Gleichheits- oder auch ein Freiheitsrecht?, Berlin 2000, zugl. Diss. Münster 1998

ders., Deutsches Wirtschaftsverwaltungsrecht und die Grundfreiheiten des Art. 30, 34, 48, 52 und 59 EGV, Baden-Baden 1994

Langen, Eugen / Bunte, Hermann-Josef (Hrsg.), Kommentar zum deutschen und europäischen Kartellrecht, 8. Auflage, Neuwied 1998

Lanzke, Uwe, Regionalprinzip und Sparkassenhoheit im Europäischen Binnenmarkt, in: *Ipsen, Jörn (Hrsg.)*, Sparkassen im Wandel, 3. Bad Iburger Gespräche, Symposium des Instituts für Kommunalrecht der Universität Osnabrück, Köln 1993, S. 93 ff.

Lecheler, Helmut, Die Versorgung mit Strom und Gas als „service public" und die Bedeutung der „service public-Doktrin" für Art. 90 Abs. 2 EGV, RdE 1996, 212 ff.

Lecheler, Helmut / Gundel, Jörg, Die Rolle von Art. 90 Abs. 2 und 3 EGV in einem liberalisierten Energiemarkt – Zur Bedeutung der EuGH-Entscheidung vom 23.10.1997 für die Zukunft, RdE 1998, 92 ff.

Leible, Stefan, Anmerkung zum Urteil des EuGH vom 9.3.1999 - Centros, NZG 1999, 300 ff.

Lenz, Carl-Otto (Hrsg.), EG-Vertrag, Kommentar, 2. Auflage, Köln 1999

Lohmiller, Raphael, Kapitalgesellschaften der Sparkassen: Eine Untersuchung über die Rechtsgrundlagen der Beteiligungsfinanzierung durch kommunale Sparkassen, Stuttgart 2000, zugl. Diss. Münster 2000

Lübbig, Thomas, Anmerkung zum Urteil des EuG vom 28.1.1999 – Bretagne Angleterre Irlande/Kommission, EuZW 1999, 671 f.

Lüderitz, Alexander, Grundgesetz contra Internationales Privatrecht, RabelsZ 36 (1972), 35 ff.

Lukes, Rudolf, Energiewirtschaftliche Demarkationsverträge und EWG-Wettbewerbsrecht, DB 1987, 1925 ff.

Manthey, Nikolaus Vincent / Hartwig, Stefanie, Kassen und Versicherungen als Konkurrenten – Zur Gleichbehandlung von Sozialversicherungsträgern und privaten Versicherungsunternehmen im europäischen Wettbewerbsrecht, VW 2001, 997 ff.

Marenco, Giuliano, Pour une interprétation traditionelle de la nation de mesure d'effet équivalent à une restriction quantitative, CDE 1984, 291 ff.

ders., Public Sector and Community Law, CMLR 1983, 495 ff.

Marenco, Giuliano / Banks, Karen, Intellectual Property and the Community Rules on free Movement: Discrimination unearthed, ELR 15 (1990), 224 ff.

Markert, Kurt, Langfristige Bezugsbindungen für Strom und Gas nach deutschem und europäischem Kartellrecht, EuZW 2000, 427 ff.

Mathijsen, P., Rapport communautaire, in: Fédération internationale pour le droit européen [FIDE] (Hrsg.), L'égalité de traitement des entreprises publiques et privées, Rapports du 8me Congrès, Kopenhagen 1978, S. 11-1 ff.

Matthies, Heinrich, Die Verfassung des Gemeinsamen Marktes, in: Bieber, Roland / Bleckmann, Albert / Capotorti, Francesco (Hrsg.), Das Europa der zweiten Generation, Gedächtnisschrift für Christoph Sasse, Band I, Baden-Baden 1981, S. 113 ff.

ders., Die Verantwortung der Mitgliedstaaten für den freien Warenverkehr im Gemeinsamen Markt, in: Stödter, Rolf / Thieme, Werner (Hrsg.), Hamburg - Deutschland – Europa, Festschrift für Hans Peter Ipsen, Tübingen 1977, S. 669 ff.

Meng, Werner, Extraterritoriale Jurisdiktion im öffentlichen Wirtschaftsrecht, Berlin 1994

Mestmäcker, Ernst-Joachim, Von der Wirtschaftsgemeinschaft zur Wirtschafts- und Währungsunion, in: Hommelhoff, Peter / Kirchhof, Paul (Hrsg.), Der Staatenverbund der Europäischen Union, Heidelberg 1994, S. 113 ff.

ders., Gemeinschaftsrechtliche Schranken für die Begründung und Ausübung besonderer oder ausschließlicher Rechte nach Art. 90 Abs. 1 EWG-Vertrag, in: Everling, Ulrich / Narjes, Karl-Heinz / Sedemund, Jochim (Hrsg.), Europarecht, Kartellrecht, Wirtschaftsrecht, Festschrift für Arved Deringer, Baden-Baden 1993, S. 79 ff.

ders., Staat und Unternehmen im europäischen Gemeinschaftsrecht – Zur Bedeutung von Art. 90 EWGV, RabelsZ 52 (1988), 526

ders., Europäisches Wettbewerbsrecht, München 1974

ders., Die Vermittlung von europäischem und nationalem Recht im System unverfälschten Wettbewerbs, Bad Homburg 1969

Metzenthin, Andreas, Wettbewerb durch EG-Stromimporte, Köln 1992, zugl. Diss. Berlin 1991

ders., Kommunen und EG-Binnenmarkt für Energie, EuR 1990, 70 ff.

Meyer, Peter, Die Grundsätze der Auslegung im Europäischen Gemeinschaftsrecht, Jura 1994, 455 ff.

Meyer-Horn, Klaus, Die Sparkassen im europäischen Finanzraum von 1992 – Betrachtungen aus Brüsseler Sicht, Sparkasse 1989, 15 ff.

Mögele, Rudolf, Grundzüge der Rechtsordnung der Europäischen Gemeinschaften, BayVBl. 1989, 577 ff.

Moraing, Markus, Kommunales Wirtschaftsrecht vor dem Hintergrund der Liberalisierung der Märkte, WiVerw 1998, 233 ff.

Müller, Joachim A., Dienstleistungsmonopole im System des EWGV, Baden-Baden 1988, zugl. Diss. Bayreuth 1987/88

Müller-Armack, Alfred, Auf dem Weg nach Europa, Tübingen 1971

Müller-Graff, Peter-Christian, Eigenkapitalerhöhung öffentlicher Banken durch Fusion in den beihilferechtlichen Wettbewerbsregeln des EG-Vertrages, in: Baur, Jürgen F. / Jacobs, Rainer / Lieb, Manfred / Müller-Graff, Peter-Christian (Hrsg.), Festschrift für Ralf Vieregge, Berlin 1995, S. 661 ff.

ders., Die Erscheinungsformen der Leistungssubventionstatbestände aus gemeinschaftsrechtlicher Sicht, ZHR 152 (1988), 403 ff.

Müller-Graff, Peter / Zehetner, Franz, Öffentliche und privilegierte Unternehmen im Recht der Europäischen Gemeinschaften, Linz 1991

Müller-Terpitz, Ralf, Die wirtschaftliche Betätigung von Kommunen im Bereich der Telekommunikation, NWVBl. 1999, 292 ff.

Münch, Ingo von / Kunig, Philip (Hrsg.), Grundgesetz-Kommentar, Band 1, Art. 1 bis 20, 4. Auflage, München 1992

Nagel, Bernhard, Gemeindeordnung als Hürde? – Zur Reichweite der Betätigung von kommunalen Unternehmen nach § 107 der nordrhein-westfälischen Gemeindeordnung vor dem Hintergrund des europä-ischen Gemeinschaftsrechts und des Grundgesetzes, Baden-Baden 1999

Neßler, Volker, Europäisches Richtlinienrecht wandelt deutsches Verwaltungsrecht, Berlin 1994, zugl. Diss. Heidelberg 1994

Nettesheim, Martin, Der Grundsatz der einheitlichen Wirksamkeit des Gemeinschaftsrechts, in: Randelzhofer, Albrecht / Schloz, Rupert / Wilke, Dieter (Hrsg.), Gedächtnisschrift für Eberhard Grabitz, München 1995, S. 447 ff.

Nicolaysen, Gert, Anmerkung zum Urteil des EuGH vom 6. 7. 1982 – Frankreich, Italien und Vereinigtes Königreich/Kommission („Transparenzrichtlinie"), EuR 1983, 61 ff.

ders., Europarecht 2 - Das Wirtschaftsrecht im Binnenmarkt, Baden-Baden 1996 *ders.*, Plan-Einsatz öffentlicher Unternehmen und EWG-Vertrag (Art. 90 EWGV), in: Kaiser, Joseph H. (Hrsg.), Planung III - Mittel und Methoden planender Verwaltung, Baden-Baden 1968, S. 311 ff.

Niemeyer, Hans-Jörg / Hirsbrunner, Simon, Anstaltslast und Gewährträgerhaftung bei Sparkassen und die Zwischenstaatlichkeitsklausel in Art. 87 EG, EuZW 2000, 364 ff.

Nierhaus, Michael, Regionalprinzip und Sparkassenhoheit im europäischen Bankenbinnenmarkt, in: *Ipsen, Jörn (Hrsg.)*, Sparkassen im Wandel, 3. Bad Iburger Gespräche, Symposium des Instituts für Kommunalrecht der Universität Osnabrück, Köln 1993, S. 65 ff.

Obermayer, Klaus, Kommentar zum Verwaltungsverfahrensgesetz, 3. Auflage, Neuwied 1999

Olshausen, Henning von, Grundrechte und Anwendung ausländischen Rechts, DVBl. 1974, 652 ff.

Oppermann, Thomas, Europarecht, 2. Auflage, München 1999

ders., Europäische Wirtschaftsverfassung nach der Einheitlichen Europä-ischen Akte, in: Müller-Graff, Peter-Christian / Zuleeg, Manfred, Staat und Wirtschaft in der EG, Baden-Baden 1987, S. 53 ff.

ders., Transnationale Ausstrahlungen deutscher Grundrechte?, in: Kroneck, Friedrich F. / Oppermann, Thomas (Hrsg.), Im Dienste Deutschlands und des Rechts, Festschrift für Wilhlem G. Grewe, Baden-Baden 1981, S. 521 ff.

Otting, Olaf, Die Aktualisierung öffentlich-rechtlicher Schranken kommunalwirtschaftlicher Betätigung durch das Wettbewerbsrecht, DÖV 1999, 549 ff.

ders., Neues Steuerungsmodell und rechtliche Betätigungsspielräume der Kommunen, Stuttgart 1997, zugl. Diss. Münster 1997

Pais Antunes, Luis Miguel, L'article 90 du Traité CEE - Obligations des Etats membres et pouvoirs de la Commission, RTDE 1991, 186 ff.

Palme, Christoph, Das Bosman-Urteil des EuGH: Ein Schlag gegen die Sportautonomie?, JZ 1996, 238 ff.

Pappalardo, Aurelio, Die Umformung der staatlichen Handelsmonopole (Art. 37 EWG-Vertrag), WuW 1971, 235 ff.

Pernice, Ingolf, Kompetenzabgrenzung im Europäischen Verfassungsverbund, JZ 2000, 866 ff.

ders., Gestaltung und Vollzug des Umweltrechts im europäischen Binnenmarkt – Europäische Impulse und Zwänge für das deutsche Umweltrecht, NVwZ 1990, 414 ff.

ders., Grundrechtsgehalte im Europäischen Gemeinschaftsrecht, Baden-Baden 1979, zugl. Diss. Augsburg 1977/78

Pestalozza, Christian, Formenmißbrauch des Staates, München 1973

Pieroth, Bodo, Die Grundrechtsberechtigung gemischt-wirtschaftlicher Unternehmen, NWVBl. 1992, 85 ff.

Pieroth, Bodo / Schlink, Bernhard, Staatsrecht II - Die Grundrechte, 15. Auflage, Heidelberg 1999

Prechal, Sacha, Directives in European Community Law, Oxford, 1995

Püttner, Günter, Die öffentlichen Unternehmen, 2. Auflage, Stuttgart 1985

ders., Öffentliche Unternehmen als Instrument staatlicher Politik, DÖV 1983, 687 ff.

ders., Gleichbehandlung öffentlicher und privater Unternehmen, in: Fédération internationale pour le droit européen [FIDE] (Hrsg.), L'égalité de traitement des entreprises publiques et privées, Rapports du 8me Congrès, Kopenhagen 1978, S. 4.1 ff.

ders., Die Einwirkungspflicht - Zur Problematik öffentlicher Einrichtungen in Privatrechtsform, DVBl. 1975, 353 ff.

Rengeling, Hans-Werner, Grundrechtsschutz in der Europäischen Gemeinschaft, München 1993

ders., Nationaler Verwaltungsvollzug von Gemeinschaftsrecht: Die Gemeinschaftskompetenzen, EuR 1974, 216 ff.

Rengeling, Hans-Werner / Middeke, Andreas / Gellermann, Martin, Rechtsschutz in der Europäischen Union, München 1994

Riegel, Reinhard, Die Einwirkung des europäischen Gemeinschaftsrechts auf die Eigentumsordnung der Mitgliedstaaten, RIW 1979, 744 ff.

ders., Das Eigentum im europäischen Recht, Berlin 1975, zugl. Diss. Erlangen-Nürnberg 1974

Ritschl, Hans, Die Funktionen der öffentlichen Unternehmen im Gemeinsamen Markt, in: Die Aufgaben der öffentlichen Unternehmen in der Wirtschaft des Gemeinsamen Marktes, Schriftenreihe der Gesellschaft für öffentliche Wirtschaft, Band 9, Berlin 1963, S. 33 ff.

Roth, Wulf-Henning, Drittwirkung der Grundfreiheiten, in: Due, Ole / Lutter, Marcus / Schwarze, Jürgen (Hrsg.), Festschrift für Ulrich Everling, Band II, Baden-Baden 1995, S. 1231 ff.

ders., Versicherungsmonopole und EWG-Vertrag, in: Baur, Jürgen F. / Hopt, Klaus J. / Mailänder, K. Peter (Hrsg.), Festschrift für Ernst Steindorff, Berlin 1990, S. 1313 ff.

ders., Die Harmonisierung des Dienstleistungsrechts in der EWG, EuR 1987, S. 7 ff.

Röthel, Anne, Anmerkung zu den Urteilen des EuGH vom 11. und 13.04.2000 – Deliège und Lehtonen, EuZW 2000, 379 f.

Röttinger, Moritz / Weyringer, Claudia (Hrsg.), Handbuch der Europäischen Integration, 2. Auflage, Wien 1996

Rottmann, Michael, Zum rechtlichen Rahmen für einen europäischen Binnenmarkt im Post- und Fernmeldewesen, Archiv PF 1989, 1 ff.
Royla, Pascal, Grenzüberschreitende Finanzmarktaufsicht im Recht der EG, Berlin 2000, zugl. Diss. Münster 1998
Rudolf, Walter, Die Bundesländer und die europäische Einigung, in: Merten, Detlef (Hrsg.), Föderalismus und Europäische Gemeinschaften, Berlin 1990, S. 263 ff.
Rupp, Hans G., Zum Problem der Bundestreue im Bundesstaat, in: Eschenburg, Theoder / Heuss, Theodor / Zinn, Georg-August (Hrsg.), Festgabe für Carlo Schmid, Tübingen 1962, S. 141 ff.

Salje, Peter, Das Gesetz zur Neuregelung des Energiewirtschaftsrechts, NVwZ 1999, 916 ff.
Sander, Gerald G., Europäischer Gerichtshof und nationale Verfassungsgerichtsbarkeit, DÖV 2000, 588 ff.
Scheuing, Dieter H., Rechtsfragen beim Vollzug des Gemeinschaftsrechts im deutschen Recht, DÖV 1975, 145 ff.
Schilling, Theodor, Rechtsfragen zu Art. 30 EGV, EuR 1994, 50 ff.
Schliesky, Utz, Öffentliches Wettbewerbsrecht, Berlin 1997, zugl. Diss. Kiel 1996/97
ders., Der Rechtsweg bei wettbewerbsrelevantem Staatshandeln, DÖV 1994, 114 ff.
Schlosser, Peter, EuGVÜ, München 1996
Schmidhuber, Peter M. / Hitzler, Gerhard, Die öffentlichen Unternehmen im EG-Binnenmarkt, ZögU 13 (1990), 397 ff.
Schmidt, Reiner (Hrsg.), Kompendium Öffentliches Wirtschaftsrecht, Berlin u.a. 1998
ders., Privatisierung und Gemeinschaftsrecht, Die Verwaltung 28 (1995), S. 281 ff.
ders., Öffentliches Wirtschaftsrecht – Allgemeiner Teil, Berlin u.a. 1990
Schmidt-Aßmann, Eberhard (Hrsg.), Besonderes Verwaltungsrecht, 11. Auflage, Berlin 1999
ders., Deutsches und Europäisches Verwaltungsrecht, DVBl. 1993, 924 ff.
ders., Zur Bedeutung der Privatrechtsform für den Grundrechtsstatus gemischtwirtschaftlicher Unternehmen, in: Jayme, Erik / Laufs, Adolf / Misera, Karlheinz / Reinhart, Gert / Serick, Rolf (Hrsg.), Festschrift für Hubert Niederländer, Heidelberg 1991, S. 383 ff.
ders., Der Grundrechtsschutz gemischtwirtschaftlicher Unternehmen nach Art. 19 Abs. 3 GG, BB 1990, Beilage 34 zu Heft 27, 1 ff.
Schmidt-Jortzig, Edzard / Schink, Alexander, Subsidiaritätsprinzip und Kommunalordnung, Stuttgart 1982

Schneider, Hartmut, Zum Funktionswandel der Grundfreiheiten des EGV und seinen Auswirkungen auf das nationale Recht, NJ 1996, 512 ff.

Schnichels, Dominik, Die Reichweite der Niederlassungsfreiheit, Baden-Baden 1995, zugl. Diss. München 1993

Schoch, Friedrich / Schmidt-Aßmann, Eberhard / Pietzner, Rainer (Hrsg.), Verwaltungsgerichtsordnung, Loseblatt, Stand: 4. Ergänzungslieferung März 1999, München

Scholz, Rupert / Aulehner, Josef, Tochtergesellschaften und Unternehmensbeteiligungen der Deutschen Bundespost Telekom im Ausland, Archiv PT 1993, 103 ff.

Scholz, Rupert / Langer, Stefan, Europäischer Binnenmarkt und Energiepolitik, Berlin 1992

Schöne, Franz-Josef, Dienstleistungsfreiheit in der EG und deutsche Wirtschaftsaufsicht, Köln u.a. 1989, zugl. Diss. Münster 1989

Schröder, Meinhard, Zur Wirkkraft der Grundrechte bei Sachverhalten mit grenzüberschreitenden Elementen, in: von Münch, Ingo (Hrsg.), Staatsrecht – Völkerrecht - Europarecht, Festschrift für Hans-Jürgen Schlochauer, Berlin 1981, S. 136 ff.

Schroeder, Werner, Vernünftige Investition oder Beihilfe? – Gemeinschaftsrechtliche Optionen zur Finanzierung öffentlicher Unternehmen, ZHR 161 (1997), 805 ff.

ders., Anmerkung zum Urteil des EuGH vom 15.12.1995 – Bosman, JZ 1996, 254 ff.

ders., Kein Glücksspiel ohne Grenzen – Zugleich eine Besprechung des Lotterie-Urteils des EuGH, EuGRZ 1994, 373 ff.

Schulz, Norbert, Neue Entwicklungen im kommunalen Wirtschaftsrecht Bayerns, BayVBl. 1996, 97 ff.

Schütze, Joachim, Europäischer Stromverbund und EG-Recht, Köln 1992, zugl. Diss. Münster 1991

Schwan, Hartmut Heinrich, Die deutschen Bundesländer im Entscheidungsprozeß der Europäischen Gemeinschaften, Berlin 1982

Schwartz, Ivo E., Broadcasting and the EEC Treaty, ELR 1986, 7 ff.

Schwarz, Kyrill-Alexander, Staatsgarantie für kommunale Verbindlichkeiten bei „faktischem Konkurs der Kommunen", Baden-Baden 1998

ders., Verfassungsrechtliche Probleme der gesetzlich statuierten Konkursunfähigkeit kommunaler Gebietskörperschaften, ZG 1997, 349 ff.

Schwarze, Jürgen (Hrsg.), EU-Kommentar, Baden-Baden 2000

ders., Der Staat als Adressat des europäischen Wettbewerbsrechts, EuZW 2000, 613 ff.

ders., Die Vergabe öffentlicher Aufträge im Lichte des europäischen Wirtschaftsrechts, EuZW 2000, 133 ff.

Schweitzer, Albin A., Der grenzüberschreitende Stromverbund in Europa, Baden-Baden 1984, zugl. Diss. Freiburg 1983/84

Schweitzer, Michael / Hummer, Waldemar, Europarecht, 5. Auflage, Neuwied 1996

Schwemer, Rolf-Oliver, Die Bindung des Gemeinschaftsgesetzgebers an die Grundfreiheiten, Frankfurt am Main 1995, zugl. Diss. Göttingen 1994

Schwintowski, Hans-Peter, Der Begriff des Unternehmens im europäischen Wettbewerbsrecht, ZEuP 1994, 294 ff.

Seidel, Martin, Service public im europäischen Energierecht – Zur Problematik des Art. 90 Abs. 2 EG-Vertrag, in: Baur, Jürgen F. (Hrsg.), Energiewirtschaft zwischen Wettbewerb und öffentlichen Aufgaben, Baden-Baden 1997, S. 73 ff.

Seidel, Martin, Die Auswirkungen des Europäischen Gemeinschaftsrechts auf das Wirtschaftsverfassungsrecht der Mitgliedstaaten, in: Due, Ole / Lutter, Marcus / Schwarze, Jürgen (Hrsg.), Festschrift für Ulrich Everling, Band II, 1995, S. 1393 ff.

ders., EG-Binnenmarkt und öffentliche Unternehmen, in: Gröner, Helmut / Schüller, Alfred (Hrsg.), Die europäische Integration als ordnungspolitische Aufgabe, Stuttgart 1993, S. 343 ff.

ders., Europarechtliche Schranken der kommunalen Wirtschaftsförderung, in: Ehlers, Dirk (Hrsg.), Kommunale Wirtschaftsförderung, Köln 1990, S. 145 ff.

ders., Die Elektrizitätswirtschaft im System des Gemeinschaftsrechts, EuR 1988, 129 ff.

Spannowsky, Willy, Öffentlich-rechtliche Bindungen für gemischt-wirtschaftliche Unternehmen, ZHR 160 (1996), 560 ff.

ders., Der Einfluß öffentlich-rechtlicher Zielsetzungen auf das Statut privatrechtlicher Eigengesellschaften in öffentlicher Hand, ZGR 25 (1996), 400 ff.

Sparr, Jürgen, Kulturhoheit und EWG-Vertrag, Baden-Baden 1991

Stadler, Rupert, Die Berufsfreiheit in der Europäischen Gemeinschaft, München 1980

Statistisches Bundesamt, Statistisches Jahrbuch 1999 für die Bundesrepublik Deutschland, Stuttgart 1999

Stecher, Matthias W. / Boeckmann, Kai, Privatisierung staatlicher Unternehmen in Italien, RIW 1994, S. 198 ff.

Stein, Torsten, Europäische Integration und nationale Reservate, in: Merten, Detlef (Hrsg.), Föderalismus und Europäische Gemeinschaften, Berlin 1990, S. 91 ff.

Steinberg, Rudolf / Britz, Gabriele, Die Energiepolitik im Spannungsfeld nationaler und europäischer Regelungskompetenzen, DÖV 1993, 313 ff.

Steindorff, Ernst, Mehr staatliche Identität, Bürgernähe und Subsidiarität in Europa?, ZHR 163 (1999), 395 ff.

ders., Drittwirkung der Grundfreiheiten im europäischen Gemeinschaftsrecht, in: Badura, Peter / Scholz, Rupert (Hrsg.), Wege und Verfahren des Verfassungslebens, Festschrift für Peter Lerche, München 1993, S. 575 ff.

ders., Grenzen der EG-Kompetenzen, Heidelberg 1990

Stern, Klaus, Öffentlich-rechtliche Kreditinstitute und europäisches Beihilferegime, Sparkasse 1997, 397 ff.

ders., Das Staatsrecht der Bundesrepublik Deutschland, Band III/1, Allgemeine Lehren der Grundrechte, München 1988

Stern, Klaus / Nierhaus, Michael, Regionalprinzip und Sparkassenhoheit im europäischen Bankbinnenmarkt, Frankfurt am Main 1992

Stewing, Clemens, EWG-Vertrag und Gasdurchleitung, ET 1989, 655 ff.

Stober, Rolf, Allgemeines Wirtschaftsverwaltungsrecht, 11. Auflage, Stuttgart 1998

Streinz, Rudolf, Europarecht, 4. Auflage, Heidelberg 1999

ders., Der „effet utile" in der Rechtsprechung des Gerichtshofs der Europäischen Gemeinschaften, in: Due, Ole / Lutter, Marcus / Schwarze, Jürgen (Hrsg.), Festschrift für Ulrich Everling, Band II, Baden-Baden 1995, S. 1491 ff.

Streinz, Rudolf / Leible, Stefan, Die unmittelbare Drittwirkung der Grundfreiheiten, EuZW 2000, 459 ff.

Szczekalla, Peter, Grundfreiheitliche Schutzpflichten – eine „neue" Funktion der Grundfreiheiten des Gemeinschaftsrechts, DVBl. 1998, 219 ff.

te Reh, Peter, Betätigung kommunaler Unternehmen im Telekommunikationsbereich, ZögU 1996, 399 ff.

Thiel, Jürgen Michael, Europa 1992: Grundrechtlicher Eigentumsschutz im EG-Recht, JuS 1991, 274 ff.

Thomas, Heinz / Putzo, Hans, Zivilprozeßordnung, 22. Auflage, München 1999

Tostmann, Stefan, Anmerkung zum Urteil des EuGH vom 9.7.1992 – Kommission/Königreich Belgien, EuZW 1992, 579 f.

Ulmer, Peter, Die Anwendung von Wettbewerbs- und Kartellrecht auf die wirtschaftliche Tätigkeit der öffentlichen Hand beim Angebot von Waren und Dienstleistungen, ZHR 146 (1982), 466 ff.

Vandencasteele, Alexandre, Libre concurrence et intervention des états dans la vie économique, CDE 1979, 540 ff.

Verdross, Alfred / Simma, Bruno, Universelles Völkerrecht, 3. Auflage, Berlin 1984

Versteyl, Ludger-Anselm, Der Abfallbegriff im Europäischen Recht – Eine unendliche Geschichte?, EuZW 2000, 585 ff.

Vygen, Klaus, Öffentliche Unternehmen im Wettbewerbsrecht der EWG - Ihre Stellung nach Art. 90 EWGV im Vergleich zu privaten Unternehmen, Köln 1967

Wachsmann, Anne / Berrod, Frédérique, Les critères de justification des monopoles: un premier bilan après l'affaire *Corbeau*, RTDE 1994, 39 ff.

Weatherill, Stephen / Beaumont, Paul, EC Law, 2. Auflage, London 1995

Weber, Albrecht, Rechtsfragen der Durchführung des Gemeinschaftsrechts in der Bundesrepublik, Köln 1987

Weis, Hubert, Verstaatlichungen aus gemeinschaftsrechtlicher Sicht, NJW 1982, 1910 ff.

Wernsmann, Rainer, Steuerliche Diskriminierungen und ihre Rechtfertigung durch die Kohärenz des nationalen Rechts – Zur Dogmatik der Schranken der Grundfreiheiten, EuR 1999, 754 ff.

Wieland, Joachim, Die Stellung der nordrhein-westfälischen Kommunen im liberalisierten Strommarkt, NWVBl. 2000, 246 ff.

ders., Kommunalwirtschaftliche Betätigung unter veränderten Rahmenbedingungen, in: Henneke, Hans-Günter (Hrsg.), Optimale Aufgabenerfüllung im Kreisgebiet, Stuttgart 1998, S. 193 ff.

ders., Besonderheiten öffentlicher Unternehmen in Deutschland, in: Blaurock, Uwe (Hrsg.), Recht der Unternehmen in Europa, Baden-Baden 1993, S. 9 ff.

Wieland, Joachim / Hellermann, Johannes, Der Schutz des Selbstverwaltungsrechts der Kommunen gegenüber Einschränkungen ihrer wirtschaftlichen Betätigung im nationalen und europäischen Recht, Köln 1995

Wilmowsky, Peter von, Mit besonderen Aufgaben betraute Unternehmen unter dem EWG-Vertrag, ZHR 155 (1991), 545 ff.

ders., Abfallwirtschaft im Binnenmarkt, Düsseldorf 1990

Wilms, Günter, Das Europäische Gemeinschaftsrecht und die öffentlichen Unternehmen, Berlin 1996, zugl. Diss. Speyer 1995/96

Winter, Gerd, Direktwirkung von EG-Richtlinien, DVBl. 1991, 657 ff.

Zimmermann, Klaus, Die Sparkassen in der EWG, Berlin 1973, zugl. Diss. Mainz 1972

Zuleeg, Manfred, Die föderativen Grundsätze der Europäischen Union, NJW 2000, 2846 ff.

ders., Die Stellung der Länder und Regionen im europäischen Integrationsprozeß, DVBl. 1992, 1332 ff.

ders., Selbstverwaltung und Europäisches Gemeinschaftsrecht, in: von Mutius, Albert (Hrsg.), Selbstverwaltung im Staat der Industriegesellschaft, Festgabe für Georg Christoph von Unruh, Heidelberg 1983, S. 91 ff.

ders., Die Wirtschaftsverfassung der Europäischen Gemeinschaften, in: Dürr, Ernst (Hrsg.), Wirtschafts- und gesellschaftspolitische Ordnungsprobleme der Europäischen Gemeinschaften, Baden-Baden 1978, S. 73 ff.

ders., Zum Standort des Verfassungsstaats im Geflecht der internationalen Beziehungen, DÖV 1977, 462 ff.

ders., Das Recht der Europäischen Gemeinschaften im innerstaatlichen Bereich, Kölner Schriften zum Europarecht 9, Köln u. a. 1969

Hanno Merkt

Beiträge zur Börsen- und Unternehmensgeschichte

Frankfurt/M., Berlin, Bern, Bruxelles, New York, Oxford, Wien, 2001. 382 S.
ISBN 3-631-37284-1 · br. DM 98.–*

Börsengeschichte und Unternehmensgeschichte sind nicht allein Teilgebiete der allgemeinen Wirtschaftsgeschichte. Auch für die Rechtswissenschaft – und hier natürlich insbesondere für das Wirtschaftsrecht – sind sie von nicht zu unterschätzender Bedeutung, namentlich etwa im Rahmen der rechtspolitischen Diskussion um die Reform des Rechts oder für Fragen der Gesetzesauslegung. Die hier versammelten, mehrheitlich bereits in juristischen Fachpublikationen veröffentlichten Beiträge stammen aus der Feder eines Juristen und sollen auf diesem Wege einer breiteren, auch wirtschaftshistorisch interessierten Leserschaft zugänglich gemacht werden. Die Beiträge spiegeln das Verständnis eines Juristen für die historischen Entwicklungen und Zusammenhänge in den behandelten Bereichen wider. Dabei sind Darstellung und Akzentsetzung von dem Bestreben geleitet, die Entstehung des heutigen Rechts und der heutigen Institutionen für ein Publikum ohne vertiefte Kenntnis der Wirtschaftsgeschichte zu erklären und nachvollziehbar zu machen.

Aus dem Inhalt: Die Geschichte der Unternehmenspublizität in Deutschland, Europa und den USA · Die Geschichte des deutschen Börsenrechts von den Anfängen bis zum zweiten Finanzmarktförderungsgesetz von 1994 · Die Geschichte des US-amerikanischen Gesellschaftsrechts · Die Geschichte der Namensaktie

FSC
www.fsc.org
MIX
Papier | Fördert gute Waldnutzung
FSC® C083411

Kolibri 360 GmbH
Ferdinand-Jühlke-Straße 7
99095 Erfurt, Deutschland
produktsicherheit@kolibri360.de

Druck:
CPI Druckdienstleistungen GmbH
im Auftrag der
Kolibri 360 GmbH
Ferdinand-Jühlke-Str. 7
99095 Erfurt